江苏省高校"青蓝工程"中青年学术带头人培养对象资助项目
江苏省第四期"333高层人才培养工程"中青年科学技术带头人培养对象资助项目
江苏省教育科学"十二·五"规划重点课题研究成果
江苏省职业教育教学改革研究重点课题研究成果
江苏联合职业技术学院重点课题研究成果

五年制高职工学结合人才培养模式的设计与实施

许曙青 著

南京师范大学出版社
NANJING NORMAL UNIVERSITY PRESS

图书在版编目(CIP)数据

五年制高职工学结合人才培养模式的设计与实施/许曙青著. —南京：南京师范大学出版社，2013.11
ISBN 978-7-5651-1625-4

Ⅰ.①五… Ⅱ.①许… Ⅲ.①高等职业教育－产学合作－人才培养－培养模式－研究－中国 Ⅳ.①G718.5

中国版本图书馆 CIP 数据核字(2013)第 304842 号

书　名	五年制高职工学结合人才培养模式的设计与实施
作　者	许曙青
责任编辑	林荣芹　袁琰
出版发行	南京师范大学出版社
地　址	江苏省南京市宁海路 122 号(邮编:210097)
电　话	(025)83598919(总编办)　83598412(营销部)　83598297(邮购部)
网　址	http://www.njnup.com
电子信箱	nspzbb@163.com
印　刷	启东市人民印刷有限公司
开　本	787 毫米×960 毫米　1/16
印　张	18.75
字　数	305 千
版　次	2013 年 11 月第 1 版　2014 年 6 月第 2 次印刷
书　号	ISBN 978-7-5651-1625-4
定　价	40.00 元

出版人　彭志斌

南京师大版图书若有印装问题请与销售商调换
版权所有　侵犯必究

序

随着我国高等教育的大众化和现代职业教育体系的新建构,五年制高职作为高职教育的重要组成部分,实现了中职教育向高职教育的根本性转变,构建了人才培养的立交桥,为生产、管理、服务一线输送了大批急需的高素质、高技能人才,赢得了社会认可。因此,如何推进五年制高职教育的内涵发展、提升五年制高职的水平与质量,已经成为职业教育亟待解决的重要问题。许曙青的《五年制高职工学结合人才培养模式的设计与实施》正是顺应这一形势、聚焦这一领域、破解这一难题,理论与实践价值兼备的一部著作。

五年制高职教育水平与质量的提升,很大程度上依赖人才培养模式的创新。

近年来,大力推行工学结合的人才培养模式是现阶段我国高职教育改革和发展的基本方向,国务院和教育部近年出台的有关发展职业教育的文件均把工学结合作为核心内容之一。以江苏为代表的五年制高职教育根据五年一贯高职教育的特点及初中后学生的成长规律,结合区域经济社会发展的需求,积极开展了人才培养模式的实践研究,尤其在五年制高职工学结合人才培养模式方面取得了显著的成效。然而关于五年制高职工学结合人才培养模式的理论方面尚未系统研究,迫切需要进行这方面的理论研究为职业院校提供理论指导和借鉴。强化五年制高职工学结合人才培养模式的设计与实施,在提高五年制高职教育的质量、增强五年制高职与用人市场的吻合度等方面,工学结合具有不可替代的重要作用,这一点已经从国际经验与国内实践方面都得到了验证。当前,开展国内外五年制高职工学结合人才培养模式的经验总结、五年制高职工学结合人才培养模式的理论建构、五年制高职工学结合人才培养模式的策略探索等方面的研究是十分必要的。

该书作者许曙青长期从事五年制高职教育研究,先后主持完成了江苏联合职业技术学院重点课题"五年制高职工学结合人才培养模式的实践与研究"、江苏省职业教育教学改革研究重点课题"五年制高职全程式工学结合人才培养体系实践研究",其成果《五年制高职工学结合教学实践中的若干问题》获得江苏省第三届教育科学优秀成果实践探索类三等奖。系列成果的取得为作者开展五年制高职工学结合人才培养模式的设计与实施的研究奠定了基础。可以说,该书是他一以贯之进行五年制高职教育专业化研究瓜熟蒂落的产物。

  该书主题鲜明,内容丰富,体系完备,具有很强的针对性和应用性。在书中作者从五年制高职工学结合人才培养模式的现状出发,分析了五年制高职工学结合人才培养模式的理论基础,剖析了发达国家和地区工学结合人才培养模式经验及其对五年制高职工学结合人才培养的启示,梳理与探析了国内工学结合人才培养模式,并从五年制高职工学结合人才培养方案、课程模式、课程标准、教学方法、实践教学、师资培养、评价体系、管理机制等方面进行了系统的阐述。这些内容为五年制高职战线的研究人员、工学结合的管理者及院校教师,进行五年制高职工学结合人才培养模式的理论思考和实践探索都很有参考和指导价值。

  一花引来百花开,万紫千红春满园。希望有更多的学者和专家对五年制高职工学结合专题进行深入研究,把研究的成果与广大职业教育工作者和教师分享,以更加丰富和多元的理论与实践成果,迎来五年制高等职业教育内涵发展和质量提升的"春天"。

南京师范大学 教育科学学院院长
      教育科学研究院院长

2013 年 10 月

目 录

序 ··· 顾建军

上篇　理论篇

第一章　绪论
第一节　相关概念界定 ··· 003
第二节　五年制高职工学结合人才培养模式实践研究现状 ············· 007
第三节　五年制高职工学结合人才培养模式实践研究意义 ············· 013

第二章　五年制高职工学结合人才培养模式理论基础
第一节　集群理论 ··· 016
第二节　体验性学习理论 ··· 021
第三节　情境建构主义 ··· 025
第四节　西方教育中的实用主义哲学 ································· 030
第五节　辩证唯物主义的认识论——实践性学习 ······················· 032

第三章　发达国家和地区工学结合人才培养模式经验及其启示
第一节　德国："双元制"模式 ······································· 036
第二节　澳大利亚："行业主导型"模式 ······························· 042
第三节　英国："三明治"模式 ······································· 049
第四节　美国："合作教育"模式 ····································· 053
第五节　韩国："产学合作"模式 ····································· 059
第六节　日本："产官学合作"模式 ··································· 066
第七节　新加坡："教学工厂"模式 ··································· 072
第八节　台湾地区："建教合作"模式 ································· 078

第九节　发达国家和地区工学结合人才培养的主要经验及其启示……083

第四章　国内工学结合人才培养模式探析

第一节　订单式人才培养模式……091
第二节　顶岗实习模式……094
第三节　工学交替模式……097
第四节　校企融合模式……101
第五节　双定生培养模式……103
第六节　实训—科研—就业模式……107
第七节　厂校一体化模式……110

第五章　江苏省五年制高职工学结合人才培养模式的现状和问题分析

第一节　江苏省五年制高职教育概况……114
第二节　江苏省五年制高职工学结合问卷调查的分析……115
第三节　江苏省五年制高职工学结合人才培养模式存在的问题……119
第四节　江苏省五年制高职工学结合人才培养模式存在问题的分析……123

下篇　实践篇

第六章　五年制高职工学结合人才培养方案的完善

第一节　五年制高职工学结合人才培养方案的制定原则……130
第二节　五年制高职工学结合人才培养方案的整体设计……132
第三节　案例：五年制高职建筑工程技术专业工学结合人才培养方案……137

第七章　五年制高职工学结合课程模式创新和课程标准的重塑

第一节　五年制高职教育课程模式……158
第二节　五年制高职课程标准……162

第八章　五年制高职工学结合教学方法的改革
　　第一节　有效教学的基本原则……………………………………… 187
　　第二节　几种重要的教学方法……………………………………… 192

第九章　五年制高职工学结合实训教学环境的营造
　　第一节　五年制实训教学环境的原则和功能……………………… 212
　　第二节　实训教学环境的内容……………………………………… 215
　　第三节　校内实训场所——一体化教学场所……………………… 218
　　第四节　五年制高职校外实训基地的建设………………………… 228

第十章　五年制高职工学结合"双师型"师资队伍的培养
　　第一节　"双师型"教师的培养目标………………………………… 233
　　第二节　"双师型"教师的培养原则………………………………… 234
　　第三节　"双师型"师资队伍的培养途径…………………………… 236

第十一章　五年制高职工学结合人才评价体系的构建
　　第一节　五年制高职工学结合模式下评价体系的原则和基本特征
　　　　　　……………………………………………………………… 240
　　第二节　五年制高职工学结合模式下的课程学习评价…………… 242
　　第三节　构建五年制高职工学结合人才培养模式的职业评价体系
　　　　　　……………………………………………………………… 247

第十二章　五年制高职工学结合人才培养管理机制的创新
　　第一节　创新政产校企的合作机制………………………………… 263
　　第二节　建立和完善五年制高职工学结合的制度保障…………… 270

参考文献 ……………………………………………………………… 285
后记 …………………………………………………………………… 288

上篇

理论篇

第一章 绪 论

第一节 相关概念界定

一、五年制高职

五年制高职是五年制高等职业技术教育的简称。职业,指个人在社会中从事的作为主要生活来源的工作。职业教育便是伴随人类职业的产生而出现的,我国古代的学徒教育,就是现代意义上的职业教育的雏型。人类社会进入近现代以后,在学校教育中,逐步开始进行专业技术教育、职业技术教育、实业教育等,如现代英国的多科技术学校教育、美国的社区学院教育、法国的短期技术教育和德国的"双元制"高等专科学校教育等等,皆属于职业技术教育或职业教育。

五年制高职是以专科学历层次高素质高技能人才为培养目标、招收初中毕业生、实施五年一贯制培养模式、融中等职业教育和高等职业教育于一体的职业教育。三年制高职和五年制高职是高等职业教育的两种主要类型。

五年制高职以面向生产、建设、管理、服务一线的高素质技能型专门人才为培养目标。按照国家有关规定,五年制高职学生完成规定学业后可以授予相应的大专学历毕业证书。五年制高职与三年制高职既有区别又有联系。从共同点来说,二者有着极为相似的培养目标,即培养能够为一线服务所需要的技术型及技能型人才,都关注学生的学习能力、职业精神的培养以及进一步发展能力的获得。二者的不同之处在于其学制、生源特征、学习效率等方面,相对于三年制高职,五年制高职具有以下优势:

第一,学制优势。五年制高职是以初中为起点、融中等职业教育和高等职业教育学制于一体的职业教育。五年的学习可以保证充足的教学时间和实训时间,因此学生就业选择面较宽,根据技术掌握的程度,学生既可以做高级技术人才也可做一线技术工人。三年制高职是指以高中毕业生为起点、学制为三年的高等职业技术教育。相较而言，五年制高职的学生比三年制高职的学生更有充足的条件掌握扎实的专业技能。

第二，学习对象年龄优势。五年制高职的招生对象是初中毕业生，生源年龄小，其认知能力、自律意识、自控能力尚欠缺；看问题角度、思维水平、表达能力、解决问题的能力不够完善；欠缺高中阶段的学业训练和高考压力，学习能力、学习习惯和抗压能力还有待培养和加强。正因如此，五年制高职学生也具有自身的独特优势，如学生初中毕业大约十五六岁，正值个体成长与发展旺盛之时；职业教育的实践性与职业性相比初中时的文化课程更具有可操作性，也更能吸引学生积极参与。因此，与三年制高职相比，经过时间上的缓冲与过渡，以及更长时间的环境熏陶、专业知识的学习和职业技能的培养，更容易促进学生职业素养的养成。

第三，有效教学时间优势。教学时数是实现教学目的的必要保证。获得与岗位要求相一致的必需专业知识，掌握够用的专业技能，都必须有相应的教学时数作保证。五年制高职因为有中职与高职时间的有效过渡与缓冲，保证了有效教学时数的充足。学生在校连续学习5年，通过专业知识与技能的学习，在一定程度上具备了扎实的专业基础，同时也提高了应用各种知识解决实际问题的能力。而三年制高职教育需要花一年的时间学习文化课，花两年的时间学习专业技术课，其中还包含近半年的专业实习和最后半年找工作的时间，其实仅有一年的时间用于真正的专业技术课程学习。因此，对学生来说时间紧、任务重，在有限的时间内掌握大量的专业知识与技能，从某种程度上来说难以保证学习的效果。

第四，效率优势。五年制高职生比读完高中再接受三年高职教育的学生要节省一年的时间，且初中毕业入校后就明确了就业方向，较早开始了自己的职业生涯规划，中间没有升学或择业的压力，这有助于学生专心致志地学习专业技能。三年制高职的学生由于进校时就业方向不够明确，往往在进入学习状态、调整好角色定位时，却蓦然发现学习时间已经不多，进而产生急躁焦虑的情绪，影响了学习效率。

因此，五年制高职以其有效教学时间长、学生学习效果好而使办学质量有了保证。但学生入学年龄小，没有经过高中三年的文化基础课学习，在学习能力、心理适应能力等方面需要加强。因此，五年制高职的课程要精心设置，要体现出高中阶段和大学阶段主要学习内容的有机衔接，而不只是高中课程与大学课程的简单叠加。此外,还要设置合适的课程,培养学生的职业素养和人文素养。

二、人才培养模式

模式,指标准的形式或式样。国内学者对人才培养模式的内涵看法不一,以下选取几种有代表性的观点:

"人才培养模式实际上是人才的培养目标、培养规格和基本培养方式。它决定着高校人才的基本特征,集中体现了高等教育思想和教育观念。"①

"人才培养模式指人才的培养目标、培养规格、培养方案。它集中反映在人才培养计划(教学计划)上,包括专业培养目标、人才培养规格、学生知识、能力、素质结构、课程体系、教学内容及培养过程等。"②

"人才培养模式是由人才培养的指导思想、目标、内容、方式、质量评价标准等要素所构成的相互协调的系统。它反映了人才培养的目标、规格、过程以及评价之间的规律性关系,是一所大学办学思想、办学水平和办学特色的集中体现。"③

从学者们对人才培养模式的定义可以看出,虽然各自的表述不一,但都强调了人才培养模式的几个核心要素:培养目标、培养规格、培养过程和方式。因此,我们认为,明确了人才培养模式的核心要素,也就抓住了人才培养模式的本质内涵。我们尝试得出人才培养模式三方面的内涵:第一,培养目标和规格;第二,实现一定的培养目标和规格的内容方式体系,主要指教学内容、教学方法与手段、培养途径等;第三,保障机制,主要指教师队伍、实践基地以及为实现培养目标设置的一整套管理和评估制度。

人才培养模式具有稳定性、可操作性和发展性的特点。稳定性是指,人才培养模式既是教育教学理论的具体化,又是人才培养经验的一种概括,某种人才培养模式一旦确定下来,在一定阶段内会保持稳定。可操作性是指,人才培养模式明确了培养目标以及为实现目标可采取的途径和方式,便于学校管理者和教师参考,因此具有很强的可操作性。发展性是指,人才培养

---

① 高等教育司编.高等教育教学改革——1999[M].高等教育出版社,2000:8.
② 刘凤菊,王新平,韩启峰.本科院校高职教育人才培养模式研究报告[J].中国成人教育,2001(05):52.
③ 高等教育司编.高等教育教学改革——1999[M].高等教育出版社,2000:9.

模式会随着社会需求、教学实践的变化而不断发展和完善。

三、工学结合

工学结合教育模式由来已久,最早可以追溯到英国桑得兰德技术学院工程系和土木建筑系于1903年开始实施的"三明治"教育模式(Sandwich Education),"三明治"教育模式即第一学年在学校打基础,第二学年到企业顶班实习,第三学年回到学校继续深入学习从而获得学位的学制。这种教育模式使理论与实践得到很好的统一。1906年,美国俄亥俄州辛辛那提大学开始实施与英国基本相同的工学结合教育模式,并称之为"合作教育"(Cooperative Education),2000年改称为"与工作相结合的学习"(Work-integrated Learning),进一步从名称上凸显了工学结合的基本特征。①

"工学结合"这一概念在我国近代教育史上也曾出现过,当时叫"工学并举"。在中国,最早的提倡者是天津工业第一次现代化时期的著名民族实业家和职业教育家周学熙。1903年,他创办了"北洋工艺总局"和"北洋工艺学堂",倡导"工学并举"的办学思想,实施"实习工厂与工业学堂联为一气","以工厂为学生之试验厂,以学堂为工徒之研究室"的培养模式。

我国近代著名教育家黄炎培先生提出了"手脑并用"、"做学合一"的职业教育思想。他在《职业教育该怎么样办》中说道:"中国读书人顶怕用手,除掉写字和吃饭、穿衣、上茅厕以外,简直象天没有给他生两手似的。"他还进一步指出:"职业教育应做学合一,理论与实习并行,知识与技能并重。如果只注重书本知识,而不去实地参加工作,是知而不能行,不知真知。职业教育目的乃在养成实际的、有效的生产能力,欲达此种境地,需手脑并用",并将这种思想贯穿到他一生的职业教育生涯中。

改革开放以后,国家对职业教育给予了极大的重视,1991年10月国务院在《关于大力发展职业技术教育的决定》中明确提出,要"提倡产教结合、工学结合"。在此后的十几年中,我国的职业教育遵循此原则进行了积极的探索。2005年11月,全国职业教育会议提出要"建立和完善半工半读制度",本次会议还通过了《国务院关于大力发展职业教育的决定》,其中再次明确了"大力推行工学结合、校企合作的培养模式"。2006年3月,教育部

---

① 陈解放."产学结合"与"工学结合"解读[J].中国高教研究,2006(12).

专门下发《教育部关于职业院校试行工学结合、半工半读的意见》。至此，工学结合的人才培养模式已成为五年制高职学校办学的指导思想。

"工学结合"，顾名思义，即一边在工厂或企业实践，一边在课堂学习，实践和学习不是截然分开的，而是"学中有工，工中有学"。即，在学习场所上，学校与企业相结合；在学习方法上，课堂理论与实践相结合；在学习内容上，学习的内容与岗位的要求相融合。因此，工学结合的模式就是充分利用学校和企业两种不同的教育环境和教育资源，把以课堂教学为主的学校教育与以操作实践为主来获取实际经验的校外工作有机结合，把学习与工作的结合贯穿于教学过程之中，培养适合于不同用人单位需要的具有较高创新和实践能力的高素质技能型专门人才的教育模式。

工学结合作为一种育人模式，是将理论与实践结合的重要方式和具体可行的教育模式，体现了教育与经济、学校与企业、读书与劳作的有机结合。一方面强调学校和企业两个主体之间的联系，即学校与企业的"零距离"；另一方面，强调学习者的劳动与学习两种行为之间的合作，即学习与劳作的"双交叉"。

第二节 五年制高职工学结合人才培养模式实践研究现状

一、五年制高职工学结合人才培养模式实践研究动因

国内外的职业教育实践都说明，工学结合是遵循职业教育发展规律，体现职业教育特色的技能型人才培养模式。2005年8月，教育部在天津市召开了工学结合座谈会。2006年3月，印发了《关于职业院校试行工学结合、半工半读的意见》，提出坚持以就业为导向的办学方针，大力推行工学结合、校企合作培养模式，逐步建立和完善半工半读制度，是当前职业教育面对的具有方向性的关键问题。提出要加快推进职业教育人才培养模式由传统的以学校和课程为中心向工学结合、校企合作转变，加强校企合作、工学结合。教育部教高〔2006〕16号文件指出，要积极推行与生产劳动和社会实践相结合的学习模式，把工学结合作为高等职业教育人才培养模式改革的重要切入点，带动专业建设，引导课程设置、教学内容和教学方法改革。2008年6月29日，前教育部部长周济在观摩"2008年全国职业院校技能大赛"上说，举办全国职业院校技能大赛，把多年来探索出的"工学结合、校企合作、顶岗

实习"的职业教育经验加以制度化和规范化,是我国教育工作的一项重大制度设计与创新。因此,进行五年制高职工学结合人才培养模式的实践研究是贯彻执行国家政策的内在体现。

当前,五年制高职作为高等职业教育的重要组成部分,由于其办学时间短,虽然在一些期刊杂志上有些关于五年制高职方面的文章,但专门对五年制高职工学结合人才培养模式的系统研究还没有出现。五年制高职是江苏省中高职衔接的创新模式,在高素质高技能人才一体化培养方面改革创新,成效明显。江苏省作为五年制高职教育大省,是全国五年制高职的最大集群,省内实施五年制高职的学校数量列全国之首,学生数量是全国最多。在人才竞争的经济社会,五年制高职毕业生将面临着巨大的就业压力,尽管一些五年制高职学校采取了一定的工学结合人才培养模式,但往往流于形式,甚至以工代学,没有形成规范而系统的模式;或者以学代工,形式上让学生接触了实习设备和场地,但实际上却是参观式的学习观摩,从而使工学结合偏离了正轨。鉴于此,五年制高职迫切需要研究符合自身发展现状的工学结合人才培养模式。由于学生年龄小,在校时间长、跨度大,其人才培养模式区别于中等职业学校和高中后高等职业学院的人才培养模式,五年制高职校如何挖掘和形成其自身独特的工学结合人才培养模式是当前江苏率先需要攻克的难题,也是为满足经济社会发展的需要和实现五年制高职人才培养目标迫切需要解决的课题。

二、五年制高职工学结合人才培养模式实践研究面临的困惑

大力推行工学结合的培养模式是现阶段我国高职教育改革和发展的基本方向,国务院和教育部近年出台的有关发展职业教育的文件均把工学结合作为核心内容之一。虽然工学结合人才培养模式已在我国全面推广,也积累了一定的经验,但是在实施的过程中暴露出的一些问题亟待解决。

(一)学校层面

1. 对工学结合人才培养模式的理念认识不够统一,工学结合内涵认识有偏差。

很多学校虽然在形式上实施了所谓的工学结合人才培养模式,但在实质内涵建设上却背道而驰。一方面学校大力提倡工学结合,认为它是培养学生全面素质和综合能力,提高学生就业竞争力的有效途径,但是学校对五年制高职的区域性认识不到位,没有扎实深入企业调研,对企业不了解,甚至出现以工代学,把学生推到企业、推到社会去实习的"放羊"式的形式上的"工学结合"。另一方面,很多五年制高职学校的管理部门和负责教师抱持着"多一事不如少一事"的心理,缺乏足够的积极性去推动工学结合的实施,因此,工学结合人才培养模式的推进难度很大。

2. 五年制高职自身定位不准确。

虽然五年制高职教育已实施多年,但因为国家没有出台具体的培养方案和标准,因此一定程度上影响了工学结合人才培养模式的正常运行。如:(1)专业设置与社会需求不适应。五年制高职作为高等职业教育的重要组成部分,具有较强的职业性与区域性,培养的学生很大程度上要成为区域经济发展的顶梁柱,而专业设置与社会的需求、岗位的要求存在着不吻合的状况,因此往往影响企业与学校合作的积极性,久而久之形成恶性循环,阻碍了工学结合的顺利实施。(2)课程的开发与岗位要求不吻合。课程的开发与设置是保障知识与技能传授的主要途径,课程必须要与时俱进跟上经济发展的步伐,而有些学校敷衍了事,在原有课程的基础上稍作修改就贴上了"工学结合课程"的标签;另外,由于五年制高职自身发展时间较短,在课程开发与设置上,没有权威的机构进行审核,以致出现了课程多而杂的情形。(3)实习条件有待完善。由于各学校专业设置与自身实力的差异,往往学校中只是部分专业开展了工学结合,其他专业还是"穿新鞋,走老路子";另外,由于资金等条件的限制,实训基地、设备等也不能与实践俱进,成为开展工学结合的瓶颈。(4)双师型教师队伍不够合理。无论五年制高职还是三年制高职,都在一定程度上存在着双师型教师队伍配置不合理的问题,很多学校为了自身"实力"的发展鼓励培养双师型教师队伍,而很多教师却流于形式,仅依靠某一次培训、某一次学习机会考取职业资格证书就"万事大吉"了,这就严重降低了双师型教师的综合实力。另外,从企业聘请的工作人员,来学校教学并没有足够的积极性,在专业设置、课程开发、教材编写等等不能积极参与。因此,双师型教师队伍的发展需要学校和企业来共同努力。

3. 学校教学管理体系有待完善。

工学结合的过程中,因为涉及到不同专业不同课程采用不同形式的教学组织形式,因此,完善的教学管理体系有助于工学结合的顺利开展。但在实践研究中发现,很多学校在工学结合的实施中走形式、摆架子、跟踪松散、考核实效差。同时缺乏有效的运行机制,基本实施条件达不到,学校企业指导老师缺乏激励,学籍学制管理、教学制度和课程开发、评价与管理等有待完善,这自然给工学结合的开展造成了较大的困难。

4. 学生职业素养不够成熟。

学生顶岗实习期间,公司应该完全按照员工进行管理,实习学生必须遵守公司的各项规章制度、工艺要求、安全操作规程,自觉以主人翁姿态、敬业精神、职业操守进行工作。但实际状况是,相当多的学生没有做好就业的心理准备,很难进入实际工作状态,加之学校课程设置不合理分散了学生的注意力,不利于学生工作精神的投入,他们往往意识不到自己已经是员工,不服从公司管理的事屡有发生,加大了企业管理的难度,影响了企业工学结合的积极性。

另外,许多学生没有吃苦耐劳、团结协作的精神,缺乏质量意识和效益观念,没有稳定的职业追求和良好的心态;工作中急功近利,攀比收入,诚信度低。显然不利于长期稳定的实习基地的建立。

(二) 企业层面

工学结合是职业教育人才培养的理想途径,但是企业与学校如何结合,如何提高双方合作的积极性是摆在眼前的一道现实问题。因为,企业是以创造利益来生存的,如果只是一味付出而收获甚微甚至对自己产生负面影响,这就会让工学结合大打折扣。如,在顶岗实习过程中,大多数学生无法胜任独立操作岗位,只能做基本的跟岗实习,有时学生违反操作规范甚至会酿成大祸,无形之中增加了企业的负担。另外,企业尤其是高新企业,出于自身安全的考虑,不太愿意接受外部人员进入企业内部。企业出于自身利益的考虑是客观事实,如何在保障双方利益的基础上,调动双方的积极性,是工学结合顺利开展、高效实施面临的关键问题。

(三) 政府层面

当前,我们虽然在实践中总结了一些成功的经验和模式,教育部已颁发一些宏观的政策导向,但具有现实指导意义的可行性纲领性文件以及鼓励企事业单位积极参与职业教育的政策或激励措施还不健全,例如,企业为职业教育发展接受学生顶岗实习,但是具体如何操作、企业可以享受哪些优惠,没有具体的实施细则。积极促进和激励校企合作的工学结合机制体系还有待重新建立,国家工学结合相关政策需要进一步研究和完善。

三、五年制高职工学结合人才培养模式实践的主要观点

通过五年制高职工学结合人才培养模式的实践研究,针对当前五年制高职人才培养模式运行中存在的问题与困惑,我们应该进一步探究五年制高职工学结合人才培养模式运行的基本条件、实践教学实施方案,进一步建立五年制高职工学结合人才培养模式运行的保障机制,完善五年制高职工学结合人才培养模式管理、考核及评价机制,使五年制高职工学结合人才培养模式贴近社会,适应经济发展的需要,成为培养高素质技能型专门人才的重要途径。因此,如何深入开展五年制高职工学结合,如何在工学结合人才培养模式下进行专业建设、课程开发,规范教学过程管理,如何加强学校与企业的深入合作,为行业企业储备高素质技能型后备专门人才,以及采取怎样的考核与评价方式,将是本书需要深入思考的问题。

（一）依托行业企业制定专业人才培养方案

五年制高职教育要发展,必须依托行业企业工学结合,紧贴经济、融入社会,努力实现以市场和社会需求为导向,完善政府主导、行业指导、企业参与、学校主动的校企合作运行机制。五年制高职工学结合人才培养模式为行业企业参与职业教育提供了平台,行业与学校共同确立教育理念、办学定位、管理体制和发展规划;行业企业为学校提供人、财、物的支持和保障;学校为行业企业服务,努力实现行业提出的目标。

（二）以企业需要为主确定培养目标

五年制高职的区域性决定了工学结合人才培养模式必须要以企业需要为出发点,建立校企合作的人才培养机制,需要企业深度参与专业建设和教学过程,形成多方参与、共同建设、多元评价、充满活力的办学机制。校企双方积极探索多种形式的校企合作模式,追求校企互利共赢,强调职业教育在经济社会中的服务功能。

（三）以工作过程为主调整课程体系

徐国庆在《职业教育原理》一书中提出:"对高等职业教育目标的描述仅仅从概念上探讨应定位于技能型还是技术性人才是远远不够的,只有深入到具体工作岗位的能力要求,才可能真正明确高等职业教育目标,也才可能真正对具体的教学实践有指导意义。"五年制高职作为高等职业教育的重要

组成部分,工学结合人才培养模式下课程的开发,更应根据职业标准构建以工作过程为导向的课程体系开发。

所谓工作过程,是"在企业里为完成一件工作任务并获得工作成果而进行的一个完整的工作程序"。基于工作过程的课程体系开发,要对现实的工作任务进行归纳,对其具体的工作过程进行分析,以获知岗位所需的职业能力,并以学生职业能力为基础设计课程方案。工作过程导向的课程是按工作过程对知识进行重新排序,不仅注重对学生能力的培养,更加关注工作过程的整体性和完成工作任务所需要的创造能力,而不是将工作任务分成各个独立的能力点、知识点和技能点,并以分解后的能力、知识和技能作为课程开发的依据。这种课程体系有利于缩短学习与工作的距离,使学生减少或避免到工作岗位后"重新组装"的过程。

(四)以岗位能力和工作任务构建课程体系

岗位,即工作岗位,是指企事业单位赋予每个员工的职务、工作任务及其所担任的统一体。岗位以事为中心,凡是有若干事件(工作)需要有专人执行并承担责任的,就是一个岗位。任务,是岗位研究的最基本单位,它是对某人做某事的具体描述,也就是安排一个员工所完成的具体工作。[1]

以岗位能力和工作任务构建课程体系就需要在专业设置前做大量的调研,通过观察法、工作实践法、问卷调查法以及访谈法等,深入专业核心,通过行业企业专家的审核,确定课程体系的建设能否以工作任务的形式贯穿起来以及如何构建出科学合理的课程体系。以岗位能力和工作任务为核心的课程体系的建设目的是让学生能在割裂的工作任务中学会如何工作,而在实际情况中,工作任务是一个整体,通常很难对它们进行分割,如服务行业的工作任务就是如此。因此,必须做好大量调研,科学合理的组织安排工作任务,这样既能保证学生学习的科学性,又能减少课程的重复建设。

(五)依托实训基地培养专业技能

校内外实训基地是五年制高职教育的重要场所,五年制高职工学结合人才培养模式的推行,既有力地促进了五年制高职学校生产型实训基地建设,又有效地将企业文化、企业资源整合为教育力量。因此,应围绕学生职

---

[1] 罗中华.职业教育课程开发与实施[M].清华大学出版社,2011:38.

业道德、职业技能培养，依据课程改革及实施需要，对接企业生产技术和技能大赛要求，配足、配齐、配优实训设备，以满足学生基础性实训和生产性实训要求。

第三节 五年制高职工学结合人才培养模式实践研究意义

一、有利于人才培养模式的改革创新

五年制高职直接服务于社会经济建设，承担着为社会输送高素质技能型专门人才的职责。五年制高职工学结合人才培养模式以提高人才培养质量为根本目标，以实训基地建设和运行为突破重点，推进职业教育教学与生产劳动、社会实践紧密相合，在校企合作中，推行合作育人，实施"做中学、做中教"教学模式，推行实践育人。

随着经济结构的调整和产业的优化升级，社会迫切需要更多的能够熟练操作、使用先进技术装备，熟练掌握应用服务规范流程的高素质技能型专门人才。而目前五年制高职的办学质量与经济建设、社会发展、企业用人要求还存在一定差距。如何使五年制高职又快又好地满足经济建设和社会发展的需要？这就要求五年制高职必须适应经济增长方式转变与社会转型的需要，由传统的教育模式向政府主导下的就业导向模式转变，从我国市场经济体制的实际出发，高度重视工学结合和学生的就业竞争力。五年制高职在发展过程中应借鉴高职工学结合的经验，结合五年制高职人才培养目标，搭建五年制高职工学结合专业人才培养方案，把工学结合贯穿于"五年一贯制"教学全过程，形成具有五年制高职自身特色的工学结合人才培养模式。这种工学结合人才培养模式必须区别于普通教育、高中后专科教育以及本科教育。

二、有利于人才培养效益的提高

五年制高职工学结合人才培养模式旨在通过学生与岗位的"零距离"接触达到"寓学于工"的目的，这就需要学校投入大量的资金建设实训基地和更新设备，而新技术与设备淘汰更新速度之快，使大量学校无法保证及时更新，而企业的先进技术和设备正弥补了这一缺陷；另外，学校为了缩短与企业人才需求的差距，校企之间通过合作形成共同利益体，共同推进学校的专业建设、课程改革，深化教学改革步伐，切实提高五年制高职教育人才培养

质量，输送符合企业需求的高质量技术人才，同时也为学校进一步扩大生源提供了有力的说服力，学校教育与社会需求紧密结合在一起，学校通过工学结合人才培养模式不仅打开校门面向社会，而且完全融入市场供需关系之中，从而促进了人才培养效益的提高。

三、有利于专业师资水平的提高

五年制高职的性质决定了教师不仅是知识的传输者，更应该是专业技能的指导者与实践者，五年制高职工学结合人才培养模式为培养教师实践动手能力，提高"双师"素质搭建了有力平台，工学结合有利于形成专兼结合的专业教学团队，从企业聘请工程技术骨干和能工巧匠担任兼职教师，充实学校的师资力量，学校教师也可以去企业担任访问工程师，到企业挂职锻炼，增强专业技术实践能力。因此，工学结合模式下五年制高职教师不仅具备娴熟的教学艺术，而且能善于指导学生的实践，努力形成一支师德高尚、业务精湛、结构合理、富有活力的师资队伍。因此，工学结合是提升专业师资水平的"助推器"。

四、有利于提高学生就业质量

通过工学结合，学生提前接触社会，认识社会，理解社会对人才标准的要求，正确定位，端正态度，为自身制定职业生涯规划，同时丰富社会工作经验和提升职业道德，增强学习积极性，提高就业竞争力。学校组织学生提前进入企业进行顶岗实习，熟悉企业生产、业务流程，培养和提高学生的岗位职业技能，让学生不断地积累实际工作经验。在顶岗实习结束后，由于他们比较熟悉企业相关岗位的职业技能要求，企业将会优先考虑录用他们成为正式员工。因此，五年制高职学生通过工学结合，可以有效地提高就业质量，基本实现在工作中专业对口、岗位稳定、报酬合理，促进学校人才培养的可持续性发展。

五、有利于企业发展

对于企业来说，校企合作也有着明显的优势。在学生顶岗实习期间，企业可以通过隐形的考核，选择符合自身企业要求的员工，与工作表现好的学生预先签订协议，得到素质较高的毕业生。同时，企业往往是技术的被动接受者，大部分企业员工只是在已有技术的基础上产生效益，而不是主动研发新技术，五年制高职学校按照自身专业优势形成技术研发基地，企业的专业技术人员通过合作参与职业教育，参与人才培养方案制定、课程讲授、实习指导等环节，掌握企业核心技术力量的知识，职业能力得到加强和扩展，提高企业的知识储备和提高技术研发能力。五年制高职学校为合作企业员工提供培训，提供免费的课程训练和相关的技术、文化指导，将高校的智力资源与企业的发展需要相结合，为企业搭建起产业升级、技术创新的平台。另一方面，实习生的参与也给企业注入活力，给企业带来新的理念，院校文化与企业文化相融合，有利于企业在专业领域中创建品牌，寻求新的发展路径。

第二章 五年制高职工学结合人才培养模式理论基础

高等职业教育是高等教育的重要组成部分。既然其任务和培养目标都有别于研究型和教学型的高等教育,那么它必然要求有自己独特的、科学而有效的人才培养模式。探讨其理论基础,有助于我们更好地探索科学合理的人才培养模式,研究五年制高职学校的人才培养特性和规律,为社会经济发展,社会主义现代化建设提供更为有效的人力支持。在《乌托邦》里托马斯·莫尔关于劳动教育主张中曾经提及工学结合的理论基础,即集群理论、体验性学习以及教育和生产劳动相结合的理论。①

第一节 集群理论

集群理论作为指导高职工学结合人才培养模式的理论之一,我们将从集群理论由来、集群化发展模式的常见类型以及集群理论对五年制高职工学结合人才培养模式的影响等方面进行探讨。

一、集群理论的内涵和类型

(一)集群理论的内涵

所谓集群是指所有成员企业和相关成员要素(包括集群代理机构、公共服务机构)在地域上相互接近,而且共同"锁定"于一个区域,具有显著的地域相关特征的群体。所谓产业特性是指该地域集聚的成员企业只从事某一产业或相关产业的生产和服务,成员之间有广泛的劳动分工和紧密的、基于长远关系的合作,并由此构成了产业生态系统。至于具体联结方式,可以是产业链,或供应商和客户的关系,或其他竞争合作互动关系。②

---

① 肖化移,李谨平.工学结合的理性思考[J].职教通讯,2006(05).
② 王缉慈等.超越集群:中国产业集群的理论探索[M].科学出版社,2010.

(二)集群化发展模式的常见类型

1. 资源禀赋型。

资源禀赋型是指以地理环境、资源禀赋等自然因素为基本因素形成的一种集群模式。资源禀赋产生中小企业这一经济现象最早是由马歇尔提出的。马歇尔认为,市场力量的自发作用促进了企业群的形成:由于当地消费者对产品和劳务的需求,刺激出当地的生产者。譬如,从事采煤业的中小企业往往集中在煤矿丰富的地区;而一大批从事铝矿开采的中小企业,往往集中在一个大型铝厂的周围。在工业化初期,由于交通通信相当落后,为了节约交易成本,企业往往围绕其主要的原材料、燃料产地,供应商们围绕其最大的消费者,形成主要的资源集中区域。目前中国一些资源型区域的产业集群大多都属于资源禀赋型。如广东顺德一带的花卉产业集群、四川温江的花卉产业集群、新疆的依奇克里克等。这些中小企业集群在当地的形成,是为了就地获取生产资源,寻求最佳区位,实现成本费用最小化。

2. 产业关联型。

产业关联型是指生产的前向与后向联系所形成的中小企业集群模式。其产业关联为:供应商1→供应商2→制造商→客商→最终用户。供应商包括原材料供应者和初级产品或中间产品供应者。最终用户可以是众多中小企业产品和服务指向的区域内特定市场上的消费群,也可以是一个采购众多中小企业产品的大型企业。前者如许多世界级风景区内围绕旅游市场而形成的中小企业群,后者如大型汽车制造商附近星罗棋布的中小企业群。不同的企业其前向或后向联系的强度是不同的。一般说来,以生产初级产品或中间产品的中小企业,前向联系较为明显,产品标准化程度较高。但是一些高技术产业的前向联系并不明显,这些中小企业只将其产品的很少部分销往当地市场。对大部分中小企业而言,后向联系十分突出。因为中小企业没有能力在全球范围内搜寻适宜的供应商,只能囿于相对狭小的地方范围内。产业关联的中小企业集群是集群模式中最为重要的一种。不管中心企业集群最初以何种原因形成,企业集群要快速健康发展,其内部必须形成价值链网络结构。在中国,一些发展较成熟的中心企业集群都属于这一类,如大唐袜业、柳市低压电器等江浙一带的传统产业集群。

3. 共享设施型。

共享设施型是指企业受益于地区特有的公共基础设施而形成的中小企

业集群模式。企业最初选址要考虑区位的最低成本优势(包括劳动力成本、运输费用、用房租金和公共事业费等),在随后为争夺有限资源而展开的厂商竞争中,原有的种种区位成本优势将会逐渐丧失。此时可能出现两种情形:一是企业集体迁移,就像近年来我国广东佛山一带的建筑陶瓷企业由于生产成本上涨纷纷向西部迁移;二是仍然有许多企业在原集群地经营,但集聚的优势不再与低成本相关,而是得益于集群组织中形成的良好公共服务体系和基础设施。中国东莞、虎门一厚街一带的灯具、皮具、服装一条街、一片区都属于共享设施型。但共享设施型产业集群容易产生无价值链的纯粹的扎堆集聚。

二、集群理论的几个基本特征

(一) 区域化布局

相当数量的中小企业具有区域集中性。在龙头企业的带动下,配套企业紧密跟进,先逐步形成一大批专业村(镇),再通过衍生、裂变、扩张,拓展为更大范围、更大影响的区域性特色产业区状。布局区域化是产业集群的基础。集群内企业及机构由于其空间上的高度接近性,使其之间的经济活动高度密集,从而带动了生产要素的集聚和规模效应的释放。就某一区域而言,产业集群具有区位优势指向性,它的分布与交通网络、产业基础、文化氛围等因素息息相关。

(二) 专业化经营

产业集群在专业分工的基础上,以专业化产品为主导,并围绕特定专业部门展开其生产与经营活动,俨然是一个"无形的大工厂"。这是产业集群形成一定规模后,向较高层次迈进的必由之路。在分工效益的驱动下,当核心企业发展到一定程度时,部分生产工艺流程也逐步发展成熟,为了实现效益的最大化,这些工艺流程逐渐从核心企业中分离出来,形成一批专门从事一道或几道工序的加工型配套企业。产业集群中其专业领域的跨度与其规模紧密相关,产业集群规模越大,专业领域的跨度越大;反之越小。

产业集群的专业性分工经历了一个递进深化的过程。起初是产品生产专业化,同一集群内部的企业,生产相同门类的专业产品;再是生产工艺专业化,一些特定的生产工艺流程开始从原生产企业分离出来,形成专门从事某种工艺加工,以"中间产品"为主业的企业;最后是生产服务专业化,出现了运输等相关服务企业。每个企业进一步专业化生产,通过联合采购共同原材料得到优惠以及共同开展市场营销等,为企业赢得规模。

（三）市场化联动

产业集群大多有一个相应的专业市场。这些专业市场为一定规模及稳定的家庭工场提供顺畅的产品销售和技术信息渠道。专业市场与产业集群之间存在着互为依托、兴衰与共的关系。产业集群的发展规模和水平是由专业市场的交易规模和交通半径决定的,产业集群的发展促进专业市场的繁荣,专业市场的兴旺又带动产业集群的发展,两者相辅相成,即所谓"产业催生市场,市场推进产业"。

（四）社会化协作

这是集群效益最大化的集中体现。随着内部产业链扩张完善,企业集群内部的服务性工程发展逐步成熟并转移到外部,在产业集群外围形成一系列的服务性企业,专业提供产前、产中、产后服务。众多中小企业抱团成簇,获得了各种外部规模经济的利益,于是推动生产社会化逐步从企业内部转移到外部,促进一批服务型企业的产生,为集群主导产业提供产前、产中、产后服务。同时,产业集群发展所积聚的人流、物流、资金流以及信息流,又带动了仓储运输、餐饮旅馆、文化娱乐、教育卫生、中介服务、金融保险、房地产等行业的发展。

（五）互补化依存

在产业集群中,生产型企业子集群与商贸型企业子集群相互依存伴生,功能互补。产业集群往往是生产型企业子集群与商贸服务型企业子集群共同构成的。两者之间存在着一种结构张力,如果这个张力的平衡点位于集群系统结构的中部,说明系统的生产功能和销售功能基本相当;如果平衡点倾向生产性企业子集群,说明产业集群的生产功能强于销售功能,这时,产业集群的生产功能可以推动销售功能的扩大;反之,则不然。由于两个子系统间的结构张力不断发生弹性变化,它们之间的平衡点也会不断游移摆动,生产型企业子集群和商贸型企业子集群在互动中持续发展壮大。

（六）柔性化分工

"柔性"是指对市场需求、产品构成、款式设计等方面快速变化的适应能力。由于企业之间有着频繁的物质交换、技术研发、信息共享以及企业与技术机构、中介组织之间的合作交往,因此会形成竞争与合作共存、模仿与创新共生的组织形式。一方面,产业集群俨然是一个"无形的大工厂",市场的多样性决定了需求的差异性以及非标准化,所以企业应根据需求差异,最大程度的实现弹性定制。相应地,企业内分工外化为企业间分工,出现了大量专门从事一道或几道分工的工序型企业。这种精细的专业化分工增强了产业集群的市场适应能力,使整个产业凝结为一个巨大的柔性分工协作体系。另一方面,在专业化基础上集聚起来的大量中小企业的生产方式出现了"灵活专业化"即弹性精专特征。

三、集群理论对五年制高职工学结合人才培养模式的意义

人才培养模式因其培养对象的差异性及多样性决定了该模式不可能一成不变,而是需要创新。首先,创新并不是某一个独立事件,而是在特殊性意义上的集群创新。例如,一些企业在成功创新之后,灵敏性的企业会步其后尘,这为工学结合的人才培养模式带来了发展的契机。其次,创新不是随机地均匀分布的,而是倾向集中于某些部门及其邻近部门。所以从这个角度上来看,集群理论可以用来分析五年制高职工学结合人才培养模式的转换问题,主要有以下几个分析角度:

(一)集群理论的高度地理集中性对五年制高职工学结合人才培养模式的影响

集群发展到一定程度出现高度地理集中性时,便有了典型的地理特征,于是,地理接近性成为界定集群的根本特征之一。集群的研究就较为关注集群的空间本地化特征,认为产业集群是某一特定领域内相互联系的企业及机构在地理位置上的聚集体。

根据地理高度集中性的特点,五年制高职工学结合的培养模式,将在地理上高度密集的学校与企业联合起来,形成紧密的关联企业,充分利用学校和企业两种不同的环境和资源,打破学校与企业的地理界线,全面培养学生的职业素养、技术应用能力和就业竞争力,也从而为地方经济的发展做出贡献。

(二)集群理论的产业特性对五年制高职工学结合人才培养模式的影响

集群理论的产业特性成为界定产业集群性质的另一个根本特征。产业

特性作为反映集群内部企业和各要素之间的联结模式,其表征并不统一,由此带来了对产业特性描述的差异性。有的从产业链界定产业集群,认为产业集群包括一系列相关联的产业和其他一些与竞争有关的实体,比如零部件、机器设备和服务的供应商、专用性基础设施的供应商等。集群也往往向下游拓展到销售渠道和客户,横向扩展到互补产品的制造商和在技术、技能上相关或有着共同投入品的企业。

如酒店管理专业的顶岗实习,就体现了产业特性对五年制高职工学结合人才培养模式的影响。针对酒店管理这个特殊集群,管理者以学校与企业共同的办学条件为依托,一方面运用高质量的技术条件以及专业化人才为这些企业带来得天独厚的竞争优势,另一方面将企业的产品优势与学校的人才培养优势相结合,横向扩展到互补产品的制造商和在技术、技能上相关或有着共同投入品的企业。

除此之外,产业集群还包括政府和其他机构,比如专门提供培训、教育、信息、研究和技术支持的大学、标准化机构、智库、职业培训机构及商会等,这些机构,因为具备相同或相近的生产要素,因此能在目标和功能上相互依赖和相互补充。政府机构作为在五年制高职工学结合中的协调者,应该积极引导工学结合健康发展,包括政策导向、人才输出、税收减免、资金配套和体制创新等。这种目标和功能上的相互依赖与相互补充,使得五年制高职学校、企业和政府结合为一个有机整体。

五年制高职在实施工学结合人才培养的过程中,通过创新集群整合各种资源,发挥集群式的优势,形成创新的人才培养模式,最终形成工学结合的各种集群。

第二节　体验性学习理论

美国实用主义者杜威以可感知体验而非主观经验为基点,产生了非常明晰的教育哲学,此哲学就是人们所谓体验教育的基础。在杜威教育哲学里面,教育的目标不是可能发生的变化的正确答案,而是理解和运用经验,而这是通过发展用以检验经验的思维过程才能达到的。在这一模式中,老师辅助学生,使学生的经验系统化,学生从面临挑战到寻求解决方法,找到通往自身体验之路。教育过程建立在人对从困难走向解决这一活动的体验之上。在体验学习和体验教育里,学习者直接参与的体验是知识的对象,对参与的反思是认知的手段。①

一、体验学习理论的内涵

体验学习理论作为教育学理论,其源于教育学家杜威的"经验学习",其他领域许多学者的研究也促进了它的发展,如哲学、心理学、社会学领域里有勒温(Kurt Lewin)、皮亚杰、埃里克森、罗杰斯、皮尔斯和马斯洛等。其中,杜威、皮亚杰、勒温的研究是体验学习理论的重要智慧来源。

教育学家杜威描述了刺激、感受和具体经验的动机如何能转变到更高规则的目标行为的过程。②发展心理学家皮亚杰认为,体验、观念、反思和行动四个维度构成人基本的连续性发展思维。社会心理学家勒温的实验室训练与行为研究发现,通过一个完整的实验过程——以学习者的即时具体体验开始,继而搜索、观察学习者的体验实践,之后对这些资料加以分析,再将分析结论反馈给学习者,继续为他们的实践所用,以修正他们的行为并选择新的体验——将有效地促进学习者的学习、变化与成长。

美国教育学家库伯(David A. Kolb)在勒温、杜威和皮亚杰等在各自领域中对学习模式研究的基础上,提出了"体验学习圈"的概念。"体验学习圈"所描述的学习系统是由具体经验、反思观察、抽象概括和主动应用四个基本环节构成的。(如图1-2-1所示)值得一提的是,以上这些学者主要是从心理学的角度对学习过程进行探索的,而且勒温的结论是以实验研究为基础的。这与我国教学理论的研究

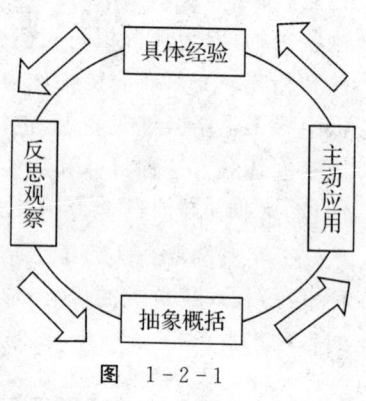

图 1-2-1

视角有很大的不同,"我国现有的教学论,名义上是研究教与学的双边活动,但实质上主要只研究'教'的问题,对'学'的问题,诸如学习的性质、学习的过程、学习的动机、学习的迁移等问题,研究甚少,有的教学论著甚至不提及

---

① April Crosby. A Critical Look: The philosophical Foundations of Experiential Education, The Theory of Experiential Education. Lowa: kendall/Hunt Publishing

② D·A·库伯.体验学习——让体验成为学习和发展的源泉[M].王灿明等译.华东师范大学出版社,2008.

这些问题。"我们也切实感觉到目前学校教育过分注重理论知识的传授。

比如,通常老师在教授管理学时,只是简单地传授原理论,或者加上一些案例来证明理论的合理性,而如何在我们实际学习生活中应用该理论却做得太少。因此教学效果差强人意,没有真实的实践体验,这些理论就不能真正地内化到学习者的人格成长与发展之中。

二、体验学习理论的特征

(一)开启心灵

体验学习理论就是让受教育者能够"身临其境",在体验中学习,在学习中体验,因此是一种潜移默化的教育。我们常常会发现,学生在学习古诗文时,由于对所学课文或章节没有一定的体验,便很难从心底里去认同、理解,即便读"白发三千丈,缘愁似个长"这样的句子也无法为之动容。而如果让学生蒙住眼睛并这样生活半天,他们就会真切地体会到盲人需要关爱的境况,并愿意为之付诸行动。

(二)动力调节

体验是认知内化的催化剂。在体验过程中,主体已有经验与新知识衔接、贯通,达到认识升华的作用。它引领主体从物到情境,再到意境,在此过程中不断有所感悟。体验,又是教育活动中主体情感的催生剂,只有主体参与到能体验的教育活动中去,才能真正激发人的情感。体验到成功的学生,很容易从此走向更大的成功,走向积极的人生。

(三)意义建构

一方面,体验是理性思考的基础和原材料,是理性思维和感性思维的磨合剂。通过体验,能让知识生命化、个性化,学生真正"识知"。比如,学生有了对"冰雪融化、大地回春"等景象的个人体验,阅读描写春天的文章时,通过回味与思考,他们对春天的内涵就有了不同一般的认识,也许会说出"春天就是妈妈早上的笑脸"这样的诗句来。另一方面,体验是人内外世界交流的平台,它集合了浩瀚的信息,含有大量缄默的部分,或者说"只可意会、不可言传"的部分,而这些往往是人创造的动力和源泉。

(四)自我知觉

通过体验,学生真切地感受到自己的存在,产生自我认同感、价值感,从而增强自我意识,促进自己个性和谐发展。例如,学生在帮助困难同学的同时,感受到了集体的力量、团结的力量,个人作为该集体的一员,幸福感得到提升。

(五)知识观

迈克·波兰尼(Michael Polanyi)将知识划分为显性、隐性两类知识。显性知识是指那些能够以正式的语言明确表达的知识,通常表现形式有书面陈述、数字表达、列举、手册、报告等,这种知识能够正式、方便地传递和交流。隐性知识是建立在个人经验基础之上,并涉及各种无形因素的知识。隐性知识可划分为两个方面:一是技术方面的,包括非正式的、难以表达的技能、技巧和诀窍等隐性知识;二是认识方面的,包括心智模式、信念、价值观等隐性知识。这些隐性知识往往具有一定程度上的独立性和排他性。尽管如此,它们却是高度个性化的,更能体现个人能力水平的,所以相较于显性知识而言,现代企业对隐性知识更加重视。

三、体验学习理论的实践性知识观对五年制高职工学结合人才培养模式的意义

知识的理论部分和实践部分的分离,要求人才培养也要与知识本身的结构相结合。五年制高职工学结合人才培养模式,在注重知识传授的同时,也要注重学生的实践操作。党的十八大报告指出:"努力办好人民满意的教育。教育是中华民族振兴和社会进步的基石,要坚持教育优先发展,全面贯彻党的教育方针,坚持教育为社会主义现代化服务的根本任务,培养德智体全面发展的社会主义建设者和接班人。"坚持教育为现代化服务的理念既是现代教育的发展方向,也是职业教育改革与发展的必然要求,这是由职业教育的本质特征所决定的。

(一)隐性知识的实践性要求,启发了职业教育要坚定不移地走产教结合的办学之路

为了实现校企结合办学、工学结合育人,要为职校选派产业校长,通过实行"订单"培养等措施来完成技能型紧缺人才的培养任务。校企结合、工学结合办职教是解决制约职业教育发展瓶颈问题的有效途径,同时加强了职业教育与经济社会发展的紧密联系,是一条实现良性互动、形成"双赢"局面的成功之路。干职业教育不仅要有务实精神,而且必须有创新精神,特别

是为职业院校聘任产业校长的工作,要敢于开创中国式职业教育"双元制"先河,让教育部门一头热变成各行业、企业齐抓共管;让育人、用人两张皮变成企业、学校一条心。

(二)隐性知识的实践性要求,启发了职业学校扎实推进校企合作工作,努力实现学校和企业双赢

校企合作有着良好的工作基础,早在20世纪80年代,许多职业学校就与企业建立了合作关系。随着职业教育资源的不断调整和重组,职业教育已经形成了比较合理的结构框架,为进一步深化校企合作工作奠定了坚实的基础。为贯彻和落实各个层面的职业教育工作精神,加快校企合作工作的步伐显得尤为重要。具体形式可以有座谈会、研讨会,许多职业学校积极与企业沟通、联系,研究和探讨校企合作的内容和形式。

(三)隐性知识的实践性要求,启发了职业学校全面增强办学实力的要求

全面增强职业学校的办学实力,进一步加大校企合作的工作力度,必须要实现学校与企业的对接。学校与企业的合作在于学校培养、输送的人才要适应企业的需求。抓对接、抓"订单"培养,是抓住了职业学校实现培养目标的一个点或终端,但要真正做到培养综合素质高、专业技能强、符合企业标准的适应性人才,还必须有学校与企业的深度、广泛合作,让企业参与学校的教育教学的全过程,提供丰富的企业资源,提升学校的办学实力,同时,学校也优先为企业输送合格毕业生,并作为企业职工继续教育培训基地,为企业职工适应新产品、新技术的开发与引进提供智力支持。

第三节 情境建构主义

职业教育教学模式的发展趋势,应当是彻底摆脱技能训练和认知发展的二元论困境,寻找一种能够融理论与实践于一体,并且把学习者视为主动的工作者的教学模式;这就是情境建构主义教学模式。

一、情境建构主义的内涵

建构主义是一个扎根于哲学和心理学的学习理论,其核心观点是学习者从经验中积极地构建自己的知识和现代意义。建构主义的核心理论有四

个方面:(1)知识的积累是个体积极组织的结果;(2)认知是一个适应过程,它使个体能在特定的环境中更好地生存;(3)个体经验通过认知的组织作用,使原有经验具有了现代意义,而不是一个精确地表征现实的过程;(4)认知既有生物的、神经的结构基础,也有来源于社会的、文化的和以语言为手段的相互作用。

因此,建构主义认可学习者在个人知识创造过程中的积极角色,经验(包括社会的和个体的)在这一知识创造过程中的重要性,以及知识与其所表征的现实之间的差距。上述四个核心理论成为基于建构主义的教学、学习与认知过程的基本原则的理论基础。

情境建构主义职业教育教学模式是以建构主义学习理论和情境学习理论为基础的。只有将这两个理论结合起来,才能为职业教育教学提供坚实的理论基础。

二、情境建构主义的特征

情境学习理论来自两个流派,即人类学传统的情境学习理论和心理学传统的情境学习理论。蕾(J. Lave)和萨屈曼(L. Suchman)这些人类学家感兴趣的是意义的文化建构,而科林斯(A. Collins)、布朗(J. Seeley Brown)、诺尔曼(D. Norman)和克朗西(B. CLancey)这些认知科学家感兴趣的则是个体和社会层面的认知。所以情境学习理论的特征具有以下两个流派中的共同特征。

(一)心理学传统的情境学习理论

心理学传统的情境学习理论是对信息加工学习理论的替代。二者的分歧首先体现在对知识的不同看法上。自从 20 世纪 60 年代的认知革命以来,"表征"成了信息加工理论的核心概念,心理表征理论在认知科学中获得了一致认同。其基本主张是,知识是由符号、心理表征构成的,它能够脱离具体情境而独立存在。因而认知活动可被看作符号操作,这种观点使传统的信息加工理论显露出一个致命的弱点,那就是只关注神经中枢机制以及心理的符号表征,只关注有意识的推理和思考,而忽视了认知的文化和物理情境,以及认知与情境之间的相互作用。

与信息加工学习理论相反,在知识观上,心理学传统的情境学习理论持一种个体与情境相互作用的动态的观点,强调知识对个体与情境的双向依赖。该理论认为,人类的知识和相互作用不能从世界中剥离。否则,所研究的智力是无实体的、人工的、不真实的,缺乏实际行为特征。问题的关键是情境以及人们在其中所扮演的角色。我们不能仅仅看到情境,也不能仅仅看到个体。毕竟,人与环境之间是相互适应的。仅仅关注人,会破坏相互作用,排除情境在认知与行动中的角色。对情境认知的研究表明,学习不能跨越情境边界,学习在本质上是情境的,并由它所发生的情境所构成,情境决定了学习的内容与性质,这就是心理学传统的情境理论关于学习的基本观点。按照这种学习观,建构知识与理解的关键是参与实践。

(二)人类学传统的情境学习理论

实践共同体意味着参与一种活动体系,参与者共同分享对于他们所做事情的理解,以及对于他们的生活和共同体意味着什么。可从两个方面来把握这一定义。首先,实践共同体是由个体参与所组成的完整的整体,它不仅包括知识方面,而且包括社会的、文化的方面;其次,这一共同体是真实的工作世界,而不是学校人工设计的情境。从人类学观点来看,当个体参与这种实践共同体时,学习便成为一个自然发生的过程;而按照实践共同体的真实性特点,应当把学习的地点放在工作现场。

按照心理学传统的情境学习理论,学习者所从事的实践仍然是学校的抽象任务,它与实践共同体中的任务有本质区别;并且它是在学校情境中进行的,而不是在实践共同体中进行的。由此可见,虽然两种学习理论都非常强调情境在学习中的价值,但它们在一些具体观点上仍然存在很大分歧。然而这并非意味着心理学传统的情境学习理论对实践性学习的建构不能提供任何支持,相反,学校实践情境中的学习对于职业教育来说也是十分重要的。

三、情境建构主义对五年制高职工学结合人才培养模式的意义

归纳情境建构主义,对五年制高职工学结合人才培养模式的建立具有以下指导意义:

(一)以实践为先导,以任务为本位,激发学生的学习动机

建构主义认为学生只有在原有知识结构无法满足现实问题的解决时,才发生了真正的"学习",学生的学习是从原有学习模式到新的模式的适应,有了新的适应,才有了学习动机。按照这一动机观,学生对职业知识、技能

的学习动机,只能来源于实践需要。

目前职业教育教学主要采取的还是先学理论后实践的模式。先学习理论,往往是在学生缺乏必要的经验基础上,没有体验真实职业情境的情况下进行的。学生在一定程度很难能"适应",更无从谈论学习动机了。在这种课程模式下,学生仅有的一点学习动机只能来源于外界的"强迫"。正确的模式应是将理论与实践相融合,在理论学习的基础上去实践,从实践中体会理论、应用理论,在完全理解、适应了新的内容后,更能激发学生的学习动机。

(二)充分认识到学生已有的知识、技能在新的学习中的重要作用

建构主义理论的核心在"建构"二字,即知识中所包含的意义不是从外界输入给主体的,而是主体自己建构的。主体新知识的建构也并不是随意形成的,而是在主体原有知识经验的基础上的重新组织和调整。如果主体缺乏某一方面的知识,那么对于这一方面的事物他将什么也看不到。比如,"双元制"这个概念,对于一个没有任何职业教育知识的个体来说,最多只能获得关于它的一些表面认识(即便这些认识,也是以已有的某些相关经验为基础的),而一位职业教育专家则能立即建构出双元制最本质的内容。

(三)应当强调学生自己对知识、技能的主动建构

传统职业教育教学过程观是建立在客观主义认识论基础之上的。它认为教学便是"传授",如何更有效地传递知识、技能,就成为传统职业教育专家们致力解决的主要实践问题。这种传授是以知识、技能为出发点,强调的是学生的"接受",而忽略了学生的接受程度及效果,建构主义认为,这种教学过程有重大缺陷。因为知识是主体在适应环境的过程中建构的,是主体赋予自己经验流的一种形式,真正的教学过程应是在教师的促进下,学生积极主动地建构自己理解的过程。

(四)应当鼓励学生的自我管理、自我调节,加强自我意识

在建构主义看来,意义只能是自己积极建构的,因而必须强调学生在建构知识及其意义过程中的主动性,其中包括心理的自我调控和经验的自我组织。这就要求学习者"管理"自己的认知过程,形成对当前知识结构的意识。

传统职业教育的教学与管理非常强调学生的服从与接受,这是流水线

生产理念影响的结果。知识经济时代的劳动者,不再是只会接受命令和任务的简单操作者,而是具有一定创造性的自主型劳动者。显然,无论是强调技能训练的行为主义,还是强调客观知识学习的认知主义,都无法为具有这种素质的劳动者的培养提供理论基础,而只有建构主义和情境理论强调真实情境中学习过程的主动建构;强调学习结果的弹性,鼓励学生的自我管理、自我调节,加强自我意识,才为之提供了很好的理论说明。

(五)教师应提供并鼓励学生对学习内容有多重观点和表征

在建构主义看来,没有事先存在的"真理",知识的意义只有在多种关系中进行体验才能得到建构。这就需要给学生提供发展多重表征的原始材料,因为多重表征给学生提供了多种获得知识和发展的能力,以及发展与经验相关的更为复杂的图式的途径。这对职业教育教学的含义是,对同一个知识或技能,教师要提供大量变式练习的机会,以及从动作到符号用不同层次表征系统进行表征的机会。

(六)应当允许教学过程有一定弹性

按照建构主义的观点,既然意义是依靠主体已有的知识经验去建构的,而不同的主体知识背景不同,因而对同一个对象,不同个体所建构的意义是不一样的。从这个意义上说,应当允许职业教育教学过程具有一定弹性。尤其在职业技术活动中,尽管要求劳动者严格按照程序来操作,为此还制定了严格的操作要求、规范,但实际上这是不可能的。如果把两位技术非常娴熟的工人的操作过程用摄像机记录下来,然后仔细进行比较分析,就会发现他们在具体动作上并不是完全一致的,但他们生产出的产品的质量却可能是等同的。在服务业的劳动过程中,这一现象表现得更加突出。

允许职业教育课程目标具有弹性,实际上是允许劳动过程具有弹性。这不仅是认识论的要求,而且是人性化生产的要求,同时也是发挥个人潜能,提高生产质量和效益的要求。但是,不管劳动过程如何允许弹性,劳动结果(产品)必须有严格标准。

(七)教学应尽可能在真实的职业环境中进行

目前职业教育中,课堂教学仍然占很大比重。采取这种方式教学,不仅学生难以真正掌握专业理论,而且容易造成理论与实践的严重割裂,使得理论学习与实践学习成为形式上的两张皮,这就使教学效果大打折扣。

职业教育是致力于学生职业素养、职业技能以及就业竞争力的培养，真实的教学环境不仅能提供专业的设备和场所，更重要的是让学生在真实的职业环境中养成良好的职业习惯，成为合格的社会主义建设者。强调职业教育教学环境的真实性，对个体职业能力的终身发展也有十分重要的意义。

第四节　西方教育中的实用主义哲学

一、实用主义哲学的内涵

新实用主义与早期实用主义一样，其价值内涵在一定程度上反映了务实求效的精神。从理论上看，实用主义的务实求效的精神首先体现在提出问题的"实践"目的性上。杜威一再强调，要在"问题状况"下研究哲学，就要带着认知、教育、社会中的实际问题去求得理论的说明和解决的方法。问题只有和实践相关，才有探索的意义。当代实用主义的代表人物在这一点上与杜威完全一致。

二、实用主义哲学的基本特征

（一）拒斥传统形而上学

从实用主义的基本价值取向出发，实用主义者认为传统哲学把主体与客体、精神与物质的关系割裂了，把原本不该分的东西分开了。在哲学发展中，人们因为形而上学哲学使用了许多无法用效果来确定其意义的纯粹抽象的观念，在以上形而上学的问题上争论不休。皮尔士认为，这些观念或者是无意义的，或者是荒谬的。

（二）注重行动与经验

实用主义认为，哲学在探讨与人的活动相关的问题时主要应当从人的行动中出发，不能像传统哲学那样着重于对人的思想或人的理性的考察。哲学的目的是人——以人为本，只有人才是哲学的中心。人要生存，就首先必须面对和解决生活中遇到的各种各样的问题，人的行动产生一切，也只有通过行动，才能实现人生的要求。可以说，人的本质在于人的行动。要从人的行动理解人的一切，说明人的一切。因此，哲学要对人有实用价值，给人以智慧，帮助人学会如何应付环境、改造环境，取得成功。

(三)主张"效用真理观"

在实用主义者看来,真理与谬误的不同在于:按照真理行动,人能达到目的地而不迷路。只要能证明对人生有任何效果,它就有一定意义;只要这意义是适用的,它就有一定真理。杜威也说过,真理即效用。他还指出,这里的"效用"指的不仅是对个人的效用,更是社会公众改造经验的效用。实用主义把理论的意义建立在效果的基础之上。皮尔士在其著名的"实用主义公式"中指出:概念意义与效果有着内在的联系,"我们思考事物时,如要把它完全弄明白,只须考虑它含有什么样可能的实际效果,即我们从它那里会得到什么感觉,我们必须准备作什么样的反应。

三、西方教育中的实用主义哲学对五年制高职工学结合人才培养模式的意义

(一)"求实主义"哲学观的影响

实用主义继承和发展了英国近代经验主义哲学传统,但它不是一般地重复经验论原则,而是进一步将经验范畴具体化为个人、个人行动(或活动)及其境况的实效、方便等结果分析。它鄙视古典形而上学和抽象思辨的哲学世界观,主张一切从"实利"、"可行"和"效用"出发,来考虑一切与人生和社会相关的对象、活动、关系。因此,除了研究有益于人生目的之实现的思想、观念、欲望、心理和情感之外,哲学并无任何别的意义。五年制高职工学结合人才培养模式的实施更要坚持可操作性、实用性,而不能仅仅成为口号,应该将这种人才培养模式与社会、学校、学生、职业、岗位紧密结合,在合理验证分析的基础上进一步开发。

(二)真理(意义)多元论和相对论的影响

"有用即真理"是实用主义的至理名言。"用"者即是检验真理的标准。任何事物都具有多重意义和可欲求的价值,因而其真理意义不是唯一的、绝对的,而是多元的、相对的。一切为我所用,一切偶然不定。哲学的崇高不在于确定性中寻求多种可能性的真理和价值,为人们提供丰富的可能性机会和创造性余地。因此,实用主义鼓励冒险、探险,力图展示不定的未来可能性前景,反对既定的原则和先验绝对的预设,反对因循守旧、故步自封。五年制高职工学结合人才培养模式还在摸索中前进,在发展的过程中肯定会遇到这样那样的困难,但解决了困难恰恰是该模式一步步走向成熟的标

志,因此,该模式的成长,需要我们勇敢突破,踏实迈进。

(三)个人主义价值观的影响

实用主义哲学反对一切"整体性"和权威主义,崇尚"宇宙的不完整性"和事物的"特殊化"。个人主义价值观在个人价值和经验的基础上,强调每个个体的独立性以及主导性,每个人都是自己的主角而不是配角。换言之,社会只是个人"表演"的舞台,且舞台本身并不是中心,它的意义只在于使个人的表演充分和完善。所以,它偏爱个体、具体、特殊、创造、尊严、独立思考和自主行动,厌恶一般、抽象、普遍、权威、屈从、依赖性和被动感。五年制高职的每个学生亦是如此,尤其在工学结合人才培养模式下,学校必须根据每个学生的特点有针对性的进行指导,并让每个学生在不同的岗位上体现自己的价值,从而在提高职业技能的同时,培养较高的职业素养。

(四)行动主义实践观的影响

行动主义突出人的行动(acting)、创造(making)和做(doing)的现在进行时态,强调"在学中做,在做中学",换句话说,它所追求的哲学角色是动态的、实际的、不断变化的,而不是静止的、虚幻的和永恒的。五年制高职的性质决定了教学活动的实践性、行动性,学生在工学结合人才培养模式下,更应该坚持这一理念,理论与实践相结合,知识与技能相结合,自身素养与岗位需求相结合,在行动中实现自身价值。

以上述基本特征为指导,作为五年制高职工学人才培养模式的改革的精神标杆具有十分重要的意义。因为它的本旨不是寻求逻辑、体系和形而上的世界观本身,而是着眼于为现代人提供一种行动的指南和生活教导。

第五节 辩证唯物主义的认识论——实践性学习

教育产生于生产劳动,教育与生产劳动必然要互相结合,不但在原始社会如此,在阶级社会也如此。恩格斯说:"劳动是同制造工具一起开始的。"从原始社会开始,就以生产劳动的知识与技能的传递作为人类教育的基本内容。为了进行物质生产,使人类能延续和发展下去,年长者把制造工具和使用工具的知识与技能传授给下一代,这时,教育与生产劳动直接地结合在一起。

一、辩证唯物主义的认识论——实践性学习的内涵

实践性学习是指要求学生参与到一般的社会实践活动领域之中,成为某一社会活动中的一员进行实际的生产活动。实践性学习的根本特征是学生亲身参与社会实践活动。只有在社会中参与的实践性学习才更有利于学生获得对自身、对他人、对社会的价值实现感。在美国、英国、日本、新加坡等国各学区的"学区活动规划"中都有社会参与的实践性学习活动。

社会参与的实践性学习活动的目标要求是:学生在参与社会实践活动中,能够关注社会发展,主动参与社区的公益活动,促进其公民意识、参与意识、社会责任意识和主人翁精神的养成;学生通过接触社会生活和社会环境,增长从事社会活动所需的知识,具备认识社会、探究社会问题的基本能力,形成人际沟通能力、协作能力、组织能力、操作能力,以及适应现代社会生活的能力,形成独立思考和操作能力以及适应环境的能力;培养学生学以致用、服务社会的意识;使学生养成劳动观念,掌握一定的劳动技能。

二、辩证唯物主义的认识论——实践性学习的特征

(一)主张实践性学习,关注学习方式的变革

传统教育中的学科教育,主要以传输知识为主,属于结论性学习,这是一种被动性的学习方式。以"课堂为中心,课本为中心,教师为中心"的传统教育模式,虽然对传承知识有一定的优越性,但不利于学生创新思维的发展,不利于提高学生学习兴趣,容易形成倦怠,要改变这种状况就要改善学生的学习方式。

实践性学习是一种基于实践活动的学习,它在学生原有知识经验的基础上,提倡学生的动手参与,鼓励学生在不断发现问题、解决问题的过程中获得知识和技能。这种过程性的学习是一种以积极的情感体验和深层次的认知参与为核心的学习方式。实现过程学习的最适当的方法就是自主、探究与合作。也就是说,要实现过程性学习,就要从根本上改变学生的学习态度、学习方法和学习习惯,要使学生的主体性与教师的主导性相结合,使学习真正成为促进学生发展的有效途径。

学生在自主探究、参与实践的过程中,不断发现新问题,已有的知识储备已不能满足现实问题的解决,这就需要学生想办法、敢实验,在这个摸索的过程中获得相应的知识和技能,这正是学生创新能力的体现。

（二）面向学生完整的生活领域，关注学生现实与未来的需要

实践性学习的开发与实施，要面向学生完整的生活领域，关注学生现实和未来的需要，从整体上把握活动的内容、结构和层次，努力为学生创造健康发展的开放空间。

实践性学习为学生展现的是一个完整的生活领域，以与学生密切相关的自然、社会以及自我为基础，从学生的实际出发，不断满足学生对现实生活的需要，着重学生的兴趣和爱好，兼顾学生的长远发展，主动帮助学生适应未来世界的需要。

（三）以"解决问题"为中心组织活动，在解决问题的过程中实现其教育功能

实践性学习的开发与实施，以"解决问题"为中心。发现和确定需要研究的问题是活动组织成功的关键之一。实践性学习通过解决问题的过程实现教育功能，因而十分关注研究方法的学习和实践过程的体验。

实践性学习为学生努力创造能够联系现实世界，并能相互作用的纽带。"问题"是学生与现实世界相互作用的联结点，解决问题的过程即是学生与现实世界相互作用的过程，解决问题的过程缩短了学生生活与社会需要和现代科技成果间的距离，为学生认识世界和感受生活创造了良好条件。培养学生对问题的敏感和形成问题意识，提高学生发现问题的能力，对开发和实施实践性学习具有十分重要的意义。在有效进行"解决问题"的过程中，学生必将会运用已经学过的知识，在对问题进行探究的时候，也一定会使用和学习各种相关的方法和技能，不断地提高用科学的方法分析和解决问题的能力。

（四）着眼于完善学生的素质结构，努力追求学生独具特色的全面发展

实践性学习不以掌握知识的多少为目的，也不以能否对知识进行复述为标准。作为素质教育的切入点，实践性学习着眼于逐步完善学生的素质结构，坚持多元智能理论，追求学生独具特色的全面发展。

按照加德纳教授的多元智力理论，学生具有普遍的差异性，都有自己的弱项和强项，也就是说，因为学生素质结构不同，学校应该注重差异性，因材施教。虽然不能强求每人都可以得到同样的发展，但是却完全可以从学生的实际情况出发，通过包括实践性学习，开发和实施校内外各种教育，促进

学生形成健康、和谐、积极、善纳的素质结构,实现学生独具特色的全面发展。

三、实践性学习理论对五年制高职工学结合人才培养模式的意义

(一)探索开设实践性学习课程

课程是实现教育功能的有效途径,因为课程体现了教育思想和教育理念,课程是实现培养目标的施工蓝图,是学校组织教育活动的最主要的依据,有什么课程,才可能实现什么样的教育功能。

五年制高职工学结合人才培养模式的实施,不仅要有先进的教育理念作支撑,更要改善传统的专业课程体系,专业的设置以及课程的开发都应该紧紧围绕五年制高职的本质特征,针对学生的特点,根据社会经济发展的需求以及职业岗位对人才的要求,建立科学、系统的体系,保证理论与实践相结合,让学生充分参与到实践性活动中,在工学结合模式下,一定要亲力亲为、敢于探究、勇于创新,只有如此,工学结合才能真正实现其目的。

(二)探索以实践性学习为主导的教学设计

教学设计是教学过程高效实施的重要保障,要实现学生理论与实践的融合,必须探究以实践性学习为主导的教学设计。为了能够对这种学习过程进行实证研究,也为了能够开发支持实践性学习的学习过程,我们对实践性学习过程进行如下描述。

1. 在"做"中学。在实践活动中,学生主要忙于做,在感觉与知觉的基础上完成任务,很少能主动把这些任务与学习的理论联系起来,不进行概括,也不进行反思,没有把经验和理论整合起来。

2. 在外部管理的基础上进行学习。学生的学习活动,在外部管理下处于实践状态,通过理解和反思,学生能把实践活动与学习的理论联系起来。

3. 在理论与反思的基础上进行自我管理的学习。学生能把实践工作经验融入理论框架中,同时使用他们在学校学习的理论,以及他们自己形成的观念进行反思,并通过尝试来获得结果,这是一种富有思想的实践性学习方法。

在学习过程中,技术理论知识与技术实践知识的整合是不会自动发生的。因此,在课程的设计中,要充分考虑课程整合的因素;在教学实施中,要尽量采用规范的整合方式来学习,充分引导学生按照整合方式学习课程。

第三章 发达国家和地区工学结合人才培养模式经验及其启示

工学结合是将学校学习与企业工作结合在一起的人才培养模式,其主体是学生。该模式把以课堂教学为主的学校教育和以直接获取实际经验为主导的校外工作有机结合,并将其贯穿于学生培养的全过程之中。德国、美国等国家在高等职业教育发展中曾实施工学结合的模式并取得一定成效,在此,我们将这些成功经验与我国五年制高职自身特点相结合,对我国五年制高职工学结合人才培养模式的设计与实施具有借鉴意义。

第一节 德国:"双元制"模式

德国职业教育推行的"双元制"教学模式是教育机构与企业联合举办职业教育,以企业培训为主导,学校教育为辅助,两者平行进行的工学结合的人才培养模式。在工学结合的过程中,企业在其内部直接设立培训课堂,同时还设有实训工场,给学生充分的实习锻炼机会。学校则负责向学生传授从事相应职业所必需的专业理论知识和普通文化知识。

一、德国"双元制"模式的内涵

德国职业教育体系是众所周知的"双元制"。"双元制"是德国企业与学校分工协作,以企业为主,理论与实际紧密结合,以实践为主的一种职业教育模式,工学结合贯穿全过程。在这种模式中,学习者(青少年)一边在企业里接受职业技能训练,一边在职业院校里学习专业理论及普通教育课程。

从图1-3-1可以看出"双元制"的职业教育模式的内涵:

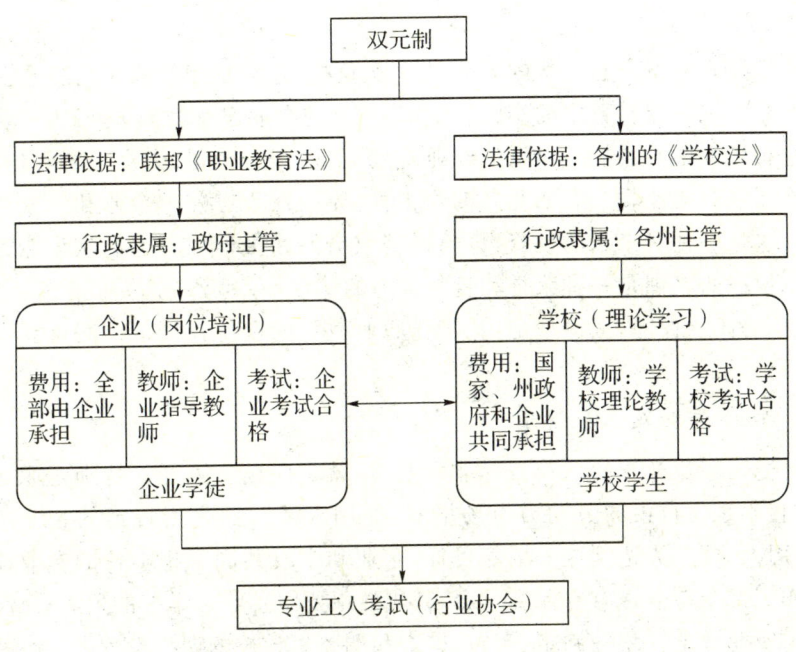

图 1-3-1 "双元制"模式简图

二、德国"双元制"模式的运行机制

(一)招生

学生在进入职业院校时,已经与某企业签订了合同,以企业"准员工"的身份接受职业院校的教育。学生与企业签订了合同,即可享受企业每月1 000—2 000马克的经济补贴。有的州的职业院校要收取学费,但其费用的90%也由企业承担。

(二)管理体制

德国的职业教育由联邦政府科技教育部、州政府、劳工局、行业协会领导与管理。其中科技教育部主要负责处理职业教育的宏观问题。除以上机构外,还有由科技教育部领导的联邦职业教育研究中心,其职责为研究与企业相关的职业培训问题,对职业培训接受咨询和进行指导,进行国际职业培训的合作与交流,提供国际职业培训的多种信息资料。

（三）经费

德国职业教育总花费的 85% 为企业负担，15% 由州政府支付。企业非常愿意承担职业教育中的实践教学部分，有的企业建有培训车间，大型企业则建有培训中心或拥有自己的职业院校（如西门子公司、大众公司等）。企业之所以对职业教育有如此高的积极性，原因在于：第一，企业和厂家普遍认为这是一种对未来的投资，将会得到数倍的回报；第二，他们认为能为学校承担职业培训是一种荣誉和自身实力的体现，有利于提高企业的知名度；第三，法律的保障，法律规定，凡接受职业教育的学生在培训期间可获得生活补贴。

（四）专业及课程设置

德国职业教育的培养目标非常明确，就是应用型人才。特别是职业学院，它不是为自由的劳动力市场培养"通用人才"，而是为特定的企业培养"专用人才"。为达到这一培养目标，企业和学校共同承担学校的专业建设工作。每个专业设有专业委员会，其成员主要由企业和学校的代表构成，负责本专业教学计划的制定、实施、检查和调整。学校的课程设置、实验安排、实训实习次数及时间的确定、考试的组织和毕业论文（设计）的要求等等也是由学校和企业共同研究决定，这些都是针对企业的需求以及学生的特点来专门制定的，因而培养的学生很有针对性，毕业后可以直接上岗。

（五）师资

由学校专职教师和企业的工程技术人员、管理人员共同组成。专科高等学校兼职教师数要比专职教师多，如柏林专科高等学校，专职教师 300 人，兼职教师 500 余人。职业学院专职教师更少。教学工作，特别是专业类、实践类课程的教学主要由兼职教师承担。兼职教师除少部分来自大学外，绝大多数来自企业。他们不仅教授专业知识和技能，更重要的是将企业的生产、管理、经营的经验和先进的技术带进学校，让学生能及时接受企业的"新鲜血液"。职业院校的专职教师必须既能教授知识又具备实践指导的能力，并且至少要有 5 年企业工作的经历。此外，每间隔一段时间，教师还要到企业，了解、熟悉企业，掌握和研究企业最新发展动态。

（六）实习

教学工作是在学校和企业两个不同的地点交替进行。对于学生的实习,企业非但不看成是额外负担,还要给学生每月1 000—2 000马克的培训津贴。为使学生既达到理论学习的基本要求,又有较高的实践能力,理论学习和实习训练的安排与组织都是非常严密的。如职业学院,每学期为24周,前12周在企业实习,后12周在学院学习,每周30—33节课,没有假期,只有按企业合同规定的年假,年假时间与企业职工相同。

（七）仪器设备

学生的实训、实习主要在企业并由企业负责组织实施。但学生在校期间用到的设备、工具等的条件都是与企业水平相当,这些教学设施,有的是为了培养专门人才由企业直接投资,有的是由企业和学校联合投资,有的是企业无偿捐赠的。这样的条件有利于学生无论在校实训还是在企业实习都能顺畅进行,而不会因为学校设备条件陈旧落后,导致无法与企业接轨。

（八）考试

学生的学业要在学校和企业完成,鉴定学生学业成绩及技能水平的考试,也由学校和企业联合举办,即决定学生是否能毕业或拿到某方面的技术等级证书不是由学校单方决定。考试分为学校考试、企业考试和行业协会组织的技能证书考试。基础理论课程的考试一般由学校组织进行。学生在企业培训期间,其实习成绩的考核与评定工作由企业负责,考试的内容、形式和时间都由企业指导教师确定。毕业论文（设计）的内容必须从企业实际出发,企业教师作为学生的第一指导教师,学校教师作为学生的第二指导教师,毕业论文（设计）的答辩及成绩的评定,由企业和学校联合组织进行。行业协会组织的考试,是对学生某方面技术水平和技术等级的鉴定,合格者确认其有某方面任职资格。

（九）学生就业

由于德国职业教育中强调职业性,注重学生实践的岗位针对性,因此培养的学生就业率很高。经过几年的学习之后,学生不仅具有扎实的理论知识,而且具有很强的实践能力,并且熟悉企业的生产管理流程,一上岗便能适应和胜任企业岗位的工作。因此,德国职业院校的毕业生的就业率在90%以上,其中70%左右的毕业生被培训企业留用。

三、德国"双元制"模式的特征

(一)企业发挥主导作用

德国"双元制"中企业发挥着主导作用,职业教育的招生、受教育者的培训以及培训的物质设备等,基本上都由企业控制,它直接决定着"双元制"职业教育的规模和质量。以企业为主具有如下优点:培养的人才更符合企业的需要;学生在真实的生产环境中工作,更能接近实践及未来工作的需要,并能较早地接触新工艺、新技术;企业的重视使职业教育有了坚实的基础和充足的经费。

(二)职业本位

在"双元制"的职业教育人才培养模式中,以职业为本位是确定培养目标、设置专业、编排课程以及教学与考核评价的宗旨。具体表现为:培养目标的确定以职业能力为导向,着力培养学生的专业素养和专业技能;在职业分析的基础上设置专业;在课程设计过程中,注重开发以职业活动为核心的综合课程、目标定向活动课程等,以丰富学生直接性的职业经验,使学生具有较强的社会适应能力和市场竞争力;教学方法以学习者为主体,学生处于中心地位,教师更多承担引导者、组织者的角色;教学活动同生产实践紧密结合,学生大部分时间在企业进行实践操作训练;考试考核以职业资格为标准,为了保证考试的客观性和不受培训机构影响的独立性,"双元制"职业教育考试由与培训无直接关系的行业协会承担。

(三)完善的立法保障

德国的双元制教学模式无论是理论教学、实训、实验,还是企业培训,均有严密而完整的教学目标、计划、教材、设置和师资配置等。并且无论是企业还是学校,两个学习地点分别受两种不同类型法律的约束,即企业主要依据《职业教育法》及《培训规章》;学校则依据《教育法》。由于有法律制度的保障,企业均把职业教育作为"企业自身行为"来看待,并将其投入作为是对企业未来的投资。可以说一系列法律、法规的保障为职业教育与培训的顺利实施和取得世人瞩目之成功,提供了必须的前提和条件。

四、对我国五年制高职工学结合人才培养模式的启示

（一）清晰明确的培养目标

德国职业教育的培养目标，是培训大批具有一定的理论文化知识、广泛的专业知识、较强的实际操作能力、良好职业素质以及继续学习能力的应用型劳动者。这种目标体现了一种以能力为本位的教育思想，主要包括三种能力的培训：(1)专业培训，即从事职业应具备的理论知识和基本技能；(2)社会能力的培训，即与人交往合作以及适应社会情景、工作环境的能力；(3)工作方法的培训，即如何组织自己学习、工作的能力。

我国五年制高职具有招生年龄小、学制时间长的特点，通过五年的学习，培养的学生不能仅仅是掌握某一项专业技能，更重要的应该是把学生培养成为一个独立的社会人，既有专门的知识与技能，又能具有良好的沟通合作能力、社会适应能力以及可持续发展的应用型人才。

（二）严格的考核制度

德国的职业考试由行会（工商会、手工业会等类似单位）组成的考试委员会负责，该委员会由雇主联合会、工会及职业学校教师三方代表组成。[①] 考试分为中期考试和结业考试两种，考试方式分为书面考试和实际操作技能考核两部分。中期考试是在学生学习一年或一年半时进行，主要目的是通过考查学徒工的培训成绩来检查企业培训计划的落实程度，没有中期考试成绩者不得参加结业考试，中期考试和结业考试是全国统一进行。严格的考核制度保障了德国职业教育的质量。

严格的考核制度是学校和企业把握学生学业水平的有效保障，不同的考试方式，能够全面评价学生，为进一步的教学及培训提供依据。因此，我国五年制高职工学结合人才培养模式的顺利实施，离不开严格的考核制度，考核的目的是为了保证质量，不是仅为了拿到职业资格证书，而且应该切实将考核应用到培训、教学的过程中，而不仅是一次终结性考试。

（三）企业的积极参与

在德国，企业的积极参与极大地推动了高职教育的发展。德国企业把

---

① 刘福军,成文章.高等职业教育人才培养模式[M].科学出版社,2007:105.

职业教育作为"企业行为"来看待,大多数企业都拥有自己的培训基地和人员,而实力较弱的中小企业也通过委托其他企业培训等方式参与职业教育。这样做的好处是:一方面,学校按企业的要求培养高级技术人才,针对性强,学生毕业后普遍受到企业欢迎;另一方面,企业为学校提供财力资助和实训条件,职业学校在高等学校中更具竞争力,这样企业和学校双方达到共赢。

在中国职业教育工学结合人才培养模式中,普遍存在着校企合作困难的问题,其中企业合作不积极是原因之一。在一定程度上,企业视职业学校的顶岗实习为负担,不愿与学校合作,认为学生没有能力去顶岗或者会因为操作不规范对企业造成损失,等等。与德国"双元制"下的校企合作相比较,让我们认识到:必须转变思想,政府积极调控,引导企业认识;学校积极配合,做好服务工作;企业积极调整,把职业培训作为长远投资;政府、企业、学校三方共同努力,推进职业教育长远发展。

第二节 澳大利亚:"行业主导型"模式

澳大利亚的"行业主导型"模式是在北美以及欧洲等诸多国家职教成功经验的影响下发展起来的一种集几家之所长的独具特色的职教模式。是国际上公认的比较成功的一种职业教育模式,在近百年漫长的发展历程中积累了丰富的经验。

一、"行业主导型"模式的内涵

澳大利亚工学结合教育集中体现为 TAFE 教育。TAFE 是 Technical and Further Education 的缩写,即"技术与继续教育",是以职业教育和培训为主的教育,是建立在明确的行业(企业)职业岗位需求上的教育,是为"职业"的教育或以就业为导向的教育。澳大利亚以行业为主导的职业教育制度,使 TAFE 具有了可持续发展的强大动力。

澳大利亚"行业主导型"模式的内涵是,在职业教育中,行业企业成为直接推动职业教育教学工作的重要力量,行业在职业教育中占主导作用,这种主导作用表现在:(1)主导有关职业教育和培训的宏观决策;(2)参与 TAFE 学院办学的全过程;(3)负责教学质量评估;(4)投资技能岗位培训。

二、澳大利亚"行业主导型"模式的运行机制

（一）建立相应的政府机构整合工学结合

澳大利亚1987年成立了联邦政府主管教育的部门"教育、科学与培训部"（DEST），1992年澳大利亚联邦政府通过立法宣布建立国家培训局（ANTA）。澳大利亚主管教育的部门是"教育、培训与就业部"，把教育、培训与就业紧密地联系在一起，这种教育管理体制是在世界其他国家所没有的。正是这种重视职业教育的政府组织机构，强制性地建立起了职业与继续教育体制。

政府通过资格认证的方式加强工学结合。1983年11月，澳大利亚TAFE委员会通过并执行了包括4个主要分类和19个子类的专业分类方案。1984年3月，TAFE委员会又通过了一个新的TAFE证书系统。1995年建立国家资格证书框架（AFQ）。1996年建立国家培训框架（National Training Framework），它包括两大部分：一是国家认证框架，二是培训包。从1997年开始到2003年10月，澳大利亚政府共认定了101个"国家培训包"。

政府为促进工学结合的有效实施，为提供培训的机构和接受学徒的企业提供专门经费资助。企业每雇佣一个学徒，政府就给予4 400澳元补助，培训机构则可获得政府拨款。参加培训的学徒由雇主提供工资（约是全职工的70%）。经过培训的学徒很快能获得全职工作，提高了就业成功率，这就充分调动了雇主、学徒和培训机构的积极性。

（二）颁布相关法律保障工学合作

1990年澳大利亚政府颁布实施了《培训保障法》，规定年收入在22.6万澳元以上的雇主应将工资预算的1.5%用于员工职业培训。雇主与学徒签订了正式的培训协议，雇主雇佣一名学徒工可以获得政府提供的4 000澳元的资金支持，雇主有权选择注册的培训机构，同时被选中的培训机构可以获得政府拨给的培训费。这样，TAFE学院在培训计划和培训质量方面必须符合行业的要求，而雇主主要考虑的是学徒的技能，这种市场需求必然对TAFE的办学理念和办学方向产生重大影响。

澳大利亚的培训通常是以雇主与新学徒之间签订培训协议为基础的，培训协议要在相关的州或领地的培训当局注册。在这份协议下，雇主为自

己的新学徒提供就业和培训机会,以达到双方拟议定的职业或行业所要求的能力标准。

(三)发挥行业的主导作用密切工学结合

从行业与TAFE的关系分析,由于行业对TAFE学院具有主导作用,加之1990年《培训与保障法》的颁布规定了行业对培训责任和培训机构的选择权,而TAFE又承担着职业教育与培训的重要责任,行业作为主要市场对于TAFE影响越来越大。行业对TAFE的影响主要表现在办学方向和毕业生的标准方面。在制定教学计划、技能标准等方面时,行业具有较大的权力,使TAFE学院的专业设置、培养目标、课程结构、能力标准、教学模式均以行业需求为导向。行业还负责TAFE学院实训基地各种设备的更新以及部分资金投入。2003年雇主用于培训的投入为30.6亿澳元,与1996年同类投入相比增长了52%。澳大利亚的行业主导作用还表现在确立国家职业教育与培训的政策、制定不同行业培训包等方面。

(四)鼓励TAFE学院主动进行工学合作

澳大利亚的TAFE学院与中国的高等职业教育有较大的差别。首先,从1974年创立TAFE体制到20世纪80年代中期,办学经费全部由政府资助。而我国的高等职业院校基本是政府资助占小部分,主要靠向学生收费。90年代后,澳大利亚政府、企业、行业和个人多元化投资体制逐步建立起来。目前,联邦政府和州政府的投入,占TAFE学院总经费的50%—80%。学费占经费总额的20%—25%,迫使TAFE学院面向培训市场,主动加强与企业合作,弥补办学经费的不足。目前,能够从政府和企业拿到多少资助,成为衡量一所学院办学水平高低的重要尺度。这些措施有力地推动了TAFE学院主动服务企业。

(五)设立教育团体联合工学合作

澳大利亚的政府教育机构上面,一般都有一个相应的委员会,如1987年成立就业、教育和培训部,同年相应地上面设置就业、教育和培训部参议院常务委员会。与教育、科学与培训部平行的国家培训局,上面设有国家培训局理事会。同时在澳大利亚教育系统中,州教育部、地区教育局和TAFE学院各个层次都设置一些平行的教育团体。如1921年成立的澳大利亚教师联合会(ATF),是一个全国性组织,成员是所有州和地区的教育工会成员。联合会在所有的州和地区设有分会。其功能是：在联邦政府和其代理机构中代表公立学校教师，在澳大利亚工会联合会中代表教师，在国际舞台上代表教师，在澳大利亚调解和仲裁委员会代表教师。

澳大利亚的工学结合是在建立一种"三方"制体制。根据改革议事日程，联邦政府联合州政府、企业团体和雇主对职业教育和培训进行了一系列改革，形成了形式多样、反应快速的工学合作体制。1994年建立了一个由雇主、工会和政府三方代表组成的澳大利亚国家培训局和国家培训局理事会。实际上，政府、雇主和工会共同参与企业雇员的培训项目，而承担培训任务的则是TAFE学院。

三、"行业主导型"模式的特征

澳大利亚在过去多年的职业教育改革中，形成了以行业为主导的职业教育制度，使TAFE具有了可持续发展的强大动力。行业在TAFE办学中的作用非常突出，主要表现在：

（一）评估职业需求

澳大利亚的相关行业组织有一项重要的任务，即向政府提供最新的相关岗位能力要求及近期就业信息，各TAFE学院根据产业变化对就业市场的影响以及不同职业人力资源变化的具体情况，不断调整办学方向和教学计划，使职业教育培训与就业紧密结合，充分满足行业需求，真正为企业发展服务。[①]1999年11月，来自产业界的信息显示，国家在机械、电子和电工三个行业中出现了技能短缺现象。联邦教育部迅速成立了工作小组，专门研究加强这三个行业技能培训的措施，以尽快满足行业的需要。又如，新南威尔士州的行业组织在2000年上半年向社会公布了有关该州未来就业机会及能力要求的资料《2001年行业技术需求状况与规划建议》。《建议》中描述了汽车、通信、金融等20个行业300多个职业岗位的技能要求、劳动力现状与需求量和具体适用的地区，用以引导本州职业教育与培训的发展，同时也便于学习者在开始学习或培训之前，对即将涉足的岗位有一个清晰的

[①] 单嵩麟,张成铭,王武林,翟向阳.澳大利亚TAFE制度对我国高职学制改革的启示[J].教育理论与实践,2005,25(06):24～26.

了解。①

(二) 参与制定课程内容与教学大纲

职业教育的课程以行业组织制定的职业能力标准和国家统一的证书制度为依据,并将行业标准转换成课程。在课程开发过程中,坚持课程对准技术、技术对准职业、职业对准市场的原则,各专业课程的具体内容和学时分配由企业、行业咨询组织、职业院校和教育管理部门联合制定以满足行业需求、就业市场和相关岗位的技能要求和标准,课程一经制定,需报州或地一级教育培训部门审核批准。为了使课程与教学大纲能够跟上社会发展和劳动力市场需求的变化,行会每三年要对其进行修订。为使开设的专业与所学内容能够适应社会的需求,培训机构定期召集各行业的企业代表参加座谈会,随时听取企业对职业教育培训的意见和建议。

(三) 投资岗位技能培训

澳大利亚TAFE成功的关键是建立了在终身教育思想基础上以能力为本位,以就业为导向的教育理念,建立"学习—工作—再学习—再工作"的终身教育模式。澳大利亚各行业都将培训看作一种投资,并且认为职业教育与培训是保证行业企业竞争力的重要手段。企业的所有岗位均须有TAFE资格证书才能上岗,而且企业根据自身的要求和发展,也不断通过各种形式对员工进行再培训。澳大利亚政府通过立法规定企业必须拿出相当于工资总额的2%用于培训(实际上一般企业都突破了这个比例)。企业培训的实施大体上是:企业提出员工培训的需求和目标,TAFE派人与企业内专职培训教师共同研讨、制定培训项目,包括课程设置、课时安排、教材选取、考核与评估、时间、场地及费用等,经公司认可后,由TAFE照此实施。有时,这一过程不是经过协商,而是企业采取招标方式进行。一些特殊行业要向学院注入资金,以培养专职人员,如国防部门、能源部门等。还有一些行业通过奖学金形式向学员提供经费,吸引学员。如新南威尔士州2000年在网上公布了21种奖学金(勤工俭学)项目。投资岗位技能培训,能够使企业从中直接受益。企业家们意识到只有依靠科学进步和员工素质

---

① 李津石.行业主导,政府保障——澳大利亚职业教育与培训的成功经验[J].中国职业技术教育,2002(04).

的提高,企业才能在激烈的市场竞争中取得一席之地。由此,TAFE学院与企业相互依赖、相互支持、共同发展,形成了独特的澳大利亚职业教育特色。

(四) 参与学校的决策与管理

来自行业的人员是国家和各州管理TAFE的组织机构的主要组成成员,他们代表行业的意志参与国家和地方对职业教育与职业培训的有关决策。如代表澳大利亚联邦政府管理TAFE的权威机构——澳大利亚国家培训署(ANTA),就是由政府、行业、教育界的代表组成。ANTA的现任部长委员会7名成员当中的5名就来自于国家的经济支柱行业。其他重要机构,如联邦和各州TAFE的行业培训顾问委员会等,都是以来自行业的人员为主组成。这些机构负责对TAFE发展重大问题做出宏观决策,如确定年度计划、确定教育与培训标准、争取经费投入等。来自行业的人员充分代表本行业利益参与决策,体现了行业的主导作用。

从校级层面来看,所有的TAFE学院均有院一级的董事会,主席和绝大部分成员是来自企业第一线的资深行业专家。董事会通常每季度开一次会,对学院的办学规模、基建计划、教育产品开发、人事安排、经费筹措等进行研究和做出决策。

(五) 参与教育质量的评估

行业也参与对职业院校的认证工作。澳大利亚政府规定,所有的公立或私立的培训机构都必须经注册和认证以达到国家规定的统一标准。标准涉及学校管理、教学方式、教学资源、设备、学生服务与财政运转等几个方面。如在新南威尔士州,由教育与培训厅下属的职业教育与培训认证委员会负责这项工作。这个委员会的主席就是行业人士,委员中也有来自行业的代表。这个委员会还负责本州所有职业教育与培训机构的审计和评估。另外,国家和州的行业培训顾问委员会除了每年对学校的教学质量进行定期评估之外,还经常开展行业雇主对职业教育和培训满意程度的调查。企业很乐意提供对其职业教育和培训的看法和建议。从1999年至2000年对6 000位企业的雇主调查结果来看,其中有83%的雇主对TAFE总体上表示满意,74%认为培训的价值已体现在雇员素质的改善和生产力的提高上了。另一项数据显示,愿意接收应届毕业生的企业从1995年的63 000家左右上升到了 1999 年的 117 000 家。①

四、对我国五年制高职工学结合人才培养模式的启示

澳大利亚的"行业主导型"模式无疑是成功的,它为澳大利亚培养了大批高水平的专业技术人员,促进了社会的发展。"行业主导"的许多做法给我国五年制高职的工学结合带来重要启示,其中突出地表现在以下三个方面:

(一)行业积极参与师资队伍建设

学校负责招聘教职员工的评估小组一般由行业专家、行政管理人员、专业教师三类人员组成。在引进教职工标准上,需要既懂教育又具有行业背景的"双师型"教师,即不仅要求具有教育学文凭,而且必须具有 3—5 年的企业工作经历。TAFE 教师大部分为行业协会成员,以确保教师的教学不脱离企业实际。各行业充分意识到职业教育对其经济效益的作用,因此除定期接受教师每学年两周(或更长)时间回到企业工作,了解行业最新发展动态、更新技术与知识,提高自身实践能力和指导实践性教学环节的能力外,还鼓励行业技术人员作为兼职教师到学校讲课、举办专题学术讲座,将最新的技术渗透到学校的教学工作中,并吸收教师成为行业咨询委员会的成员,行业企业与学校教师一起共同探讨职业教育。这种做法给企业和学校均带来益处:一方面,各院校有一支理论基础扎实、实践技能强的教师队伍,打破了学校与行业间的界限和壁垒;另一方面,行业也有了一支相对稳定的教学专家队伍,随时为其职业培训计划的制定和培训的实施提供专业化的帮助。

(二)行业大力支持实训基地建设

在实训基地的建设上,行业也做出了大量工作。行业通常投资帮助学校建设实训基地,或以接待学生实习等方式参与学校的实践教学。企业将该行业的最新设备投入到培训机构的实训基地中,以便学生能够及时掌握先进技术,同时也有利于企业培养出合格的新员工,硬件建设的支持,有效解决了培训机构实习设备老化、实训困难等问题。此外,培训机构很多技能

---

① 李津石.行业主导,政府保障——澳大利亚职业教育与培训的成功经验[J].中国职业技术教育,2002(04).

培训课程是在工作现场完成,行业根据课程需要接纳学生到生产现场完成学习任务,同时辅助学校对学生进行专业技能考核。有些企业还帮助学校建立起全国范围的模拟实训公司网络,供所有的学校教学实习使用,实现资源共享。目前,澳大利亚国内已建有近100家由各种行业赞助的模拟实训公司,并与国际上3 000多个著名的跨国模拟实训公司联网。

(三)政府和行业共同监督职业教育质量

澳大利亚职业教育质量受到政府、行业的双重监督。各州和领地均设有教学评估机构,根据培训规范监督和检查教育培训质量。教学评估机构更注重对毕业生的追踪调查,一方面请学生本人反馈培训情况;另一方面要求已上岗毕业生的用人单位提供全面的考核情况,他们把这种方法作为关键性评估措施,严格进行教育培训质量评估,对促进培训院校的教学及确保职业教育培训的质量起到重要作用。[①]同时,国家和州的行业培训咨询委员每年也要对学校的教学质量进行定期评估,还经常进行行业用人单位对职业教育和培训满意程度的调查。企业则积极响应这种调查,并很乐意提供对职业教育和培训的看法及建议。合并后的行业技能委员会对职业教育与培训质量的控制更加细化,加大了行业组织对职业教育与培训质量的控制。

第三节　英国:"三明治"模式

"三明治"模式主要是在英国多科技术学院(现已经升格为大学)中发展起来的,这类学院是从20世纪60年代发展起来的一种新型高等学校,全英国这类学校的总数不多,但是每一所学校的规模都很大。它们与普通大学有着很大的不同,首先是多科技术学院是地方性质的,经费来源于地方政府;其次没有学位授予权,与我国的高职学院有一定的相似性。英国的工学结合最典型的模式便是工读交替的"三明治"模式。

一、"三明治"模式的内涵

英国"三明治"教育模式也称工读交替式,是英国采用的"学习—实践—学习",工读交替的产教结合模式,即全日制课程学习与工商业训练相结合。

---

① 黄日强,邓志军.澳大利亚高等职业教育的改革与发展[J].广东技术师范学院学报,2005(02):62～66.

此模式最早是1903年英国桑德兰技术学院在工程和船舶建筑系中实施的。该学院考虑到传统知识和理解教育不能使学生获得实际工作经验,因此要求在学校的教学工作中夹有工作训练。这一模式要求学生在校学习期间要走出校门参加实际工作训练。由于这一模式像一块肉(工作训练)夹在两片面包(学校学习)中,类似于"三明治",便由此而得名。

"三明治"模式主要分为长期和短期两种。长期的"三明治"模式指在学校学习和在企业工作的年限都较长,具体有以下两种:4年制模式,前两年在学校学习,第三年在企业工作,第四年又回到学校学习、考试、取得证书,即"2+1+1";5年制模式,第一年在企业工作,第二、三、四年在学校学习,第五年又回到企业,即"1+3+1"。短期的"三明治"模式更为常见,通常为6个月。"三明治"模式的学生也分为两类:以企业为依托和以学校为依托。以企业为依托的学生,无论是在企业工作还是在学校学习,都由企业付给薪金。以学校为依托的学生,在学校学习期间由学校提供资助,在企业时领取企业付给的工资。

二、"三明治"模式的运行机制

(一)管理方式

"三明治"模式的管理方式是学校与企业共同管理。学生的工作实习单位和实习岗位由企业招聘以及学校推荐共同完成。许多企业以及政府部门已经和学校建立了长期合作关系。企业定期将拟聘用岗位情况以及学生工作情况向学校公布;学校设立专门的部门负责推荐、联系和落实学生的实习工作。学生还可以登录网站直接查询工作实习信息,找到适合自己的招聘岗位并联系企业应聘,也可以自己公布个人信息寻求相对应的企业职位。如果学生没有找到合适的企业完成实习,那么该生就不能完成学业,直到其找到单位为止。

(二)学制

在学制设置上,工读交替的"三明治"课程的学制要比普通学制多一年。在整个教学计划中,职业学院有自己完整的教学计划,学生在企业工作、实践期间的学习并不计入相应的课时。学生一年的企业工作实践通常是由接受学生的企业自主安排,这些企业不仅对学生进行培训,而且为学生支付一定的报酬,通常情况下为每年1万英镑到1.5万英镑左右。一年的工作经历不仅使学生变得成熟、自信,同时也掌握了工作技能,积累了有用的工作经验。这段经历使学生能够轻松就业,还有可能在实习的公司就业。①

(三)学生评估

学生的评估由企业、学校、学生共同完成,以保证学生在实习期间的学习质量以及对个人行为的约束,考评内容主要包括企业评估、指导老师评价和学生自评。企业评估,学生在企业的工作主要由企业经理或主管直接指导和培训,因此企业评估是评估考核体系中最重要的部分。指导老师评估,每个实习学生都有一个实习指导老师,在实习开始时指导学生制定"个人实习发展规划",在实习过程中通过电话和邮件等形式跟踪学生的实习进程并随时与学生探讨实习过程中的疑惑。最后,实习老师要有一个"placement visit"。这个 visit 由学生安排,必须有企业的经理、学生和指导老师参加。在 visit 期间,指导教师要检查学生"个人实习发展规划"完成的进度,学生的实习日志、企业的反馈等。学生自我评价,主要表现为学生工作日记,包括个人发展计划、工作日志和反馈三部分。它是证明学生工作期间表现的关键文档。学生要记录在工作期间的表现、承担的工作内容、个人发展计划的完成进度、掌握的技能以及在此期间取得的其他成绩。②

总之,在工学交替"三明治"模式的实施过程中,企业和学校在实践场所设置、岗位提供、学生应聘、薪金支付以及学生工作质量监督、学习效果考核等诸多方面都建立了一整套系统的、工作与学习有机融合的运行机制,保障了"三明治"人才培养模式的顺利实施。实践表明,以这一模式培养的专业技术、技能人才,他们不仅能够更好地理解理论知识,而且善于掌握生产技巧,熟悉自己所从事的生产活动在整个生产过程中的地位,深受企业的欢迎。

三、"三明治"模式的特征

(一)高效利用学校、企业两种资源

利用学校和企业两种不同的教育环境和教育资源培养适合企业需要的

---

① 石伟平.比较职业技术教育[M].华东师范大学出版社,2001.
② 郑红梅."Sandwich Courses"英国职业教育发展新阶段[J].教育与职业,2006(04).

应用型人才,将课堂上的学习与工作中的学习结合起来,学生把理论应用于实践中,再将工作中遇到的挑战和问题带回学校,促进学校的教与学。

(二)学习与工作目标的一致性

工作训练是学校教学活动的重要组成部分。英国规定三年制学生工作时间不能少于12个月,四年制学生工作时间不能少于18个月。其次是保证学习和工作的一致性。学生工作要与其学业目标相联系,并且在工作期间逐步承担更重要的任务。学生在工作中由企业进行日常管理并作出评价,从而保证工作与评价有机结合。再次是学生在学期内的工作也被授予学分,并成为获取学位的必要条件。

(三)带薪实习

学生进行的是有薪工作,不同于过去学校派学生到企业实习那种只能旁观不能动手的方式。这样极大减轻了学校与学生实习的负担,提高了学生实习的积极性。

(四)主动适应企业需求

学校在给学生安排工作时,以企业需求为目标,尽可能考虑企业的要求,使企业接受学生工作成为其训练职工和选择新职工的人力资源事业的一部分。

但是英国的"三明治"课程也存在一定的缺陷,就是在这个模式中学校是居于主导地位的,整个培训计划由教育部门制定,由于这一合作关系没有法律的约束和专门部门的严格管理,学生在企业中的工作缺乏确定性,企业与学校之间是一种较为松散的合作关系,这就容易使学生在企业的培训质量难以得到保障,学生的权益也容易受到侵犯。[1]

四、对我国五年制工学结合人才培养模式的启示

(一)根据地方和区域经济的需要设置专业

"三明治"模式以"面向社区、面向地方经济"为办学方针。学校根据当地经济发展的重点和方向,及时调整和完善专业设置,使其能够反映地方经济的变化。

---

[1] 周文锦.高职教育产学结合人才培养模式的比较研究[J].教育发展研究,2004(10).

（二）工作与学习交替进行

"三明治"课程是英国多科技术学院专业技术教育的一大特色，多科技术学院中大部分专业都开设了此类课程。该课程以就业为导向，重视职业技能训练，并把地区经济发展、企业需求以及学校自身实力相结合，在学习过程中企业工作和学校学习不断交替进行，这种理论联系实践的学习方式能够使学生较好地掌握专业知识并能在毕业后立即投入工作，因此工读交替的"三明治"课程深受企业界欢迎。

（三）采用经济手段管理职业教育

英国政府设立了由政府拨款的职业教育基金会，如英格兰职业教育基金会。国家每年拨款给职业教育的经费高达30亿英镑。其操作的具体方法是，制定一套资助评分标准，每四年对职业院校的教学质量进行评估，将评估结果与该校每年的在校学生人数结合起来，并对学生表现加以综合考评，从而确定拨款数额。据了解，学校每年经费有75%是政府通过职业教育基金会拨给的。另外，国家还对接受职业教育的学生实行"代金券"制度。英国政府规定，16—17岁的中学生毕业后可以得到一张由政府统一颁发的"代金券"（代表1 000英镑）。学生毕业后可以一次购买使自己获得国家二级职业资格证书的机会。政府把学费以"代金券"的方式发给学生，给学生以选择学校和专业的权利。

第四节 美国："合作教育"模式

美国学校和企业之间的合作关系可以上溯到19世纪晚期，但校企之间大规模正式合作却是从20世纪70年代末期开始的。20世纪80年代初期，美国公众对公立学校教学质量的质疑，企业对新聘员工素质的抱怨，以及知识经济对劳动力的更高要求，促进了学校与企业之间合作关系的蓬勃发展，校企合作不仅在数量上迅速增加，而且合作的深度与广度也得以全面提高。

一、美国合作教育的内涵

（一）美国合作教育的基本内涵

美国国家合作教育委员会对合作教育的基本界定是："合作教育是把课

堂学习和与学生专业或职业目标相关领域内的有报酬的、生产性的(有成效的)工作经验结合起来的一种教育计划"。合作教育是一种由学校与企业签订合同,共同对学生实施职业教育的模式。显然,合作教育是一种教育策略、一种教育模式、一种教育计划,还是学生、教育机构和雇主间伙伴关系,参与的各方有自己特定的责任,它把课堂教学和工作经验、理论和实践结合起来。为了更好地理解合作教育的内涵,我们要弄清楚什么是"生产性的"工作经验。通过考察研究我们发现,所谓生产性的工作经验,一是指学生的工作是那些有工作任务或项目需要完成的雇主们的真正工作;二是指既然合作教育是由学校提供的一种计划,那么学校的合作教育或教师协调员负责批准学生的工作岗位,这些岗位是他们认为能确保学生参与真正的工作并能提高学生学习的工作岗位,这样就保证学生的工作对其学习是有帮助的、有成效的。

(二)美国合作教育的基本模式

合作教育的模式演变有两类:第一是并行式,即全日制注册学生在进行全日制学习的同时,也要做部分时间的工作,这些工作是经学校认可的。典型的做法是学生上午在课堂学习,下午和晚上进行兼职工作,每周的工作时间在15—25小时。这样的模式对于那些比传统学生年龄偏大、有收入需求的学生有特别重要的意义。第二是交替式,即全日制学习学期与全日制工作学期的交替,工作学期的工作是经学校认可的(学期的长度取决于学校采用的学期制)。其作用:一是进一步将工作实践与理论学习结合起来;二是将教师结合到合作教育工作中去,他们需要了解、评估学生的工作经历以决定给予学生的学分。

1. 合作教育的基本类型。

在交替模式和平行模式的基础上,美国合作教育基于学生、学校和雇主的需求变化而产生变化,其基本类型有以下几种:(1)强制式。强制式是学校把合作教育作为学校的办学基础,所有的注册学生必须参加合作教育。(2)(学生)任选式。(学生)任选式是指学校提供合作教育作为一种选择,学生入学注册时既可以选择参加合作教育,也可以选择参加非合作教育的学习模式。(3)(学校)选择式。(学校)选择式是指学校以学生的学习成绩为依据选择符合一定条件的学生参加合作教育。

美国提供合作教育计划的高校大部分采用的是任选式合作教育。需要特别指出的是,仍有一些学校在合作教育计划中对学生的工作有各种规定和要求,但不计入学分,从这个角度看,合作教育还可以分为有学分和无学分两种模式。

2. 合作教育的管理模式。

根据合作教育基本类型的不同,相应的也有不同的管理模式——集中管理、分散管理和集中分散相结合管理模式。在具体的管理方式上,美国合作教育分为集中管理、分散管理和集中与分散相结合的管理。集中管理是以校级管理为主,学校设有专门机构、专职人员负责合作教育的管理运作;分散管理是指以二级院系管理为主,主要由教学人员承担合作教育的管理协调工作;集中与分散结合的方式则由专职协调员和教师共同承担合作教育的管理协调工作。

3. 合作教育的组织模式。

美国合作教育的形式是多种多样的,针对不同的学校类型和不同的人才培养类型出现了二年制、三年制、四年制、五年制合作教育计划,还有以企业为主的公司制合作教育计划,以及其他组织结构因素变化而产生的新模式。

我们重点介绍不同层次学校的合作教育模式:第一,社区学院和专科学院模式,这些学校采用的模式是被称作同步的、平行的或者是时间共享的合作教育模式,主要特点是学生们半天工作、半天学习,也有一些专科学校采用以季或学期为单位进行工学交替的模式,但其培养计划常常是两年半或三年的。第二,本科四年制合作教育计划,文科学校或专业中常常实行这种模式,交替式和平行式都有,其特点是让学生利用一个学期的时间参加社会实际工作或者利用夏季时间累计参加一年的社会工作,而整体培养计划基本是传统的四年制本科培养计划外加一学期以上的社会工作经历,学生的毕业时间不变,假期减少或者用业余时间来工作。第三,五年制本科合作教育计划,这种模式是在传统的四年制本科培养计划基础上延长一年毕业,让学生分几个学期参加社会实践,这样学生有了充分的时间进行社会工作。这种模式也是交替式和平行式模式都有,但以交替式居多,美国开展合作教育比较突出的学校如辛辛那提大学、东北大学都提供这种五年制的合作教育。第四,研究生合作教育模式,这种教育模式的时间常常是三年或更长一些,工作的内容和性质注重研究性、探索性,而且工作期间有学术论文的要求。除了不同类型的培养计划对应不同的模式外,美国还有由公司或政府部门赞助的合作教育计划,但参加的人数是少量的,常常是基于赞助者的特殊需要安排的,学生的毕业去向也是赞助者的公司或部门。

二、合作教育模式的运行机制

美国合作教育是以学校为主、企业为辅,没有单列的职业教育体系,中等职业教育由综合中学承担,高等职业教育由社区学院承担,合作以在校学习和参加工作交替的方式进行。美国实施职业教育的主体是社区学院,合作教育贯穿于社区学院的办学全过程。

(一)管理体制

美国州政府设有高等教育委员会和社区学院委员会,其成员由州长任命,各为10人左右,包括教育、工商、社会工作等各界人士。社区学院委员会设有日常办公机构,其主要功能是总体协调服务,包括与州政府联系,争取资金,为学校拨款,提供升学、就业信息,建议、审核课程开设,评估学院办学情况,指导职业和成人教育等。该委员会与各学院无行政隶属关系,不干预学院具体办学。各社区学院有自己的董事会,成员为各界人士,5—8人不等,由社区选举产生,多为义务性工作,任期6年,每2年改选1/3,可连任。其作用主要是为学院集资,代表社区监督办学,聘用校长,加强学院与社区联系。有些学院另设有咨询委员会指导办学。学院办学由校长负责并向董事会报告。

(二)经费来源

社区学院办学经费主要是社区税收投入,约占50%,州政府拨款约占25%,学生学费约占25%;有些学院则大约各占1/3。"取之社区"为学院主要财源,"用之社区"为学院主要宗旨。拨款部分各州有所不同,一种是州和社区分别投入;一种是由州政府统一将社区上缴后的税收拨给学院。学生人数、选课课时数决定拨款的多少。此外,社区内各界人士捐款、捐物赞助办学(其捐助部分可免缴所得税),这也是学院的财源之一,像社区学院教学实践环节所用的相当一部分设备如汽车、机床等即由此而来。企业、公司等还通过选送学生、委托办班等形式向学校支付学费,赞助办学。

(三) 专业、课程设置

社区学院的专业、课程设置以满足社区需要为原则,其开课面之广几乎无所不包。以伊利诺伊州为例,州社区学院委员会认可的专业目录即达140种之多,涉及文、理、工、农、经、商、管、法、医、家政、社会、服务、环境、交通、通信、教育、食品、保健和维修等诸方面,其中大部分为实用性专业,包括最新科技成果,以满足社区内各种人员入学要求。随着社区的发展,仍在增设新的专业、课程。

(四) 学生

社区学院学生来源广泛,学习目的多元化;年龄跨度大,15—70多岁不等,平均为30岁左右;教育背景相差悬殊,大部分是高中毕业,20%已获学士学位,5%已获硕士甚至博士学位。学生主要分为三类:第一类以获取学位,毕业后转入大学为目的,占30%左右;第二类以职业培训,获取证书,学成就业为目的,约占50%,获得证书的学生即可在社区内获得就业机会;第三类以更新知识、充实提高自己为目的,他们大都已有各种学位并工作多年,部分人本身就是企业主或管理人员。这类学生多选修数门无证书课程,以图将来发展,如晋级、加薪。除此之外,尚有少数退休人员到校学习,以充实退休生活。

(五) 教师

社区学院的教师分专职与兼职两种。各校专职教师占35%—50%不等,其余为兼职教师。专职教师要求有博士、硕士学位,聘任程序与大学相同。他们主要从事教学工作,研究课题很少,所用教材大部分由自己编写,学院对教师评价以教学效果为主。教师一般每周授课15小时,办公室接待学生10小时。大量聘用兼职教师是社区学院办学的基点。兼职教师多为专业人才,工作经验丰富,主要教授应用性课程,如企业家主教管理、律师教法律、会计师教财会、技师教维修、软件人员教程序设计等。这种教学模式使学校、教师、学生三方受益。学校依靠兼职教师获取大量社区人才需求信息,专业及课程设置围绕社区需求开设,加强服务针对性,同时降低了办学成本;兼职教师以此为第二职业,增加了收入,并将所积累的经验系统化、理论化;学生所学即将来所需,提高了学习效益,增强了学习积极性。

三、合作教育模式的特征

（一）严格的认定标准

美国高教界提出了评价合作学习模式的四条基本标准：第一，学生的校外工作应该尽可能地与其学习领域和个人兴趣领域相关。第二，（学生的）雇佣必须是正规的、连续的，并且是教育过程的基本要素。第三，学校在获取学位或毕业证书的要求中必须包括对雇佣的最小量化要求和完成标准的最低要求。第四，在学生通过理论学习取得进步的同时，其工作经验也在克服困难、承担责任的过程中理想地增加，并且工作经验的增加应该尽可能与其学习进步平行实现。符合这四条基本要求的模式或计划才是真正意义上的合作教育模式和计划。

（二）学生为中心

合作教育是基于学生的生活和发展需要的一种培养模式。合作教育计划对学校、雇主、社会等各方面都有利，但最大的受益者是学生，因为整个计划的设计和运行都是围绕学生的需要和要求、围绕他们的发展和提高安排的。合作教育促进学生在学习和工作中确立人生职业目标、解决经济财务困难、提高学习能力、增加社会经验和社会适应能力等。

（三）学生、雇主利益一致

整个教育过程，学生和雇主都是为了各自的利益主动和自愿参加的。尽管合作教育计划在相当一部分学校实行的是强制式管理，但学生和雇主的参与却都是自愿的，学生们参加计划的出发点和落脚点也是自己的利益，实际上这也是合作教育计划成功运作的基础。这三个方面的内容对于合作教育的运行机制都是基础性的，值得人们重点关注。

四、对我国五年制高职工学结合人才培养模式的启示

（一）政府介入，为工学结合提供法律和资金保障

各级政府及教育主管部门应该高度重视校企合作的重要性，切实加强对校企合作工作的支持和指导，加快立法工作，明确学校和企业在校企合作中的责任，维护并保障企业、学校以及学生各自的合法权益，以期建立校企合作的长效机制。另外，目前职业学校工学结合培养模式得不到实质性进展，在很大程度上也与资金保障不到位密切相关：一方面学校资金不足，满

足不了日益发展的先进技术设备更新要求；另一方面，以效益为本的企业不愿额外付出"额外的义务"为学校培训学生。政府可以借鉴美国的做法，对接受学生实习并支付实习报酬的企业给予税收方面的优惠政策，利用经济杠杆调动企业对校企合作的积极性。同时，拨出专项基金，对参与校企合作的企业给予适当的财政补贴和其他形式的专项经费支持。

（二）强化校企合作的"双赢"意识

企业在工学结合的教育模式中起到催化剂的作用，合理的校企合作是学校、企业、学生受益的保证，因此各级政府应大力鼓励企业参与校企合作，强化"双赢"意识。目前，国内开展校企合作通常是学校主动寻求企业进行合作，主要目的是解决毕业生的就业问题，常见模式是建立实习实训基地、顶岗实习和订单式培养。大部分企业对校企合作并不主动。鉴于此，政府需要加大宣传力度，让更多的企业认识到校企合作是双赢之举。校企合作可以帮助学校了解企业对员工所需知识与能力的具体要求，从而解决学校与企业之间教非所用的矛盾，最终受益的还是企业。因为更多符合企业用人标准的合格人才可以降低企业员工的岗前培训费用，从而降低企业的运营成本，增加公司利润，有助于企业在市场上保持竞争力。

（三）积极发挥学校优势，提高学生职业素养

学校要充分发挥能动性，积极利用各级政府及教育主管部门关于校企合作的优惠政策，坚持以服务为宗旨、以就业为导向，积极探索校企合作、工学结合、半工半读的人才培养模式。另外，学校也要发挥自身优势，迎合企业的需求，在专业建设、课程建设、教材建设、评估模式、学籍管理、学生管理及招生就业等方面进行探索，努力使培养的学生能够符合企业的要求，以熟练的技术技能和较高的职业素养，切实吸引企业进行合作，达到"互惠互利"。

第五节 韩国："产学合作"模式

"二战"以来，韩国的经济发展取得了令人瞩目的成就，成为经济发达、工业化程度高的"亚洲四小龙"之一。在韩国经济高速发展的过程中，高职教育发挥了举足轻重的作用，且在发展过程中形成了独具特色的"产学合作"的职业教育模式。

一、韩国"产学合作"模式的内涵

韩国从一个以自然经济为主的贫困国,现在跃入经济发达国家的行列,许多人认为,这一巨大转变的关键在于韩国对高等职业教育的重视,尤其是由韩国政府、企业、学校三者联手打造的"产学合作"的高职教育模式。

韩国"产学合作"人才培养模式是在政府、企业、学校三方共同合作下实施的,政府是"产学合作"模式的政策支持者,通过一系列法律等提供政策支持,以确保高等职业教育的师资力量以及人才培养的质量;企业是"产学合作"模式中人才培养要求的制定者,企业依据社会发展的实际提出具体人才培养要求,以保证培养人才能适应岗位需求;学校是"产学合作"模式具体的实施者,学校在政府的支持和企业制定要求的背景下,通过研究专业设置、课程安排、教学方法和实践基地等,具体落实培养计划和目标。

二、"产学合作"模式的运行机制

(一)"中等职业人"和"多技能者"的培养目标

韩国实施高职教育的机构有二年制的专科大学(初级学院)、技能大学、四年制的产业大学(开放大学)和可向毕业生授予高级职业学位的研究生院,其中专科大学是主体。专科大学是适应韩国高度产业化社会的需要而建立的,其目标是培养"中等职业人"。"中等职业人"是与一般的高中毕业者和大学毕业的"职业人"相区别的称呼。根据韩国《高等教育法》的规定,专科大学的办学目标是:"教授和研究关于社会各领域的专门知识和理论,提高才能,培养国家社会发展所需要的专门职业人才。"[①]具体来说,其培养目标包括以下几个方面:

1. 树立作为中等职业人的素质和明确的职业观;
2. 培养作为健全的民主市民的社会参与姿态;
3. 提高作为产业社会的市民所必须具备的专业学术理论水平;
4. 掌握与职业相关的多种专业技术;
5. 培养适应巨变的社会和技术发展的素质与能力等。

从以上这几点来看,专科大学的培养目标充分体现了其培养的是实用技能型人才的特点。

---

① 姜惠. 当代国际高等职业技术教育概论[M]. 兰州大学出版社,2002:362~363.

与专科类似,技能大学的培养目标也是实用型人才,不过更注重的是培养技术应用能力,即所谓"多技能技术者"。① 多技能技术者除了要拥有基础技术能力和设计能力,熟悉尖端的技术、产品制作能力以外,还应"头脑与技能"兼备。他们不仅仅要成为拥有娴熟的技术能力,熟悉尖端技术,能够独立制作产品的全能的技师和拥有非凡的创造能力的设计师,而且应拥有良好的职业修养,以及处理各种紧急情况能力。见图1-3-2。

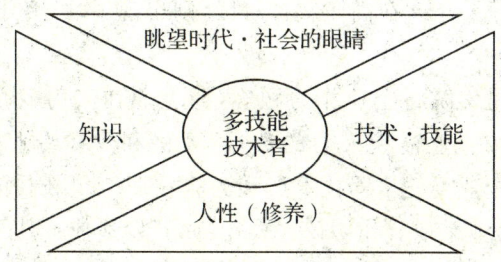

图1-3-2 技能大学的培养目标模式

(二)"顾客导向"的培养模式

高职教育的毕业生除了少数继续进入大学或研究院深造外,绝大部分都进入企业就业。因此,以企业的需求为目标进行教学就成为必然。

为了加强学校与企业界的联系,韩国政府颁布了《职业训练法》、《职业训练基本法》。明确企业参与职业教育的责任,将"产学合作"写入《产业教育振兴法》,作为职教发展的战略措施之一。法令规定:②(1)产业要积极协助学生现场实习,职业学校学生现场实习要义务化;(2)企业要根据给予学校的财力支援比例来分享教育成果;(3)学校要通过培养企业所需人才,来接受企业的资金援助;(4)成立由学校、产业界、地方政府、民间代表参加的"产学合作教育协议会",计划指导和协调该地区的"产学合作"。"产学合作教育协议会"对企业和学校双方均进行控制和监督,对与学校合作的企业给予一定的财政补偿,对不依靠大学培养人才的企业则增加相应的税金,并公

---

① 金栋圭,钟华.信息时代韩国技能大学的培养目标[J].深圳职业技术学院学报,2003(03).

② 权锦兰.韩国职业教育政策与发展趋势[J].现代技能开发,2001(08).

开因教育水平低而不能满足企业需要的学校名单,对其减少或停止财政支持,以此来促进企业与学校间的相互合作。

由于政府的政策引导和推动,韩国的职业教育与企业间的联系十分紧密,出现了多种产学合作教育的新形式,如"2+1"模式、"顾客导向"(Customized Education,CE)模式等。

"2+1"模式主要是在中等职业教育阶段采用,即学生在职业学校学习两年、在企业实习一年。在高职教育阶段,则出现了"顾客导向"的定制培养计划。

CE教育就是学院将企业作为顾客,与企业在人力、物力资源上合作,改造教育环境,按企业需求人力的数量、规格和具体专业特长培养人才。CE教育包括受企业委托培养技术员和为企业职工更新技能。专科大学于1996年开始与企业采取合作协议方式,共同开发适应产业界需求的多种职业教育课程,现已在75%的专科大学中实施。韩国教育部从1999年开始资助CE教育,2001年有98所初级学院实施CE教育,其中60所得到教育部门财政支持。

(三)产学合作的课程设置

专科大学的课程设置上,也充分体现了产学合作的特点。具体地说,主要有如下几点:(1)开发对"产学"系列有用的教育课程;(2)开发现实应用性的教育课程;(3)根据学年教学计划和实验实习指针,加强有效率的实验实习及现场实习教育;(4)加强与"国家技术资格证"获得相联系的高水平的专门教育;(5)加强适应高等产业化社会的职业道德、工作现场应用英语和计算机教育。

专科大学的教育课程分为一般基础课程和专业课程。一般基础课程的学分占总学分的20%—30%,专业课程占70%—80%。专业课程的理论课和实用技术(包括实验实习)的比例为各50%。由此可以看出,课程设置上非常重视实践性,这样充分保证了多种实际操作技能的培养,从而使学生具备多种社会和企业所需要的技能,走出校门后可以有多种选择和发展的可能。

(四)灵活开放的教学方法

技能大学的教学目标是培养多技能者,多技能者应具备综合应用能力,包括基础技术能力和设计能力,前者是基础,后者是创新。

综合技能的掌握和延伸,仅靠简单的课堂知识是无法满足的,在技能大学,综合应用能力主要是通过让学生参与实际的应用开发工序来培养的。如韩国十二川技能大学的一个毕业设计,就是要求完成一个应用开发工序。① 该设计题目为:让学生用"已被开发成模具化的工厂 CIM 模型线"制成面积为 180 m² 的生产线。这是对同时生产六种不同物品的混合生产线的开发。学生将分成 3 组,每组 12 人,以学校给出的基本要求(规格)为基础,设计、制作、调整这个自动化生产设备。

此类毕业设计,学生丰富了理论知识,加强了实践能力,还掌握了有效工作的方法。同时通过实践,训练了学生独立完成课题的基础技术应用能力和设计能力,有利于实现培养学生综合应用能力的目的。

(五)校企共建实践基地

"产学合作"模式下韩国高等职业教育的实践基地主要由企业实践基地和校内实践基地两部分组成。"企业实践基地"主要接受学生在校期间的企业实习,根据"产学合作"模式的要求,企业有接受、协助学生现场实习的义务;同时,学校由于接受来自政府的办学经费支持以及来自企业的投资,因此校内实践基地也具有相当水平来满足大量实践课程教学的需要。

(六)严格的国家资格鉴定制度

为了引导职业教育适应产业社会的发展要求,提高技术、技能人才的素质和社会地位,韩国于 1973 年颁布了《国家技术资格法》,正式引进和实施资格鉴定制度。经过几十年的实践探索,韩国技术资格鉴定形成了规范化的组织实施程序和现代化的技术支持系统。韩国的技术资格鉴定非常严格,其通过率仅为 20%。凡获得国家技术资格证书者具有就业优先权,工资待遇也相应较高。对于一些重要职业,国家要求必须持国家技术资格证书上岗。

随着信息时代的到来,韩国目前的技术资格鉴定制度也在进行相应的变革:②(1)根据各职业工种的变化发展状况,对实施国家技术资格鉴定的

---

① 金栋圭,钟华.信息时代韩国技能大学的培养目标[J].深圳职业技术学院学报,2003(03).

② 权锦兰.韩国职业教育政策与发展趋势[J].现代技能开发,2001(08).

职业工种目录进行调整,减少低等级工种,增加高等级工种,适应企业生产实际需要,使技术资格鉴定能更好地为社会生产服务;(2)精简国家技术资格证书体系,将互相分离、各自独立的技术系列和技能系列合二为一,增强两者之间的灵活性和渗透性;(3)简化职业技能鉴定程序,同时对报名的资格条件也做相应变化,方便国民参加技术资格鉴定。

三、"产学合作"模式的特征

（一）政府积极支持

韩国高职教育"产学合作"模式首先是由韩国政府提出和主导的,国家通过制定、实施一系列法律、法规政策,"产学合作"日趋规范成熟。此外,政府还制定了产学合作模式人才培养标准。1973年,韩国政府颁布了《国家技术资格法》,并开始执行国家技术资格测试（NTQT）制度,使产业界各种技术人员和技能人员具备统一技术技能标准。上述法规和制度,对毕业生的能力和水平做了严格的规定,并要求教授必须到现场进行一定的调查研究,加强"产学合作",促进教学质量的提高。同时还规定高等职业学校的毕业生必须在国家技术资格考试中合格。2004年12月22日,韩国国际教育合作部颁布了一个名为《在企业中获得学位》的条例,规定了在企业中获得职业技术学位的各项准则。

（二）企业积极参与

CE(Customized Education)是韩国高等职业教育的重要教育模式,在这种模式中,企业根据自身对人力的数量、规格及专业需求,全程参与人才培养,这种人才培养模式使企业和学校双方都得到利益。一方面,学校的学生就业率明显提高;另一方面韩国企业可以高效选择适合自己的专门人才,为企业生产、建设、管理服务。因此,这种模式深受学生、社会、企业的欢迎。

（三）通过法律规范双师型教师队伍的建设

具有理论知识和实际操作能力的双师型教师是实施高职教育"产学合作"的重要基础和条件。1967年1月1日,韩国政府颁布了《职业培训法》,强调师资队伍实践操作能力的提高。同时,为了加强学生在企业内实践的管理,该法规定在高等职业学校内设产业教育审议官。1968年6月,韩国政府成立了国立中央职业训练院,加强教师的培训活动力度,提高教师的实践操作能力,从而消除了职业技术学校由于受师资限制而出现普通学校化的现象,在一定程度上促进了"产学合作"。

(四)根据市场动态调整课程设置

在韩国《高等教育法》所规定的高职教育培养目标的前提下,产学合作模式的课程特点在于最大限度培养具有实践操作能力的人。韩国高职教育课程开发是按周期进行的,课程的开发设置要根据市场需求不断地进行调整和完善,并且重视学生现场实习,锻炼其解决实际问题的能力。

四、对我国五年制高职工学结合人才培养模式的启示

(一)"产学合作"制度化

法制建设及实施是目前我国在高职教育发展中比较欠缺的一个方面,加上五年制高职自身的特殊性,更应该加强"产学合作"制度化,并不断对其进行完善,保证法律颁布后的实施,根据经济和产业发展的情况及时修订相关法规条例。我国的职业教育倘若顺利推行"产学合作",就必须通过制度来保证它在整个职业教育中的地位并获得一些倾斜措施。

(二)专业设置符合产业结构

五年制高职与地方经济发展有着密切联系,因此专业设置及课程开发都必须与经济同步发展,做到专业设置符合产业结构,课程安排以技能培养为主线,保证扎实的实践教学环节,使培养出来的学生能最大限度地适应社会需求,也有利于学生的就业,为职业教育的发展创造更大的空间。

(三)加大职业教育投资

经费在一定程度上是职业学校持续发展的保障,除了政府要设立专项基金进行投资以外,学校自身要进一步加强与企事业单位联合办学,形成政府、企业、学校共同投资、共同参与办学、共同分享教育投资利益并承担责任的办学格局,走多元化办学的路子。

(四)加强职业院校师资队伍建设

建立一支高素质的职业教师队伍,政府和学校应共同努力,有计划地引进和培养高水平的"双师型"教师,重视教师的实践和科研能力。一方面通过加强师资培训与基地建设,与先进国家交流,建设高质量的师资队伍。另一方面应广泛开展与国内外院校联合培养师资的工作,通过联合培养,学习国际上先进的教育理念,提高教学质量与水平,特别是充分利用国内外先进的实验实习设备与条件,提高职业教育教师的业务水平与教学能力。再者,除了培训师资外,还应重视聘请有生产实践经验的能工巧匠、企业工程师充实教师队伍,这类教师有丰富的实践经验,有利于培养企业需要的人才。

第六节 日本:"产官学合作"模式

日本职业教育对第二次世界大战后日本的经济发展起着十分重要的作用,尤其对实用技术推广和创新做出了贡献。日本职业教育的突出特点就是推行"产学结合",在产学结合方面积累了一些经验,形成了主要由政府介入的"产官学合作"机制。

一、"产官学合作"模式的内涵

在日本,"产官学合作"模式是由产业界、政府、学术界三方合作实施的一种教育方式。20世纪中后期,日本产业界为响应政府部门"关于产学合作教育制度"的咨询报告(1956年9月),提出了"关于适应新时代要求的技术教育的意见"(1956年11月),要求政府制定新时期技术员和技术工人的计划,提出大学理工科应与产业界紧密联系,并表示产业界尽可能支持大学师生到现场进行参观或实习等工业教育活动及研究。1960年日本政府在"国民收入倍增计划"中提出:今后的教育训练更重要的是推进产学合作,加强学校教育与职业训练的联系。从此产学合作有了很大发展,成为日本实施职业教育的重要特色。

日本的"产官学合作"是企业和政府及时地将社会需求传达给学生,学生将所学的专业知识和技能贡献于企业的这样一种良性循环教育模式,通过全社会的力量共同努力来培养下一代的技术者,为社会发展做出贡献。日本战后经济迅速发展,很大程度上与实施"产官学合作"密切相关。

日本除了在大学阶段实施"产官学合作"外,在高中阶段也存在这种合作方式,主要通过定时制和函授制高中与企业的合作来实现,学校负责学生的基础理论课程,企业则主要承担学生的专业训练和实习指导。

二、日本"产官学合作"模式的运行机制

(一)校企合作研究机制

早在1982年,日本学术审议会提出了关于改善学术研究体制的基本政策,1986年4月23日日本临时教育审议会也提出:"为了促进人才交流,在研究探讨灵活聘任兼职讲师及客座教授问题的同时,要采取相应措施,使大学教师能够与民间机构等开展合作研究。"因此,为推动高校与企业以及基础研究与实用开发研究互相协作,日本学术振兴会建立起由活跃在产学研第一线的学者们组成的各种产学协作专题委员会。到1982年10月,先后建立了146个专题共同研究委员会;1983年初,有33个协作委员会积极开展共同研究。此外,自1982年开始,日本学术振兴会又成立了由20名学界、产业界人士组成的综合研究联络会议,其任务是:审查协作委员会的活动;审查协作研究范围与课题;确定建立专题研究委员会。日本高校与企业实行共同研究的主要形式,就是把企业的研究人员请到高校的研究所、理工科教研室和专门设置的研究开发中心等,作为客座研究员,与高校的研究人员一起进行共同研究。

(二)政府保障机制

1997年日本政府成立了由文部省、劳务省和通商产业省组成的"促进委员会",规定文部省主要负责促进教育和产业双方的合作,劳务省主要负责研究如何提高学生的就业能力,通商省负责向产业界介绍和宣传"产官学"合作。

日本还相继出台了一系列相关"产官学合作"的法律法规,如为了促进教师参与企业的创业活动,1999年制定了《产业活力再生特别措施法》;为了强化产业技术力量,同时明确国家、地方政府、大学与经营者的职责,在2000年制定了《强化产业技术力量法》;等等。

另外,为了保障政府政策的贯彻实施,日本设置了促进"产官学合作"的中介机构,对大学、研究机构及企业的技术开发起到了积极的促进作用。

(三)企业实训机制

实习对于职业技术学生来说,是不可缺少的一个教学环节。但是,日本高校内实习工厂的条件有限甚至没有实习工厂;一般的高校内只有公共的车间供自己制造实验所需要的简单零件。由于高校的设备设施等物质条件

有限,在教学中就很难上好实习和实验这一课。实行"产学合作"后,一些公司企业则都为理工科学生提供实习场地和实践的机会。去公司企业实习的大学生,有的事先选好研究课题;有的利用暑假到自己所喜欢的企业和工人们一起劳动,培养专业兴趣,并为将来的就业作准备。由此可见,理工科学生到公司企业参加实习、实验和研究的"产学合作"形式,对于办学资金、设备不足的高校来说,是难得的一种好方法。

（四）人员互聘机制

产业界、企业以及学校都有自己的优势团队,同时也在某一方面缺乏相关专家。产业界以效益第一而生存,科技人员及管理人员的综合素质需要与时俱进,因此,产业界经常聘请高校的有关专家、教授到企业里去,为其科技人员和管理人员举办各种类型的讲习班、训练班和讲座,传授有关理论和实际技能;或者聘请高校的专家、教授担任企业研究开发部门的技术顾问、企业咨询委员会委员等,为企业的发展服务;高校派遣教师与企业自办的各种教育训练机构进行合作。另一方面,日本高校也采取请进来的办法,从产业界招聘技术人才任教。教师是高校工作运转的核心队伍,因此教师队伍也是衡量高校水平的重要指标。高校要发展,就要拥有一大批在教育和学术研究方面热情高、能力强,在品格方面也很优秀的人才。为了广聘优秀人才,必须采取积极灵活的措施对待条件合格的人员。基于这种认识,日本文部省于1985年2月部分修改认定教师资格的《大学设置标准》,放宽了从学位、研究业绩等为主要标准的严格录用教师的条件。规定大学教授和副教授的资格,可以录用企业的优秀人才,只要他们在专业领域有丰富的常识和经验,具有教育和研究方面的能力,就可被聘为兼职讲师及客座教授。

（五）共存双赢机制

日本注重教育与企业界携手合作,企业界通过募集资金,为职业教育提供必要的财政资助,供学校进行科研项目的研究,并为学生提供实习场所。日本企业界主动与学校合作的初衷是为了快捷地获得企业所需要的科技人才和科研服务,合作的结果不仅使企业获益,而且也使学校受益匪浅,形成一种双赢的模式,既确保了企业在职人员素质的提高,又做到了教师与企业技术人员交流。实际上,这也是将科研成果迅速转化为科技产品和生产力的有效模式,使产业界和教育界在相互合作,相互适应中持续发展。

三、日本"产官学合作"模式的特征

(一) 产学合作形式多样

1. 集体入学。

企业组织具有初中毕业水平的职员学习高中的函授课程,集中面授时,由高中派遣教师到企业讲课,利用企业的设施、设备,由企业安排时间、地点,请教师前来辅导。

2. 巡回指导。

为提高学习效率,中小企业在职人员每周利用部分时间到高中上课,高中教师到生产现场作巡回指导,进行以生产经验为基础的技术教育和普通教育,以便及时掌握学生的学习情况,做到理论和实践的结合。

3. 委托制度。

新录用的初中毕业生要脱产到高中进行普通科目、专业科目和进行基础实习的集体学习。企业需要向高中提供设备和派出讲课教师,做到高中教师和企业技术人员交流。

4. 定时制高中和企业的职业培训合作。

定时制高中生在学校学习普通科目和专业科目,还可以到企业培训机构再深入学习一些专业科目以及基础实习,学校与企业的合作为学生学习。

5. 定时制高中、函授制高中和企业培训机构三结合。

高中生的普通科目采取函授制,某些科目的教学采用定时制,其他的专业课和实习课在企业培训机构内进行。

6. 行业办学校。

同一行业按照本行业的目的和要求设立高中,企业让新录用的初中毕业生去那里接受高中阶段的学习,企业颁发奖学金,毕业后录用为工人。

7. 企业办学校。

企业按照本企业的目的和要求设立高中,实施高中阶段的教育,组织职业训练。

(二) 管理体系多元

日本职业教育具有多元化的管理体系:一部分由文部省领导管理,如职业科高中、专修学校以及高等专门学校等培养专门人才的学校;一部分是由相关的省领导管理,如农业学校就是由农林省主管;还有一部分是由劳动省

领导管理,这主要是公共职业训练和企业内职业训练。就劳动省领导管理的职业训练而言,其管理机构大体分为三个方面:第一,劳动省设有进行职业训练的专设机构——职业训练局,该训练局下设训练政策课、管理课、指导课、技能鉴定课等。其主要任务是根据《职业训练法》,制定贯彻训练计划和具体的方针、政策、法令,编制经费预算,审定教材,组织和指导技术考核,调查研究,指导地方及所属事业团体和企业的职业训练工作,以及与外国进行技术合作。第二,劳动省所属的事业团体,其中有雇佣促进事业团,具体经营职业训练大学、技能开发中心和高等职业训练设施;中央职业能力开发协会,具体负责技能鉴定和中小企业职业训练的指导工作;残疾人雇佣促进协会,主要负责对残疾人的职业训练。第三,地方政府劳动部门均设有职业训练机构,包括各级附属事业团体,如职业能力开发协会和职业训练审议会等,在劳动省的领导下管理当地的职业训练事宜。

(三)产学合作的立法保障

法律具有强制性,有法可依有利于明确相关主体的责任与义务,在产学合作方面也不例外。近几年来,为了进一步强化产学合作的实施,日本相继出台了《大学等技术转化促进法》(1998年8月)、《产业活力再生特别措施法》(1999年10月)、《产业技术力量强化法》(2000年4月)和《国立大学法人法》(2003年7月)等一系列法律法规。其中《大学等技术转化促进法》促进了大学、高等专门学校和研究机构的研究成果尽快地向企业转化,并通过转化新领域的开发、产业技术的提高使大学、高等专门学校、研究机构的研究活动更具灵活性,进而对日本产业结构的调整、国民经济的发展和学术研究的提高提供了必要的保障。过去,由政府提供资金进行开发研究所获得的知识产权(包括专利权)归国家所有,为了有效利用经营资源,实现生产的扩大提高,政府借鉴美国经验,适时制定了《产业活力再生特别措施法》,从而使这一部分国有知识产权归还企业成为可能。进入21世纪,由于国际竞争的激化和产业结构的变化,为构筑促进新事业、新市场的创建为目的的技术开发体制,《产业技术力量强化法》对大学及大学教师实行了专利费减免、鼓励到民间企业兼职以及提供一定资金援助等措施。

四、对我国五年制高职工学结合人才培养模式的启示

（一）建立专门机构，推动产学合作开展

在日本大学、学术界、企业界颇具影响的学术振兴会是文部省下的一个机构，每年的经费预算大约为 400 亿日元，其重要工作就是推动产学合作研究。该会内设立了"综合研究联络会议"，主要负责研究和确定关于今后产学合作需要发展和促进的领域及主题，然后根据不同主题，设立不同学科的"产学合作委员会"。委员会定期进行研究、讨论、交流信息，并对召开的国际研讨会提供赞助。目前建材、半导体等 51 个产学合作委员会在开展活动。

在我国，五年制高职已经设立了专门的机构或者委员会专门研究指导高职教育的发展，而五年制高职由于正在成长过程中，因此更需要有专门的机构来进行引领，可通过由行业、企业以及职业教育领域的专家组成专业团队，促进五年制高职的发展。

（二）建立相应规章制度，使产学合作逐步走上规范化道路

在日本，产学合作的形式包括合作的工作程序、资金的周转和使用方法、成果的归属等都有统一的规定，这看似有些死板，但可减少许多人为的随意干扰，使管理更有效，也有利于推动产学合作的进展。由于产学合作已成为一项规范性工作，大部分大学中都有专门机构负责产学合作工作。

法律、规章制度等在一定意义上是促进工学结合良性循环的高效武器，五年制高职工学结合人才培养模式的实施，涉及到政府、企业、学校等各方面的相互作用，因此相应法律的健全、规章制度的明确是工学结合人才培养模式逐渐规范并顺利进行的有力保障。

（三）国家制定鼓励性政策，推动产学合作开展

日本政府鼓励企业和个人向国立大学捐助，并认为这是对国家的捐助，因此，在税收上给予优惠。如果捐助者为法人，其捐助金的全额计入"捐金"而不交纳法人税；如果捐助者为个人，在计算其个人所得税时，则扣除所捐金额，从而减免个人所得税。此外，文部省在科学研究补助金中对产业界参加和协助的"试验研究"项目给予奖励。这些导向性政策都促进了产学合作开展。大学和国立研究所中，多数都把如何推进产学合作作为本单位的一项主要成绩进行介绍，由此可以看出，这种导向性政策已使产学合作成为学

校或研究所水平的标志之一。

国家鼓励性政策的制定,不仅体现国家对职业教育的重视,而且大大提高了职业教育的社会地位。工学结合人才培养模式下,企业的积极参与尤为重要,国家可以通过一些可行性的鼓励政策,提高企业参与的积极性。

(四)"面向"与"依靠"同时努力,推动产学合作的开展

日本的大学都很注意"面向"当前以及未来社会发展的要求不断调整自己的办学格局,日本的企业对产学合作有较高的积极性,除大学的优势地位外,更主要是企业自身的发展有这种需要,企业可以"依靠"大学的科研优势选择适合的员工,两者共同努力,互惠互赢。

五年制高职因其办学模式的特殊性以及较强的地域性决定了工学结合人才培养模式的落实和发展,离不开学校与行业、企业之间的密切合作,离不开政府的多方协调,只有多方共同努力,才能推动工学结合的顺利进行。

第七节 新加坡:"教学工厂"模式

亚洲"四小龙"之一的新加坡由于地域狭小、资源缺乏,职业技术教育对促进新加坡的经济发展发挥着最直接、最有效的作用。新加坡企业规模较小,没有专门的具有相当规模的培训中心,而技能培训又是职业教育的主要部分,为解决这一矛盾,新加坡经济发展局决定将员工的技能培训任务放在具有良好教学体系的职业学校内进行,即在学校的"教学工厂"内进行。因此,新加坡的工学结合是以学校为基础,将实际的工厂环境纳入到教学环境之中,并且将两者融合在一起的模式进行的。

一、新加坡"教学工厂"模式的内涵

教学工厂的目的是为学生创造一个与企业相似的培训环境与经验学习的环境,是在教学系统的理论课、辅导课、实验课以及项目等的基础上建立起来的。工业生产和科研项目作为教学工厂的重要环节,能够使学生将所学的知识和技能用于多元化、多层次的实际工作环境里。教学工厂的教学模式具有两个突出的特征,一是创建了综合性的科技教学环境,这是新加坡首创的一种把综合知识与专业能力进行高度融合的工业培训方法。在这一模式下的教学方法完全摈弃传统工程培训采用的教学领域与实验室设备循序、逐步、分阶段进行的课程,而是采取学校、培训中心、企业三元合一,把工

厂环境带进学校,在学校建立技术先进、设备完善、逼真的教学环境,理论与实践的教学有机融合,并促使学生在自然、智能化工厂环境中,提高自己的服务意识和管理意识。综合科技教学的真正优势并不是每一个单项的改进,而是在于将多个单项按照最佳形式进行整合后所形成的高效益格局。另外,在教学过程中实施分级模式的教学组织,根据每个学生的实际情况进行"整合式、反复式、渐进式"的教学,以调动学生的学习兴趣和提高效率。二是以市场为导向的课程与持续不断的专能开发。市场导向的课程计划与开发是通过良好的企业联系与国际联系来执行的。企业联系给予最新反馈、最新科技、人力需求,同时也给予学生工业项目和工业实习培训机会,国际联系使文凭能够获得国际认可和客户的需求变化。以市场为导向的课程计划与开发的程序为:仔细分析需求,以国际水平为参考,邀请专业人才参加开发课程;咨询学术委员、校董会;定期的企业、学生、毕业生与雇主反馈等。[①]

二、新加坡"教学工厂"模式的运行机制

(一)培养目标——为未来生活和就业做准备

教学工厂的整体目标是建立一个灵活、创新而又富有伸缩性的教学系统,并以先进的科技达到"超前训练",开发不同程度、不同兴趣和不同专业学生的最大潜能,全面提高学生的职业技能以及分析、创新和应变综合能力。[②] 鼓励和开发学生的群体协作精神与实际应用能力,确保所学课程与企业的需求挂钩,促进学院与工业界的联系,使学生将所学的知识应用于多元化的、多层次的实际工作环境中。简言之,教学工厂是追踪企业和围绕就业的职业教育,它的育人目标是为学生的未来生活和就业做准备。它的功能在于:(1)为学生提供一个近似工作岗位的学习环境和过程。在这种环境里,教师根据学生的学习和实习情况,有针对性地给予教学指导,避免教学与企业实习重复或脱节现象。(2)学生在教学工厂中进行项目训练或开发时,通过理论与实践相结合,提高发现问题、解决问题的能力及方法。(3)引

---

① 樊秀梯.我国高等职业教育的基本建设研究[D].华东师范大学博士论文,2003.
② 罗海鸥,白燕.企业环境与大学课堂一体化办学模式——南洋理工学院的"教学工厂"及其启示[J].高等工程教育研究,2005(02):97~100.

导学生形成独立思考、独立组织、自主探究学习的习惯。(4)增强学生间、师生间团结协作的精神。(5)确保有关培训课程与企业需求挂钩,与时俱进,甚至超前于企业。(6)促进学校和企业紧密联系。[①] "教学工厂"的精髓在于推行产学结合,把教学和工厂紧密结合起来,把学校按工厂模式办,把工厂按学校模式办,给学生一个工厂的生产环境,让学生通过生产,学到实际知识和技能。

(二)课程开发与设置——紧握时代脉搏,追随市场脚步

为了使教学工厂能紧跟时代发展的要求,其课程设置始终以市场为导向,根据国家和企业的需求来制定。开设的课程类型有专业文凭课程(diploma):修业三年的全日制大专课程;专向文凭课程(specialist diploma):针对性较强的专门培训课程(业余学习);高级专业文凭课程(advanced diploma):针对在职的具有本科学历的人员,满足其更新知识的要求。[②] 新课程开发是在国家的需求分析、企业的需求分析和特别专业人才的需求分析的基础上进行的,根据企业的要求及咨询委员会的意见,制定课程大纲、课程计划或课程修改建议,学术委员会从学术角度检查、讨论及批准新课程计划,注重实用性、超前性和有效性。教学工厂采用理论与实践一体化的双轨课程编排,理论课采用大班(120人或更多),实习和研讨课采用小班(20—24人)。在课程的安排上,新加坡借鉴双元制的经验,第一年为基础课,让学生掌握宽广的专业理论和基本知识;第二年是专业课;第三年里,半年学习应用性课程,半年搞工业项目设计,使学生毕业后能胜任工作岗位的要求。"教学工厂"的模式,是将学校和工厂这二元统一领导,统一组织,并按统一的教学计划进行运作,更突出地把技能教育摆在本位上,以便有利于理论与实践的结合。

(三)考核评价——严格有序

新加坡的职业技术教育有着严格的法律保障,使"先培训,后就业,未经培训不得就业"成为一种制度。在新加坡,学习者必须通过严密的审察,使所学技术经考核得到生产力局的承认、监察,以获得相应的等级证书,才可

---

① 陈海滨,樊健.NYP教学工厂理念及其启示[J].职教通讯,2004(06):58~59.
② 付敏.新加坡的职业教育[J].机械职业教育,2005(01):41~42.

以谋求职业。通过40多年的改革与发展,新加坡已形成了一个完整的"立交桥"式的高等职业技术教育体系,不仅上下衔接,而且高等职业教育与普通高等教育之间也相互沟通。新加坡政府规定"三级技工证书、一年或二年的职业训练证书都相当于初中毕业证书,获得国家二级技工证书、工人技师证书的相当于高中毕业水平;获得一级技工证书的相当于大学毕业水平",各证书之间可以互相衔接。如职工取得了相当于高中毕业的证书,就可以报考大学继续深造,取得更高的文凭。①新加坡将中、西做法有机结合,根据不同课程制定出不同的考试方式。例如,理论偏多的课程评分标准为笔试成绩:课业成绩=60%:40%;而实践偏多的课程评分标准为笔试成绩:课业成绩=30%—40%:70%—60%。

(四)师资建设——双师型、国际化

新加坡的全民终身教育体系比较完善,包括对理工学院教师的培训与深造。首先,学院对教师进行培训,重视其终身学习的积极性,而不看重其年龄。只要教师上进心强,能主动申请进修学习或重修第二学历,不管其年龄多大,一般都给予大力支持,哪怕是年龄50岁的教师,都可获准学习深造机会。学院也很看重教师的新文凭,因为他们认为知识和技能更新太快,许多知识和技能的生命周期只有3—5年,为了能激励教师"与时俱进",学院一般要求教师具有多个文凭。其次,学院非常重视"双师型"师资队伍建设,看重教师的企业经验,80%的教师都曾是企业的经理或业务骨干。再次,师资培训形式多样。如,新职技巧的培训、岗位调换、参与企业座谈会、参与有关工作培训项目、参与企业实习项目与考察、参与实际工作项目开发等。第四,注重教师接轨国际,鼓励并帮助教师创造机会到海外讲课,在海外企业学习或兼职,培养师资的区域化和国际化教学水平。②

三、"教学工厂"的特征

(一)增加学生校内实训机会,延长学生企业实训时间

新加坡的教学工厂犹如处在一个大企业的各个部门,学生在其中既接受完整的理论知识的教育,又接受来自于教学工厂行之有效的实践技能培

---

① 王学风.新加坡高职教育的特色[J].职教论坛,2001(08).
② 魏敏.新加坡的高等职业教育特色[J].职教通讯,2004(09):62~64.

训,理论教学与实践教学实现了有效的整合。学生在教学工厂内可以通过完成制作项目与老师一起动手参与厂家提供的试验计划或产品开发,在整个过程中学生不只是动手的过程,也是自主设计、发现问题、解决问题的过程。在工作期内,工业项目部是执行工厂教学方案的部门,该部门类似于商业部门,负责与工业界保持联系。师生的学习是从工业界引进项目开始的,整个项目从设计、制作、试验至交货,师生们都必须具有足够的专业水平,他们必须想方设法解决制作过程中所遇到的问题。这不仅给学生提供了一种磨炼的机会,学院的老师也能从中获得工业界科技的需求动向。这些信息也将对有关课程改革和调整提供帮助。在实践教学与理论教学的时间分配上,实践教学占有相当重要的地位,学生每学期要到工厂企业去实习8周,工厂企业对每个学生都有完整的考核评估。此外为了保障学生实践课程的学习质量,学校还专门设有工业项目组,负责对毕业生进行为期6个月的工业项目设计制造的指导,这6个月学生每周要花费40小时用于做工业项目。

(二)企业与学校的"无界化"合作

教学工厂是将实际的企业环境引入教学环境之中,在学院内、在现有的教学系统(包括理论课、辅导课、实验课和项目安排)的基础上将学校与企业融合在一起,教学工厂的发展经历了校园内的工厂模拟(simulation)、模仿(emulation)到融合(integration)的发展过程,其办学理念得到不断的完善和升华,具体可以分为四个阶段,第一阶段:学院和企业开展伙伴合作,在学院内模拟企业环境,在仪器、设施的设置和布局上尽可能与企业保持一致,让学生参与项目进行仿真实习,得到锻炼。第二阶段:学院全年不间断地为学生安排项目实习,以配合企业的需求,企业对技术和人员的要求,学院可以随时随地地提供可靠的保证。此外,学院创设教学工厂项目平台(TFPP),利用这一平台,教师、学生能有更多的机会参与项目研究,以便提高技能。第三阶段:学院开始着手系统地进行专业开发,致力于大型综合项目的开发和设计。教学工厂项目平台趋于完善,着重开始专业开发和教职员的专业培训工作,为学院的可持续性发展奠定基础。同时学院开始注重知识经验的积累和分享,其实质是将师生共同参与的工程项目解决方案的经验建成经验知识库,不仅便于师生在之后的工程项目中方便快捷地得到帮助,同时也大大提高了学院工程专业开发的效率。[①]第四阶段:在这一阶段,各专业技术中心形成,提升了各专业的工程项目研发能力,能很好地为各专业进行专项培训,进行项目设计。在此基础上,学院强调各专业之间的全面合作,即"无界化"合作,开辟技术无界化、人才无界化、校园环境无界化等无界化文化氛围。

(三)教学设施设备与企业接轨

新加坡南洋理工学院秉承"用明天的科技,培训今天的学员,为未来服务"的办学思想,将先进的设备搬进实验室,让学生零距离去操作、体验,为学生创造一个真实的教学环境,这样的巨大投资为学生研发项目、体验工作提供一个真实的平台,有利于培养学生的职业意识、职业习惯,提高学生的职业技能和创新能力,缩短教学与就业岗位之间的距离,使学生毕业后即能胜任岗位工作。

四、对我国五年制高职工学结合人才培养模式的启示

(一)学校与企业有机结合、密切合作

教学工厂作为新加坡高等职业教育发展的一种典型模式,将现代工厂的经营、管理理念引入学校,将工厂的生产过程引入课堂,师生直接参与到企业的生产、经营过程中,从而使学校教学与企业经营有机地结合在一起,使学生得以在一个近乎于真实的环境中学习和提高所必需的各种知识和能力。在这一模式中,学校直接为企业开发项目,或直接参与企业的生产经营;企业与学校合作建设实验室,并随时向学校提供先进设备,及时更换陈旧设备;校企双方利用合适的实验室进行共同开发,或对学生进行各种专项训练,从而使学生在实际活动中培养各项职业能力。

(二)以市场为导向设置专业

新加坡政府和企业重视职业技术教育,在市场需求分析的基础上,通过超前的专业开发和专业规划理念,积极引导专业的设置,使其专业设置和定位处在国家经济发展的前沿,而不是被市场牵着鼻子走。另外,在专业设置过程中,企业、学校、教师、学生及家长高度参与,体现了以市场为中心、以受

---

① 卢海.新加坡南洋理工学院教学工厂的育人特色[J].中国职业技术教育,2004(15).

教育者为中心的理念。

（三）课程体系、教学模式与市场衔接

课程是保证教学工厂运转的载体,只有与市场紧密联系,开发的课程才能转化为生产力。课程开发,一是要满足新加坡经济发展的需要,依据经济发展及对未来的规划开发专业、设置课程。二是要满足企业用人单位的需要,了解企业对人才的需求情况,成立有企业人员参与的课程开发小组,实施课程开发。三是课程开发工作完成后,要提请有企业资深人士参与的教学指导委员会和校董事会论证、批准。这些措施保证了课程内容能够满足企业岗位需求,保证了课程内容的先进性与前瞻性。在课程实施之后,还要定期研讨,随时根据技术发展情况进行修正。与企业合作开展项目开发与研究,是"教学工厂"的一个重要环节,企业工程师与教师、学生合作研究项目,使教学与项目相融合。通过项目研究,一方面有利于教师及时了解企业前沿技术,积极超前地进行专业开发准备,在最短时间内迅速开发新专业与课程,同时教师的专业能力得到提高,提升自身的科研能力;另一方面可使学生体验项目开发的全过程,使学生得到真实工作环境的锻炼,从而培养学生的实践能力、工作意识与创业精神。在课程安排上,"教学工厂"第一年学习基础课,让学生掌握宽广的从业理论和基本知识;第二年学习专业课;第三年半年学习应用性课程,半年搞工业项目设计,学生毕业后就能胜任工作岗位的要求。

"教学工厂"这一新加坡式的"双元制"使其高等职业技术教育的教学改革焕然一新,学校的教学与工厂及企业紧密结合,几十年来,为新加坡经济发展培养了大量具有多元技巧的人才。"教学工厂"已成为有新加坡特色的双元制。

第八节 台湾地区："建教合作"模式

台湾地区的高等职业技术教育是由专科学校、技术学院和科技大学及其所设的研究所等三个层次构成的,采用建教合作的模式培养人才。台湾地区的"建教合作"始于1954年。当时的台湾地区正处于经济复苏阶段,急需生产第一线应用人才。正是在这一背景下,台湾教育当局颁布了《建教合作实施方案》,专门成立了建教合作委员会,负责"建教合作"的设计与推行。

一、台湾地区"建教合作"模式的内涵

"建教合作"是指教育机构、学校与企业相互合作，实施教育与训练，培养应用型人才的一种职业技术教育教学方式。建教合作营造的企业环境与最新生产技术系统，有利于落实教育、训练、应用三者的有机结合。

1969年，台湾省立沙鹿高级工业职业学校与工业职业训练协会合作，开办"建教合作实验班"。这是以"建教合作"名义开办班级的开始。该班采取半工半读方式：学生在学校学习普通及相关学科教学，在工厂进行技能训练。学生录取由学校和企业共同完成，招生人数根据工厂需要确定，学校负责招考，并由工厂负责口试，合格者方可录取；学生修业三年，在学校上课与到工厂训练时间各占一半，间隔轮调；学生分两班或两个组，每周或每月轮流到校上课和去工厂训练。工厂雇主与学生订立训练契约，明确双方权利和义务，工厂代学生缴纳学费，并比照初中毕业生用工标准发放津贴。学生学习期满，学科及技能测验合格，由学校发给高级职业学校毕业证书。同时获得工业职业训练学会发给的技能训练结业证书，经技能鉴定合格，还发给技能鉴定合格证书。

"建教合作"如今已在台湾省职业学校、专科学校及大学院校得到推广，已呈现实习式、轮调式、阶梯式、委托式、进修式等多种合作形式，其中以轮调式和阶梯式为主。轮调式是指学生在学校上理论课程，在合作工厂接受工作技能训练，每一至三个月定期实施轮调；阶梯式是指学生一、二年级在学校学习理论课程和实验课程，三年级到合作工厂实习，每周返校上课一天。在台湾，一般的大专院校以研究式、进修式为主；中等职业教育则以轮调式、阶梯式为主，其中尤以轮调式建教合作班推行范围广，办得最有成效。

二、台湾地区"建教合作"模式的运行机制

（一）紧密的合作机制

"建教合作"模式是由行业主管部门、学校和相关控股（集团）公司、骨干企业的领导专家组成的董事会，负责统筹协调产学合作教育的重大事宜，共同审议学校的办学方向、发展规模、专业建设、招生与就业等重大办学决策和问题，并通过产学合作为学校的建设和发展提供必要的实训场地、办学经费和设备保障。

（二）有效的指导机制

校企双方共同参与的专业指导委员会，有利于加强专业设置的产业背景与行业定位；各专业指导委员会成员定期研究专业建设与发展，根据产业结构调整和企业不断变化的情况，为专业改革、课程改革、产学合作、校内外实训基地的建设提供决策咨询，并制定指导性教学计划，修订和完善实施性教学计划。主要特点为：培养目标以岗位（群）需求为导向，专业设置以行业定位为本位，课程设置以能力模块为核心，教学过程以职业活动为主线，质量评定以职业规范为标准。

（三）教育资源共享机制

功能完善的实训基地及校内模拟训练系统，有利于共享齐备先进的技术设备；聘请企业经理、技术骨干等作为客座教授、兼职教师或实训导师，同时，对现有师资提供多方面培训并提高"双师素质"教师队伍的建设力度，为教师制定学历、业务、实践、技能培养进修计划，并分期分批地选送专业教师顶岗实践和学习，确保教学硬件的技术含量始终保持行业领先水平。

（四）工学结合的教育模式

产学合作、工学交替，是产学合作教育的显著特征，通过这种教育模式以增强理论教学与实践教学的整合程度，实现教学环境与工作现场的有机结合，突出学生实践能力和就业能力培养。工作学期的存在是合作教育区别于其他教育模式的重要标志。在工作学期中，学生在校外以"职工"身份参加顶岗工作并获取报酬。在学制和内容安排上，采取"一年三学期制"，前两个工作学期主要强化学生综合能力的培养；后一个工作学期，主要提高学生的专项能力，实现宽口径专业对口，将工作学期与毕业设计、就业分配相结合。

（五）务实的技术合作

学校充分发挥科研、技术优势，时刻站在行业新技术发展的前沿，制定校企双方技术合作计划，共同分析市场需求，探讨市场走向，共同研究新技术、新工艺的应用。针对企业技术改造、科技开发的实际需要，将学校智力要素与企业生产要素紧密结合起来，积极参与企业新产品开发和新技术引进，为企业提供应用研究和技术开发服务，与企业共同攻克技术难题，提高对企业经济增长的贡献率，实现产学研的深层紧密结合。

三、台湾地区"建教合作"模式的特点

台湾地区工学结合教学改革之所以取得良好的发展，有三个关键因素：一是建立了从教育管理到学校、企业之间的一个相互沟通与协调的网络；二是建立了一整套严格的管理体制；三是台湾地区职业教育拥有高素质的教师队伍。

（一）产学合作交流网络

建立产学合作交流网络的目的是利用国际网络整合技术专科院校研发人力以及一些产学研单位等资源，落实产学合作与交流。台湾地区除了提供产学合作现况与历史沿革等静态资料外，还借助动态数据库提供输入、搜寻及媒体合作等功能，有效地辅助各技术专科院校与产业界相互沟通，落实信息整合，强化产学合作的功能。

（二）严格的管理体制

首先是确立法令规章，1954年台湾教育当局颁布《建教合作实施方案》，其内容一是要求合作的厂矿企业为职校学生的实习提供生产设备；二是学校必须接受厂矿生产机构委托培养或代为培养技术人员的要求。为进一步完善"建教合作"法规，在此后的20多年间，台湾地区又先后颁布了《建教合作实施办法》、《专科及职业学校加强推行建教合作补充要点》和《加强高级职校轮调式建教合作教育训练实施要点》，从办学原则、行政管理到各项具体措施等都做出了具体的规定，为建教合作提供了完善的法律保障。其次，重视建教合作的评鉴。台湾地区进行的评鉴工作面向学校与企业两个方面，台湾地区的教育管理部门每年都委托职训局聘请各种职业的专家、学者组成观察小组，进行实地评估，打分评级，以确定企业进行建教合作的工作能力，同时建立建教合作工厂的档案资料。学校的评鉴则是在每次完成建教合作计划之后，对整个计划进行总体性评鉴，内容包括对学生的追踪、雇主的调查以及成本效益的分析。

（三）高素质的师资队伍

台湾地区职业院校教师队伍素质高，特别是高等职业院校师资队伍的素质非常高。台湾地区职业教育发展的经验表明，只有教师具有优异的教学经验与产业背景，才能具有较强的实践操作能力并能在教学中不断创新。因此，台湾地区的高职师资培养法，尤其强调要提高技职师资实践能力，重

视教师的在职进修,严格规定高职学校教师的聘用条件:必须有五年的教学经验和四年的"产业年资"(实践工作),即学验俱丰。目前台湾地区的技术学院教师学历结构中,博士和硕士的比例接近 4∶6。学校的各系主任均从网上进行国际招聘,招聘来的基本上都是国外留学后回台湾地区的博士,具有较广阔的国际视野和业务上的国际关系。博士学历的教师开设专业基础课,并用双语授课,而硕士学历教师一般均拥有其所在行业的中层以上管理岗位的从业经历,能够有效保证理论教学和专业教学的质量。[1]

(四)严格的技能鉴定制度

1972 年台湾地区实施技能鉴定制度,台湾"内政部"颁布了《技术技能鉴定及发证办法》(以下简称《办法》)。其鉴定对象包括职校毕业生和社会青年。技能鉴定制度的推行,打破了传统的学历第一的用人制度,重视个人能力和技能水平,为技术发展开辟了新的路子。同时该制度将培训与考核、使用与待遇挂钩。《办法》规定,技能鉴定等级按照技术精通和熟练程度分甲、乙、丙三级。技能鉴定方法分学科和术科两门,学科以笔试为主,注重对理论知识掌握程度的考查;术科则主要考查实际技能操作水平。各学科、术科试题由职训局聘请专家命题,以保证质量。《办法》规定,专科以上学校或高级职校相关科系毕业者,可参加乙级技术核定;在校生可免学科测试,以在校所学相关专业科目成绩代替学科考试成绩。《办法》还规定:对于通过学、术科考核取得甲、乙级技术证书者,可比照专科、高职毕业生选用和支薪。这无疑为社会青年开辟了一条进取之路;而对职校毕业生来说,技能鉴定合格证书作为其掌握某一专业技术的证明,可作为今后晋升专业职务、管理职务及取得其他职务任职资格的依据。

四、对中国大陆五年制高职工学结合人才培养模式的启示

台湾地区的"建教合作"模式自上个世纪 50 年代开展至今,已取得很大成效。它不仅为台湾的经济建设、企业的发展培养了一批真正适用的基层技术人才,还促进了职业技术教育的发展,在很大程度上缓解了职业学校资金设备及专业师资不足的问题。同时,对于学生来说,"建教合作"的学习模式,不仅帮助其减轻了家庭经济负担,更重要的是能够学到实用的技术,丰

---

[1] 杨德广.台湾高等职业教育及其启示[J].教育发展研究,2000(08).

富社会经验。但台湾地区的"建教合作"发展仍面临不少问题。

(一) 社会的认可度不高

人们对"建教合作"的认识仍有一定的偏差,这也涉及到人们对整个职业技术教育的看法。职业技术教育的迅速发展,为台湾经济建设培养了大批具有娴熟技能的实用人才,其所产生的经济效益,已为人们所承认;然而传统观念的影响是根深蒂固的。相对于普通教育而言,职业技术教育仍被视为次一级教育,是学习成绩差的学生唯一的出路。在一些升学风气较浓的学校,建教合作班被视为"放牛班"而遭轻视。

(二) 企业参与的稳定性和积极性不够

以经济利益为目标的企业参与建教合作,没有足够的稳定性和积极性。当经济景气时,企业大多乐意参与"建教合作";而经济不景气时企业往往就不愿参与"建教合作",甚至不履行已签订的合约。此外,"建教合作"中的管理不善,也在一定程度上影响了"建教合作"的成效。例如有个别企业把学生视为廉价劳动力使用,学生较少轮换岗位,缺乏学习各种操作技能的机会;还有一些学生被安排在一些半技术性或非技术性的岗位上,难以学到真正技术。

以上问题也是我国大陆五年制高职工学结合过程中面临的突出问题,对于上述问题的思考有助于我国五年制高职工学结合的进一步开展。

第九节 发达国家和地区工学结合人才培养的主要经验及其启示

一、发达国家和地区工学结合人才培养的主要经验

综上所述,发达国家和地区的高职教育工学结合人才培养的成就有目共睹,其主要经验在于:

(一) 政府支持,企业重视

许多国家政府为职业教育的工学结合教育人才培养创造条件,促进人才培养的顺利进行。一是为工学结合人才培养制定专门的法规。韩国政府大力提倡职业学校与企业密切结合,把产学结合写入政府制定的《产业教育振兴法》,使之制度化。英、日都采取法律手段硬性规定企业承担一定的教

育经费并接受学校安排学生到企业工作。二是政府设置专门机构管理高职教育合作教育人才培养的具体工作。美国创办"美国高校大全——企业关系委员会"、法国成立"教育—企业工作线"和"教育—经济高级基金会"以加强企业与大学的联系。英国专门成立"培训与企业委员会",用以提高企业参与职业教育的积极性,并且还明确规定该委员会成员中工商企业领袖要占2/3的比例。三是政府主导创办协调员制度,由协调员负责学校、企业、学生三方面的联系和协调。

同时,发达国家和地区的企业也特别重视与学校的合作。这种合作体现在几方面:一是企业界向学校投资,提供工作场所、设备等,同时接受投资的学校按企业的要求培养、输送人才;一些企业对在校学生提供"奖学金",以吸引学生毕业后到企业服务、发展。二是企业积极参与到学校人才培养目标确定、专业设置、课程开发等一系列的教学和管理中,并为学生提供现场实习、实践机会。三是企业为提高职工职业素养和水平,派员工到五年制高职学校进修。四是企业与学校签订供需契约,从而保障学校毕业生就业。如1982年,美国波士顿地区近200家公司和波士顿公立学校签订有名的"波士顿"契约,保证其学生的就业,避免了学生毕业即失业的现象。

(二)重视通过立法来保障工学结合的顺利进行

为推进职业教育工学结合人才培养的健康稳定发展,发达国家和地区普遍重视相关的立法工作,使工学结合教育人才培养有法律依据,有法制保障。德国的"双元制"职业教育是世界公认的"工学结合"人才培养模式的典范,学生在职业学校学习理论知识、在企业实习掌握职业技能。为了保证这一人才培养模式的顺利实施,德国联邦的《职业教育法》和《青少年劳动保护法》就教育者和受教育者的权利和义务做出了相应的规范,并通过签订《职业教育合同》的形式予以明确和保障。

(三)培养"通专多能"人才,课程与教学注重实践性

发达国家和地区职业教育人才的培养始终坚持产学结合、扩大专业面向,注重教学环节的实践操作性,重视职业技能训练。高职教育不再是为学一门专门技术而教,而是培养具有一专多能的人才,能够具备较强的竞争力。职业教育改革与发展的国际化趋势是合并相关专业组成新的综合化专业。如德国为了增强学生的职业适应能力,将12种工业电子专业的职业培

训合并为4种。与此同时各国职业资格的种类也在缩减,德国的职业资格已由1972年的600个缩减到目前的377个;瑞典的职业资格只有24个专业(工种)范围,而意大利职业资格的专业(工种)范围也只有9个。

在课程设置与内容上,紧密联系社会的需要,坚持以职业对技能和知识的实际需求为课程设置的依据,注重课程的职业功能性,如英国的许多技术学院普遍开设的工读交替的"三明治"课程,注重学生职业技能的训练,培养出来的学生能够较好的适应岗位要求,立即上岗。同时,许多国家广泛实施"通专多能"(多接口)人才的培养方式,学生能适应以后工作的变化,满足转换不同职业岗位的需要。

教学方法独特实用,产学结合贯穿始终是国外职业教育的特色。首先课程设置紧密联系社区经济,并面向行业及地方企业需求来开发。另外,课程不是一门门独立学科的组合,而是通过行业、企业及高级研究机构验证后形成的完整体系,在该课程体系下,学生能够充分学习该领域涉及到的知识和技能,并能顺利适应岗位要求。许多国家的技术学院都设置了顾问委员会,保证学院在各部门、各工商企业指导下确定课程的实施目标。如美国培养高职人才的社区学院与当地的企业一般都有协作关系,学校与工商界广泛实行"合作教育",把课堂教学与现场教学有机结合起来,既为学生掌握必要的职业训练和做好就业准备提供了条件,又可以把在工作岗位上接触到的各种信息反馈给学生,学校不断更新课程教学内容,提高人才培养质量。

(四) 注重专兼结合的"双师型"师资队伍建设

发达国家和地区极为重视职业教育师资队伍建设,从事职业教育的教师除了应具有政府颁发的教师资格证书外,更重要的是要有一定的行业背景或者企业实践经验。职业教育院校的师资队伍由高校专职教师和企业的工程技术人员、技师及管理人员组成。兼职教师在职业教育院校师资队伍中的比例比较大,甚至比专职教师还要多,兼职教师绝大多数来自企业。从学生反馈的情况看,来自企业第一线的教师往往最受学生欢迎。因为他们不仅具有相应的专业知识和技术资格证书,更有相当长时间的企业工作经历,因此在教学中更容易能够把企业的生产、经营、管理及技术改进等方面的最新情况与学生所学的内容结合起来,做到理论联系实际。发达国家职业技术教育的教师有着较为丰厚的待遇与优越的社会地位,因此,师资队伍的质量高、流动性小,从而保证职业技术教育质量的较高水平。

二、发达国家和地区工学结合人才培养模式对我国五年制高职教育的启示

尽管各国的工学结合的教育模式各异,却有着共通的元素:校企资源共享、职能分工合理、理论实践结合。这对于我国快速发展中的五年制高职教育有很大的启示。

(一) 工学结合中各方权利、义务须界定分明

国外校企双方在开展合作教育的过程中都承担明确的义务,同时也享有必要的权益。学校承担的义务主要有:根据企业所需人才,进行专业设置及课程开发,选派有一定技能、职业素养较好的学生到企业完成工作学期,设立效率高的合作教育执行机构;而享有的权益有:学校接受企业的投资,如提供工作环境、先进设备等,以合作教育为契机,扩大学校声望以及保证学生就业率。

企业承担的义务主要有:选派热心于合作教育的职员管理学生,为学生提供信息,与学校共同评定学生工作成绩,参加制定、修改、执行合作教育计划;同时享有的权益有:解决临时工作、辅助工作的人力需求,物色称职的固定雇员,提出需要发展的专业与课程,等等。

学生承担的义务则是认真遵守企业相关岗位规定,按时提交"工作学期"报告;享有的权益除获得工作经验,加深理解课堂所学内容外,还可选择专业对口的工作场地,挑选就业单位,并可得到相应的工作报酬。

(二) 加大对职业教育的财政性、政策性投入

政府对职业教育的重视,对社会起到良好的导向作用。世界发达国家和地区职业教育之所以能有长足的发展,一个重要的原因在于政府的重视和鼎力支持。德国是世界上职业教育比较发达的国家之一,在历史上,德国政府领导人有重视职业教育的传统。1987年,德国总理科尔在总结其经济发达的原因时,仍然把支持职业教育作为重要的一条。

政府的重视不只停留于口头,还落在实处。首先是经费保障,世界各国职业教育的发展,都有来自政府和社会各界在办学经费方面的支持。美国的社区学院学费低廉,政府也有大量投入,仅以上世纪80年代中期为例,美国政府对公立二年制社区学院的拨款就达62亿美元,占教育总经费的72.19%。此外,政府还十分重视对职业教育的研究工作,每年拨付一定数

额的研究经费。其次是法律保障,法制建设是职业教育发展的可靠保证。另外,世界发达国家和地区在入学条件、学校义务、师资培训、修学年限、专业设置、经费投入等方面均有严格规定。社会各界也普遍重视工学结合教育。由于工学结合教育培养的人才素质高、能力强,经济收入可观,因此普遍得到较高的认同,社会重视职业教育与培训。国外一些大学本科生为更好的适应社会岗位需求,在毕业后还有针对性地选择职业院校学习一技之长。

(三)建立完善的教学质量监督评估体系

完善的教学质量监督评估体系是保障工学结合的教学质量,保证人才培养的规格和要求的重要举措,通览发达国家职业教育发展,大部分发达国家都在学校外部建立了完善的督导、评估体系,从学校的管理体制、教学质量保障、考试考核监控等诸多方面进行全面管理。以澳大利亚为例,工学结合教学质量的监督主要来自于政府和行业两个方面。一方面,在各个州的政府培训部门之中有专门负责专业以及课程设计、教学研究和教学质量的评估部门,其职能与TAFE学院负责的教学职能相对分离。管理的具体形式是:在州政府的领导下,成立由教育专家和企业家组成的TAFE教育专家委员会。这些专家不仅要具有较高的学术水平和丰富的教学经验,而且要直接参与企业管理咨询,熟悉企业实际情况。教育专家委员会负责根据行业企业制定的职业标准,进行课程开发与研究,同时对TAFE学院的教学质量进行评估。在澳大利亚衡量TAFE学院办学水平的一个重要指标就是看其能够从政府和行业得到多少资助,如果学校没有按照其与政府签订合同的要求为行业培训出合格的学生,那么学校将无法从政府部门得到相应的资助。另一方面,行业是工学结合教学质量的最终评判者,行业与学校关系紧密,不仅参与制定办学规范,而且参与学校管理和实训基地建设,负责教学质量评估,TAFE学院的学历文凭本身就是对应明确岗位技能要求的职业资格证书,是学生毕业后上岗工作的必备条件。[①]

(四)学校应积极主动开展合作,保持服务心态

发达国家的校企合作中,将教育部门、行业主管部门视为服务机构,来

---

① 付菊,孙弼.他山之石可以攻玉——借鉴国外办学经验努力提高我国高职教育水平[J].世界职业技术教育,2007(04).

保障校企合作的高效开展。但是,在我国,由于受传统文化的影响,许多学校还持有"皇帝的女儿不愁嫁"心态,其结果是,五年制高职学校和企业失去了平等对话的平台,合作一头热、一头冷。目前五年制高职学校与企业不能进行深度合作,其中原因是有些学校不能放下高姿态。五年制高职学校的自身特点决定其必须积极主动与行业、企业等交流合作,从而能够主动适应社会经济发展的需要,掌握先进的技术与经验;另一方面,学校要建立现代职业学校制度,提高自身的办学条件、办学水平,增强学校自我约束、自我完善、自我发展的能力和面向市场自主办学的动力,成为真正面向市场依法自主办学的法人实体,从而主动满足行业企业和学生的需求,在很大程度上也是吸引企业参与,提高合作能力的重要保障。

五年制高职学校校企合作具体应做到:人才培养方面,专业设置应在行业、企业及教育部门充分论证下进行开发,课程安排以技能培养为主线,充分利用校内外资源保证扎实的实践教学环节,使培养出来的学生最大限度地适应社会需求,满足企业发展的需要;技术开发方面,学校应提高自身科研能力和水平,真正为企业的快速发展、技术创新提供人力和智力支持;咨询服务方面,学校应当成为企业发展战略的智囊团,为企业的战略规划提供政策上的支持和帮助;企业员工培训方面,学校应当为企业的员工培训提供更多的支持,提高企业员工队伍的素质。

(五)精心打造一支高水平的双师型教师队伍

发达国家的经验表明,提升教师队伍的水平是提高工学结合教学质量的重要保障。职教教师不仅要有综合的专业知识,而且要有较强的专业实践能力和一定的实际工作经验。美国要求从事高等职业教育的教师一般应取得其所教学科的学士以上学位,负责教技科的教师必须具有两年以上工作经验及最新经验,或者在相应的领域有5年以上的实际经验。德国高等职业教育教师的申请者必须具备博士学位,同时必须具有五年以上的工作经历,且至少在所教授专业的企业岗位上工作三年。再例如,澳大利亚TAFE学院的专职教师,必须获得学士以上学位,要经过师资培训,并有至少三年的实践经验。

除了任职资格严格以外,发达国家对现任教师的继续教育非常重视,通常会有专门组织教师在高等技术师范学院、工程技术学院或者综合大学等进行专门培训,这些培训渠道共同构成了一个完整的职教师资培养体系,为师资水平的不断提高提供了坚实的保障。

因此,为提高五年制高等职业院校教学质量,保证校企合作的顺利开展,加强双师型教师队伍的建设已成为五年制高等职业学校可持续发展的重要支柱,学校应积极借鉴国外先进经验,多渠道引进、培养双师型教师,建立一支素质优良、结构合理的双师型师资队伍。

第四章　国内工学结合人才培养模式探析

　　总结目前国内高职教育界对工学结合教育教学模式的实践探索，有以下三种划分标准和模式。

　　第一种以中国高教学会产学研合作教育分会依据实践操作的特点总结概括的九种模式：订单式、"2+1"式、学工交替式、全方位合作教育式、实训与科研就业式、双定生式、工学结合校企双向介入式、结合地方经济全面合作式、以企业为主的合作办学式。

　　第二种依据教育提供者和教育场所标准对工学结合教育模式进行分类，可分为以职业学校为特征的模式、以市场调节为导向模式、市场调节主导国家主管的模式和双元制模式、社会教育模式、企业教育模式、学校教育模式和社会企业学校教育模式。

　　第三种以办学体制、培养过程等标准划分职业教育模式，如以办学体制为特征的模式有行业产业学校合作模式、产学研模式、国际合作模式和私立民办模式、综合性大学办职业教育学院模式、教育集团办学模式、联合大学模式；以培养过程为特征的模式有产学研究模式、国内外联合办学模式、校企结合模式、多种类型综合模式等。

　　众多的模式划分，一方面表明了职业教育培养人才模式的多样化，也反映出我国职业教育在实践中积极进行探索的一面，在一定程度上为创新我国工学结合教育模式提供了颇具价值的实践经验；另一方面也说明了在职业教育方面工学结合教育教学模式发展程度不同，具有典型性、代表性的工学结合教育模式还没有形成，仍然需要研究和实践。为了比较清晰地了解我国高等职业教育在工学结合教育模式方面发展探索的进程，本章通过借鉴、吸收国外发达国家高等职业教育人才培养模式的成熟、成功经验，结合我国经济社会发展的实际，将我国高等职业教育实践探索，反映出的众多工学结合教育教学模式，概括归纳为以下七种并做简要的介绍分析。

第一节 订单式人才培养模式

一、订单式人才培养模式内涵

订单式人才培养模式是建立在校企双方相互信任、紧密合作的基础上，学校根据企业对人才规格的要求，与企业签订人才培养协议，共同制定人才培养模式，共同制定人才培养计划，共同组织教学及实践，学生毕业后直接到企业就业的人才培养模式。该模式以就业为导向，针对用人单位的需要制定培养计划，充分利用校企双方的教育资源，在师资、技术、人才培养等方面开展深度合作，以培养学生的综合职业能力和素质为核心，实行课堂教学与实际工作相结合，学校、用人单位与学生三方共赢的一种工学结合人才培养模式。

二、订单式人才培养模式特征

（一）通过协议明确校企双方的责任义务

"订单"是"订单式"人才培养模式的核心要素，也是区别于其他工学结合人才培养模式的基本要素。校企双方通过充分的市场调研，在分析双方条件的基础上，通过签订用人及人才培养协议，形成一种法定的委托培养关系。同时该协议也明确了校企双方的职责，学校按照企业需求培养人才，企业录用学校培养的合格人才。

（二）人才培养计划由校企双方共同制定

校企双方培养人才的共同目标是培养的学生能够适应企业岗位的需求，因此培养计划不仅需要学校根据自己办学条件、专业特色以及学生水平等来制定，更需要企业将社会经济发展的实际以及专业技术的需求带入学校。学校与企业在相互信任、紧密合作的基础上，遵循高职教育教学规律，共同制定一个符合三方（学校、企业、学生）利益的人才培养计划，作为对"订单"的具体化和细化操作。

（三）利用校企双方教育资源，共同培养技术应用型人才

校企双方在人才培养过程中是一种合作、互利的关系，目标是通过双方合作培养出适应企业需求的人才。因此在合作过程中，校企双方都会充分利用现有的一切有利条件，将学校的师资条件、科研能力等与企业的工作环

境、设备设施等充分利用起来,以达到最高效的培养目标。

(四) 校企双方共同参与人才质量评估

"订单式"人才培养归根结底是学校承接企业的人才培养订单,是培养让企业"用得上、上手快、留得住"的人才,因此,培养人才的质量必须由企业和学校共同进行评估。

(五) 企业按照协议约定,落实学生就业

在"订单"教育完成后,企业必须认真按照"订单"约定,安排合格毕业生到企业工作,落实学生就业。"录用就业"作为"订单式"人才培养模式的基本要素,成为区别于其他工学结合人才培养模式的重要特征。

三、订单式人才培养模式运行条件

(一) 企业的需求与支撑

企业的需求与支撑是订单培养模式的前提。首先应有企业的岗位需求,这样学校培养才有针对性;其次是企业对员工需求的规模,在企业提供员工需求数量的基础上,学校与企业合作才能形成规模效应,也才能保证双方资源的高效投入与使用;另外,要使"订单"培养形成规模效应,就必须有大批具备相应资质的企业参与。只有社会上成批企业具有迫切的用人需求并能够提供强有力的支撑时,订单式培养模式才能真正形成。

(二) 一定的办学和专业优势

学校专业的设置应与区域经济紧密结合,既要满足企业岗位需求,同时还要有自身办学特色、专业实力以及社会声誉。专业实力强、社会声誉好的学校,容易引起企业关注,也容易找到双方合作的结合点。

(三) 完备的实践教学基地

学生具备一定的专业技能,能符合企业岗位需求,是企业愿意接受"订单"的重要前提,而学生专业技能的习得与实践教学息息相关,完善的实践学习环境、先进的技术设备等都是实行订单培养模式不可缺少的基础条件。

(四) "双师型"教师队伍

以产学研结合为核心的"订单"教育要求以岗位能力为导向,理论教学与实践教学一体化。在订单式人才培养过程中,校企双方共同参与,因此师资队伍不仅包括具有较强的专业实践能力和职业岗位工作指导能力的专职教师,同时,企业(尤其是"订单"合作方)技术专家或管理专家也应参与到其中,将企业所需岗位技能真正融入到教学活动中,使学生能够零距离接触企业,才能做到学有所用。

（五）"双证融通"的教学体系

按照职业岗位要求,调整课程内容及教学大纲,把职业资格标准中要求的知识与技能融入相关课程教学大纲中,同时形成模块化的课程结构;将职业资格证书作为重要的教学目标,并将不同类别、等级的职业资格证书折算成相应学分,纳入教学计划;在教学方式上要求集理论教学与实验、实习、实训为一体,强调岗位工作经历和以实践能力为重点的教学考核方式。

（六）畅通的信息网络

"订单"是该模式成立的基本要素,因此学校与企业双方通过"订单"才能合作。"订单"的来源或规模需要双方各自的宣传,学校要有效实行"订单"教育,就需要通过多种途径与企业建立联系,掌握企业的需求信息;向社会宣传学校办学特色及"订单"合作教育意向。反之,企业欲与学校合作,也需要畅通的信息宣传企业的需求,才能建立起与学校合作的桥梁。所以,"订单式"人才培养模式的运行应建立起畅通的"订单"教育信息网络。

四、订单式人才培养模式评价

（一）模式优势

这种人才培养模式能实现学校、用人单位和学生的"三赢"。对学校来说,能够结合市场需要制定人才培养计划、调整专业和课程设置,教授学生职业知识和技能,使学校的人才培养更具有针对性,为学生就业提供保障;对学生来说,所学知识与技能对就业岗位有很强的针对性,学生毕业后能很快进入角色,适应性强;对用人单位而言,能够"量体裁衣",定向培养自己所需的人才。这一合作方式强化了就业导向,优化了实践教学条件。

（二）局限性

它容易使那些有大量可预见需求,意欲向学校发出中早期"订单式"的企业,产生"现在定下学生,将来用不了咋办"的思想顾虑;容易使那些接受订单教育的学生,产生"工作单位已定,就业危机已除,斗志松懈麻痹,学习不思进取"的思想问题;采用订单式人才培养模式,容易造成学校单一性的技能培训,而在一定程度上忽略了学生多种技能的培养,这对学生的长远发展有一定局限性。针对这些问题,校企双方在制定培养计划、方案时应全面考虑,应本着促进企业、学校、学生可持续发展的原则,而不是仅解决当前就业问题。

第二节 顶岗实习模式

一、顶岗实习模式内涵

顶岗实习是五年制高职学校有效推进工学结合人才培养模式改革的重要形式,也是加强五年制高职学校学生实践能力和职业技能培养的重要途径。顶岗实习是五年制高职学校学生在校内完成必须的理论知识和基本技能储备之后,再到专业对口企业的具体工作岗位上进行实习,即顶替企业正式员工的具体工作岗位,在真实的工作环境下,以企业"员工"的身份,有效强化学生的实践技能,提升专业素养。顶岗实习是工学结合人才培养的一种重要教学模式,以其工作岗位的真实性、工作环境的职业性、工作经历与体验的综合性成为高职教育实践教学体系中不可缺少的重要环节,在人才培养过程中起着不可替代的重要作用。

二、顶岗实习模式特征

(一)学生身份的双重性特征

学生在企业顶岗实习过程中,身兼着两种身份,即"高职学生"和"企业准员工",因此学生接受学校和企业的双重管理。学生必须严格遵守企业的管理规定,以员工身份严格要求自己,认真做好本职工作;另外,在顶岗实习期间,既是顶岗工作的过程同时也是理论与实践更好结合的过程,学生应该认真将所学知识与技能在实际岗位中加以锤炼。

(二)指导教师身份的双重性特征

顶岗实习期间,学生与指导教师之间既是师生关系,也是师徒关系。指导教师兼负着双重责任,既要培养学生的实践技能,又要培养学生良好的职业素质。

(三)国家政策导向的强制性特征

2005年国务院下发《关于大力发展职业教育的决定》(国发〔2005〕35

号),真正确立了顶岗实习在职业院校教育教学中的重要地位。文件中明确规定:"高等职业院校学生实习实训时间不少于半年。"国家示范性五年制高职学校建设项目更是将"半年以上顶岗实习学生占应届毕业生比例"作为对建设院校进行考核的重要标准。由此可见国家政府部门对五年制高职学校实施顶岗实习的重视程度。

三、顶岗实习管理体系构建

(一)组织保障体系建设

顶岗实习的学生分散在不同的地区、企业岗位,顶岗实习管理必须考虑学校、企业等多方面因素。构建以学生为中心,学校、学生、企业等多方联动的管理组织机构,实习学生所在的学校,是顶岗实习教育活动的主导者,应做好顶岗实习策划、岗前强化教育及实习过程的管理工作;实习学生是顶岗实习教育活动的主体,必须要常有安全意识,在顶岗期间更要自觉践行全面实习;实习单位是顶岗实习教育活动的直接担负者,学生入岗后,既要有员工化的严格管理,又要有对"准员工"的宽容。顶岗实习的组织,只有三方共同努力,才能对学生的职业能力培养、职业素养养成、职业纪律约束和技术安全等进行有效监控。

(二)制度保障体系建设

结合校内单项技能训练、专业综合实训、生产性实训和基地实际,确立教学服务型、科研主导型、生产实训型和自主创业型实训基地建设思路,创新管理机制。围绕校企合作育人,形成企业体验实习、企业顶岗实习和就业实习的企业实践体系,积极探索校企合作长效机制,加强相关制度建设。

1. 双学籍制。

双学籍是指学生在企业顶岗实训和就业实习期间,再建立一份企业学籍,以有效加强学生在企业实习期间的管理。学生的企业学籍实行动态管理,并对学生配套实施《职业实践证书》、《学生顶岗实训手册》等相应的作业文本。

2. 双导师制。

学生思想教育工作以学校辅导员和企业职业导师相结合;校内学生学习指导以辅导员和职业导师相结合;企业顶岗实训和就业实习以企业指导教师为主,校内教师为辅。

3. 企业主修课制。

企业主修课是指学生到企业真实的工作环境接受培训的一种授课形式,包括思想政治、职业道德、创业教育和专业等课程,是在企业顶岗实习期间,依据实习企业的生产项目,由企业和学校共同开发的专业必修课程。

(三) 过程监控体系建设

根据学生管理、教学管理工作流程所涉及到的各管理层面来完善顶岗实习过程管理制度和质量监控制度,建立健全校外顶岗实习管理制度和兼职教师的动态管理制度,加强学生顶岗实习期间的实习质量监控,详细记录学生在顶岗实习期间的学习、工作等情况,切实提高顶岗实习质量。

(四) 考核与评价体系建设

学生的校外实习实训,建立一套完整的企业顶岗实训和顶岗就业实习的管理考核办法。通过学生实习实训管理考核手册,校内指导教师和企业指导老师共同进行考核评价,以企业老师考核为主。实习实训结束时,企业指导老师对其指导的每名学生进行综合鉴定评分。

四、顶岗实习模式评价

(一) 模式优势

顶岗实习工学结合教育教学模式的优点在于通过工作实践锻炼,有助于学生快速成长,增强岗位适应能力及实际独立工作能力;有助于学生树立竞争意识和吃苦耐劳精神;有助于学生接受企业文化的熏陶和具有实践技能和经验的技师指导,在真实的工作环境中形成良好的职业素养;通过顶岗实习,学生所学的理论知识和生产实际相结合,有助于学生认识职业岗位,促进学生就业。与此同时,企业与学校保持密切联系,反馈学生顶岗实习情况。学校则根据企业实际和要求改进教育教学工作。

(二) 局限性

此种人才培养模式仍然存在一些不尽如人意的地方,如学生顶岗实习期间,在企业是"顶岗"还是"顶班",有些企业将学生视为"廉价劳动力",安排在流水作业线上,这严重影响了学生的综合实践能力提高;另外顶岗实习实际上是正常教学的一部分,而有些学校视为"放羊",将学生离开学校实习视为"卸担子",只要学生在岗期间不出问题,就万事大吉;再者,学生在岗期间的双重管理问题,应由学校与企业共同协商妥当,而不应该在出现安全等问题时,有"扯皮"现象。这些问题的存在,需要我们进一步改进顶岗实习工学结合教育模式。

第三节 工学交替模式

一、工学交替模式内涵

"工"是在校外的实践,"学"是校内的理论知识学习,"交替"即轮流替换。工学交替是学生校内理论知识学习与校外实践工作交替进行的一种职业教育模式。它是在不突破现有学制的前提下,学习与工作实践交替循环,不影响正常的教学计划和课堂学习,而且也能使学生的工作实践顺利进行。生产实习环节基本统一安排,分散进行,双向选择,灵活多样。

根据当前工学交替的实际运行状况,可作广义、狭义之分。广义的工学交替是指无论学生的工作时间与学习时间长短,只要二者交替进行就视为工学交替,即超过一个"工—学"循环周期;狭义的工学交替是指学校存在全日制学习学期与全日制工作学期,在学校和企业之间交替轮流进行教育教学的一种模式。工学交替不仅是"工"、"学"形式上的交替循环,更为重要的是职业教育理念的更新和教育教学思维方式的转换。

二、工学交替模式特征

(一)先企业实践,后学校学习

本模式打破了传统的先学习理论知识,后参加企业实习的教学模式,突出了实践在学生学习生涯中的主导作用。学生先到企业生产实践,通过企业真实的生产环境,了解企业的技术水平、生产流程,岗位的技术要求和职业素质要求,感受独特的企业文化,在实践中认识到理论技术学习的重要性。学校根据岗位能力需求进行知识、技术、技能的教学,针对性强;学生在企业实践认知的基础上进行学习,学习目的明确,主动性强,大大提高了学习的实效性。

(二)企业参与育人的全过程

企业作为模式的主要实施者,参与了学校人才培养的全过程,主要体现在:一是专业教学计划由企业技术人员与学校专业教师共同商讨确定;二是学生一、三等学期在企业实践期间,企业负责对学生进行具体的技术指导,并结合生产实际,每周给学生开设 3—6 学时左右的专业技术课程;三是企业参与学校实训基地的建设,提供相应的实训设备,专业技术人员担任学校的兼职教师等。企业成为学校教学的有机延伸,学校则成为企业发展的人力资源库,学校的专业教学同企业的岗位技术要求密切结合,使教学目标更明确,教学效果更显著。

(三)学生兼有双重身份

学生在企业实践期间,其身份是企业"员工",作为企业的一员,要遵守企业的规章制度,一切都要以企业员工的标准要求自己,企业要给予学生相应的报酬;学生在学校学习期间,要以学生的标准要求自己,遵守学校的校纪校规。因此,学生在三年的学习期间,不再是传统意义上的学生,而是集员工和学生两种身份于一身,打破了学生过去那种单一的思维模式,学会了用"企业人"意识来思考问题和要求自己。

(四)两个学习场所

"工学交替"教育模式,通过人才培养这条主线,把企业和学校有机结合在一起,教师的教学场所和学生的学习场所由学校延伸到了企业,企业既是学生工作场所,也是学习场所。学生在企业里既是技术的学习者,是学生,又是技术、技能的应用者,是员工,从而拓展了学校的教学空间和学生的学习空间。学生在企业学习和顶岗工作期间,受到企业文化、企业精神的熏陶,对学生职业素质提高十分有利。

三、工学交替模式运行机制

(一)开展企业调研

组织教师深入企业开展调研活动是模式运行的第一步。调研的主要内容:一是走访企业人事部门和技术部门,了解企业对高职人才的需求和人才的规格要求,如企业每年员工的招聘数量、人才的类型,企业对技能型人才的知识技能和态度要求等,为学校的专业设置、课程设置提供决策依据。二是了解企业的生产技术状况,特别是先进生产技术的应用状况,为学校理论技术教学的适用性提供现实参照。三是通过调研了解企业的合作意向,为学生联系提供专业实习、实训的企业。四是通过调研,增进与企业之间的相互了解,培养与企业负责人之间的感情。学校要对调研的信息进行认真的分析研究,从中筛选出有一定合作意向、生产技术水平较高的企业进行重点交往,在双方不断交往的基础上达成合作意向。

(二)明确双方所需

在工学交替模式的实施过程中,必须明确学校、企业在合作教育中的需求。校企双方只有对合作教育中的各自需求有明确认识,双方的合作之手才能紧握在一起,合作才能愉快和持久。

"工学交替"模式实施的根本目的,是要实现学校教育向企业延伸,通过产学合作,改革人才培养模式,提高人才培养质量,并为企业定向培养学生,提高学生的就业对口率。具体来讲,实施"工学交替",企业参与专业设置、课程开发和教学计划的制定工作,企业成为学校办学的延伸。企业为学校提供技术人员作为兼职教师,改善了学校的师资队伍结构,提高师资水平。企业为学生提供实习岗位,能有效提高学生的实践能力、技术应用能力和职业素质;企业为实习学生提供相应的劳务报酬,能有效地激发学生参与产学合作的积极性等。

(三)洽谈合作方式

学校在明确企业合作意向的基础上,与企业商谈合作方式。合作方式可以是多样的,但最终目的是要与企业结成多层次的紧密合作关系,企业要成为学校人才培养工作中的重要"一元",参与学校人才培养工作的全过程。双方合作的方式主要有:

1. 双方共同创办院系,企业技术负责人可担任系主任。
2. 企业和学校共同制定专业发展规划、教学计划。
3. 学生定期在企业实习和实训,企业负责给学生每周开设一定课时的技术应用课程,对实习学生进行技术指导;企业负责指导学生的毕业设计等。
4. 学校教师参与企业员工职前职后培训、企业的技术改造和产品更新换代工作。

(四)签订合作协议

在校企双方达成合作意向,明确合作内容的基础上,签订合作协议。
1. 明确双方的权利和责任。
如对合作的方式、合作的内容、合作的期限、奖励措施等作出明确的规定。

2. 做好协议执行情况的督促检查工作。

定期与企业交流，对在协议执行过程中发现的问题要及时进行沟通，以改进工作。

3. 奖励有功人员。

对热心产学合作工作、在合作办学中作出重要贡献的企业人员、教师和学生要给以精神和物质上的奖励，以充分调动校企双方的积极性。

（五）成立产学合作协调机构

为了使合作办学有序、深入地开展，学校应成立不同层次的合作办学协调机构，分工负责，协调发展。

1. 产学研结合工作委员会：委员会是学院合作办学的组织领导机构，可由学院院长任主任，教务处、科研处、各二级学院院长（或系主任）、相关企业老总任委员。委员会下设产学研结合工作办公室，学院科研处处长任办公室主任。办公室的主要职责是组织落实学院产学研工作的发展规划，制定产学合作的奖励办法，承接企业的科技合作项目，总结合作办学的经验，及日常管理和协调工作等。

2. 分院成立产学研结合工作小组：负责分院产学研结合的具体工作。

3. 各专业成立专业指导委员会：专业指导委员会由行业领导、企业老总、技术骨干、学校专业负责人等组成，一般由行业领导或企业负责人任主任。专业指导委员会的主要职责是，审议专业设置方案和教学计划；落实学生的实习、实训计划；收集并反馈社会、企事业单位对在校和毕业生的评价；对学校在人才培养、教学管理工作中存在的问题提出整改意见等。

四、工学交替模式评价

由于本模式突出实践在学生学习中的作用，学生在企业顶岗实习的时间比较长，岗位的技术含量比较高，因此，模式对企业生产技术的选择性比较强，比较适用于专业知识和技术要求比较高，学生需要较长时间在企业实习才能掌握的应用技术专业。

（一）优势

它很好地解决了理论教学与学生生产实习以及现有学制的矛盾；符合生产企业"低成本、高产出"的利益目标，有利于调动企业参与工学结合教育教学的积极性;能够锻炼学生适应社会的能力,培养学生的动手能力及创新能力;对实习单位不构成太多负担;有利于学生了解生产实践和企事业单位对人才知识和能力的需求,及时调整自己的学习目标和学习方向;扩大了学校与企业、社会的接触面,为学校利用社会资源办学提供了条件。

(二)局限性

学生工学交替中,对于单一工种、岗位和某些比较窄的专业,生产典型产品可以覆盖专业所有要求,有可能以生产任务为中心组织教学。但是,对于专业面比较宽的专业,例如电工专业,仅仅电机一种典型产品,就有直流电机、同步电机、异步电机三大类,还有各种特殊电机;从体积上又可分为大型电机、中小型电机、微型电机三类;从规格分类还有好多种。各种典型产品各有不同特点,选择哪一种都不能覆盖专业要求,在这种情况下,生产任务只能带动部分课程改革,学生参与很多工种和不同的生产岗位,学生之间的任务内容很不相同,就很难以生产任务为中心组织所有学习。

第四节 校企融合模式

一、校企融合模式内涵

校企融合模式是一种以职业人才培养为主要目的的教育模式。在人才培养的全过程中,它以培养学生的全面职业化素质、技术应用能力和就业竞争力为主线,充分利用学校和企业两种不同的教育环境和教育资源,将企业的培训中心与五年制高职学校的相关专业教研室融为一体,采用校企双方交叉兼职、专业共建、师资互通、资源共享、成立培训学院等一系列校企合作措施,共同培养高素质技能型人才。同时,根据企业人才培养的实际需要开展各类培训活动。

二、校企融合模式基本特征

(一)共建场地,分工合作

校企合作共建实训基地或生产车间,学校和企业根据各自分工,共同组织学生以工学结合方式参与企业化生产,培养学生的基本技能和综合职业素质,实现育人与用人的有效衔接。将在校内学习与在企业工作有机结合,使学生既能获得学历教育,又能参与职业资格培训。

（二）课堂进车间，工学交替

依托实训基地设备设施，通过市场化运作手段，学校与企业共同管理和经营车间，实施产教一体化办学，半工半读式育人，把课堂办到了车间，学生在多轮次、多形式的工学交替中强化动手能力，提高岗位技能。

（三）企业骨干做指导，实训变生产

企业派骨干技术工人到实训车间担任生产技术指导教师，教师根据订单任务确定计划，组织生产和教学，实训车间成为生产车间，实训作品成为订单产品，既实现了变消耗性实训为生产性实习，又帮助学生利用工学报酬顺利完成学业。

三、校企融合模式运行机制

（一）合作驱动机制

共同目标与利益是合作的前提，在确定具体的实施方案过程中，要以产学合作教育和高等职业教育改革的理论为指导，进行广泛的社会调研，寻找确定合作教育伙伴。根据区域经济发展及行业、企业的需求，以培养人才为根本任务，学校和生产经营企业密切合作，建立互利互惠、优势互补、共同发展的驱动机制，与合作企业共同形成学校、企业、学生多赢的产学合作教育方案。

（二）权益维护机制

在与合作企业商榷制定产学合作教育方案时，要注意双方权利、义务、利益、责任等的对等和均衡。既要保证己方教育目标的实现，又要使合作企业通过产学合作教育获得应有的利益，还要保障学生的权利、利益。

对于学校，学生是被教育者；对于企业，学生是实习生——学生是两者的共同被管理者。根据各自的利益需求，管理者往往会对被管理者提出义务、责任方面的要求，而忽视他们的权益。产学合作教育的目标是人才培养，学校需要培养合格的职业技能人才，企业需要培养适合岗位需求的员工，这个目标的实现主要是要通过学生在企业的顶岗实习来完成的。学生作为该模式的实践主体，其积极性和创造性对目标的实现起到决定作用。学生在企业顶岗实习过程中的权利和义务得到保障，学生对顶岗实习工作满意，他们在实习工作中的状态和效果也就有了保证的基础，校企双向介入的产学合作教育就能健康地发展和进行。因此,在拟定产学合作教育方案时,要有足够的条款界定学生在企业顶岗工作期间的生活环境、工作岗位、工作条件、工作制度、学习要求、培训内容、福利待遇、人身安全等,保证实习生应有的权益。

四、校企融合模式评价

(一)模式优势

校企结合共建基地,适应学校办学规模扩张与增强办学能力的需要,把办学空间由校内拓展到校外;采用合作形式办校进厂,企业也可以充分利用学校资源优势,与学校共建生产车间,校企合作可以使稀缺的教育资源达到 1+1>2 的效果。行业办学,可以准确把握人才需求趋势,根据学生特长量身定制课程结构,培养特长明显的学生。学校注重学生实践技能的培养,提高学生实际操作能力,企业办学从实用的角度进行人才培养,使教育与生产实际的结合更加紧密,培养的人才更有针对性,能更好的解决学生就业问题。

(二)局限性

校办企业体制存在较为突出的矛盾有:管理人才缺乏、与学校使命冲突、产权不明晰等。这些问题确实造成了校办企业活力不足、经营效益较低、经费投入不足等情况。由于工厂进校的成本较高,企业规模不等,有能力办校的企业不多,尤其是中小型企业更缺乏办校的能力,师资、管理、教学等诸多因素制约其办学效果。校企共建基地受客观条件制约较大,建基地的占地、交通条件、校企双方的硬件条件、生产经营管理等很多因素制约着该种合作方式。

第五节 双定生培养模式

一、双定生培养模式内涵

"双定生"人才培养模式是在探索高等职业教育人才培养模式的过程中,由于一些艰苦行业急需高技能应用性专门人才,伴随着高等职业教育寻求专业特色的实际需要,因此,"双定生"人才培养模式应运而生了。该模式通过协议方式,主要由协议单位出资,学校负责实施招生、培养,学生毕业后自愿到协议单位就业,成为协议单位"下得去、用得上、留得住、上手快"的高技能应用性专门人才。"双定生"指定向培养和定向就业,在全省甚至全国范围内招生,不一定定向招生,在愿意报考"双定生"的考生中择优录取,毕业后到协议单位定向就业。双定生培养模式的服务对象主要是艰苦行业协议单位,同时也可扩大到贫困地区、民族地区、边疆地区或重点企业,招收对象主要面向农村贫困考生,城镇生活困难考生或自愿报考的其他考生。

二、双定生培养模式特征

(一) 招生与就业的高度一致性

考生一旦招收进校并签订《"双定生"培养协议》,就意味着确定了就业单位,只要执行协议,就可保证100%就业。因此,"双定生"人才培养模式是一种高就业率的有效培养模式。

(二) 市场需求与人才培养的一致性

协议单位需要什么人才,学校就招收培养什么人才;需要多少,学校就招收培养多少。因此,"双定生"人才培养模式是一种完全适应市场需求的更为有效的"订单培养"模式。

同时,招收培养"双定生",是由社会需求决定招生的目标、专业、数量等,因此社会需求成为招生办学的最大动力,这样的单向供给关系可以最大限度地避免盲目招生,盲目办学,可以推动五年制高职学校的发展步入良性循环的轨道。因此,"双定生"人才培养模式是一种符合五年制高职学校办学规律的有效培养模式。

(三) 人才培养的灵活性

该培养模式下的专业课程、实习时间以及培养方式都是学校根据协议单位的需要来调整与确定,学校最大限度地满足协议单位对人才培养的特殊要求。因此,"双定生"人才培养模式是一种典型的产学研紧密结合的有效培养模式。

(四) 产学研结合的互惠性

此种人才培养模式,对学校、学生自身及企业来说是一种利益共享,良性循环的互惠系统,这样,可以保证"双定生"到协议单位就业的稳定性,为协议单位的稳定发展奠定重要基础。因此,"双定生"人才培养模式是一种两全其美的为协议单位输送高技能应用型专门人才的有效培养模式。

三、双定生培养模式运行机制[①]

(一)学校与企业签订《厂校合作办学协议书》

学校与协议单位签订包括如何培养"双定生"、实施"预就业"、建立实习基地、开展在职学历培训等一揽子产学研合作办学协议书。

(二)学校、学生、协议单位三方签订《"双定生"培养协议书》

凡自愿报考"双定生"的考生,都需要与需求人才的协议单位签订《定向培养与定向就业协议书》。这需要学校来做中介工作,即学校与协议单位签订《合作办学协议书》。然后,受协议单位委托,由学校与考生签订《"双定生"培养就业协议书》。协议书一经签订,考生即可享受五条优惠政策:

1. 可以享受免交学费上学政策;
2. 可以享受国家定向生降分录取政策;
3. 可以优先办理助学贷款;
4. 可以优先安排勤工助学;
5. 可以优先得到学校"专升本"的帮助。

但"双定生"享受五项优惠政策的主要条件是:

1. 到定向协议单位工作,并至少为协议单位服务5年(如协议单位资助读完本科则至少服务8年);
2. 在服务年限内,毕业证书由定向协议单位保管;
3. 在服务年限内须还清银行提供的助学贷款。

(三)《"双定生"协议》的签订时间

学校与"双定生"签订协议,灵活多样,随时可签,可在一年级签订,可在二年级签订,也可在三年级签订。学校与协议单位签订协议,可在招生前后,也可在培养中,还可在毕业前。

四、实施"双定生"培养模式的主要创新

实施"双定生"人才培养模式,主要有三个方面创新。

[①] 杨丽敏.高等职业教育"双定生"人才培养模式的实践与反思[D].华东师范大学,2006.11.15。

(一)切实搞好"双定生"招生创新

做好招生宣传工作是实施"双定生"人才培养模式的关键,目的是将"双定生"优惠政策公布于众,吸引考生报考。同时,深入到生源地开展宣传活动,特别是到协议单位指定的生源地区进行招生宣传。再就是在新生报到时和平时教学中进行宣传等。

(二)切实搞好"双定生"人才培养创新

人才培养工作的创新是实施"双定生"人才培养模式的核心。学校要按协议把"双定生"培养成协议单位所期望的合格毕业生,主要是根据协议单位的需要,通过开展"人文素质教育工程"和切实搞好产学研紧密结合来灵活培养所需人才。其培养方式主要有:

1. 严格按学校现行规定和办学规律及学校与协议单位所订协议来培养;

2. 根据协议单位需要调整专业方向,如测量工程,从原来的矿山测量,可拓展到建筑测量、公路测量、桥梁测量等;

3. 根据协议单位工作性质适当调整一些课程,从而加强工作所需要的知识和技能;

4. 根据协议单位希望毕业生多懂得做人道理、多具备更好素质的愿望,系统开展人文素质教育,通过开展各种活动,培养学生的人文素质;

5. 根据协议单位提出毕业生应当具备一定科研能力的要求,通过成立"学生科技协会"和开展学生科技创新活动来予以响应;

6. 根据协议单位提出毕业生应当具备一定管理能力、协调能力、应变能力的要求,通过开设"现代企业管理"、"实用公共关系"等选修课程和开展毕业生毕业答辩来加以训练;

7. 为满足协议单位对毕业生相关专业取证的要求,积极争取劳动和社会保障部门的支持;

8. 为了协议单位更好地选好毕业生,坚持实施"预就业"制度,即:"双定生"最后半年到协议单位顶岗实习,一边接受协议单位现场考察,一边完成学校规定的最后学习任务,还可让"双定生"考察协议单位,帮助"双定生"最后拿主意,真正实现"双向"选择。

(三)搞好"双定生"就业创新

就业创新工作是实施"双定生"人才培养模式的重点。除了按协议督促"双定生"到协议单位就业外,还根据用人单位的需要,做好及时动员,随时接收学生临时签订的《"双定生"协议》。这样,更加灵活地为协议单位培养输送更多适应协议单位快速发展的"双定生"人才。更重要的是,必须坚持以就业为导向,全面重组学校流程。通过采取一系列切实可行的有力措施,真正把就业作为学校的龙头工作,落实把就业作为衡量、考核和奖惩学校各方面工作的重要标准,以市场为导向,以就业为重点,以招生为关键,以教学和育人为中心,全员抓就业,全面促就业,认真处理好"市场需求—有效招生—培养成才——顺利就业"的辩证关系,通过"出口畅"促进"进口旺",推动学校良性、快速、健康发展。

这种模式的有效实施,既促进了高等职业教育产学研更好地实现有机结合,又为艰苦行业培养了大量急需的高技能应用性专门人才,受到了企业广泛欢迎。更为可喜的是,还保证了"双定生"能够实现高就业率,极大推动了五年制高职学校的健康良性发展。最终为国家经济社会的发展做出了五年制高职学校应有的贡献。实践证明实施"双定生"人才培养模式,理论上可行,企业里管用,实践中可推。

第六节 实训—科研—就业模式

一、实训—科研—就业模式内涵

"实训—科研—就业"模式的基本内涵是:学校与企业在互信互利的基础上,通过技术研发、人才培养、资源共享、师资交流等方式进行合作,以共同开发项目为载体,进行课程开发与实训,从而提高学生的技术应用能力和就业适应能力。与学校进行合作的企业,大都是大中型国营企业、独资企业、合资企业、信誉良好的私营企业、高新技术类企业、政府重点扶持类企业、区域优势类企业、行业紧缺类企业等。

二、实训—科研—就业模式特征

(一)学校与企业积极参与

该模式成功与否决定于学校与企业双方的无间合作,尤其是企业的积极性成为该模式成败的关键。与企业合作目的就是将先进技术、设备以及企业文化与环境融入课堂,使学生零距离接触岗位;另外,企业具有丰富经验的技术人员参与到实训过程中,都能为实训提供新鲜血液。

(二)课程与实训有效整合

各专业由于培养目标与要求不同,应有不同的实训时间分布,实验、实训应占总学时的40%—50%。以培养技术应用人才为目标的职业技术教育,在课程中应当包含一定比例的实验实训学时;职业技能课程中应以实训为主,以技能综合为主线设置独立开设的综合实训课程。

(三)科研与实训相互渗透

学校和企业根据各自优势共同协商提供项目和经费,企业的一些技术开发、技术创新等都可以为学生提供参与机会,这样让学生在解决生产实际问题的过程中,培养其技术应用及创新能力。

(四)实习与就业挂钩

通过毕业实习,学校可以检测学生的在校学习成果,企业也可以了解学生职业素养、职业技能等综合信息,因此学校与企业在合作过程中,可以通过实习与预就业意向性挂钩的形式,提高人才选拔效率。

三、"实训—科研—就业"模式的基本要素

(一)学生

"实训—科研—就业"模式是学校与企业为培养符合社会经济发展需求的技能型人才所形成的一种培养模式,其价值对象归根结底是学生。在此培养模式的施行过程中,通过充分利用学校、企业共同创造的资源、环境等,学生逐步储备知识、习得技能,最终实现高标准上岗、高质量就业。

(二)实训

实训是学生由理论到实践的必要环节,也是实现"科研"与"就业"的根本途径。发达国家职业教育都十分重视实训在人才培养过程中的重要作用,甚至从国家的层面制定了各种政策和制度来保障企业的参与程度,比如双元制模式下培养一个学生的成本是10万马克,政府和企业提供了其中的大部分。"实训—科研—就业"模式对实训环节非常重视并且要求比较严格,由于学校各专业属性不同,所以从组织层面上对实训进行统一管理,在校内设立独立建制的实训中心,开发综合性的实训课程,而且要求实训是具有一定"技术复杂性"的实训,不仅仅是局限于单一操作技能培养的实训。

(三) 科研

"实训—科研—就业"模式不仅培养学生的实践操作能力,还要培养学生的可持续发展能力;对教师而言,建设双师型师资队伍更离不开教师自身创新、科研能力的提高。教师通过科研活动以及不断积累技术应用型科研的经验,为开展优质教学的前提和保证。教师实践与科研能力的提高,也为确定综合实拟课程内容、指导学生进行科技活动打下坚实的基础。"实训—科研—就业"一体化合作教育模式本身仅仅提供了一个连接教育理论和教育实践的中间架构,而实施的效果取决于教师与学生亲历的实践。

四、"实训—科研—就业"模式运行机制

(一)"实训—科研—就业"一体化教育模式的基本操作程序

1. 确定合作对象。

学校在对社会经济需求调研的基础上,根据自身专业特色,通过各种资源途径确定合作对象,合作的企业往往是一些有专业实力、有一定岗位需求的大公司或企业。

2. 协商合作内容。

校企双方在双方资源优势的基础上,成立技术研发中心,建立实训基地,开发合作项目,并对实训的内容、方式、师资以及经费、设备等方面做具体协商。

3. 实施合作项目。

本着"诚信为本,效率优先"的合作原则,按照协议具体实施合作项目,根据合作项目性质,分别由学校、院系或教研室层面负责具体操作。

4. 考核合作绩效。

在合作项目实施过程中,校企双方定期对实施过程与效果进行考核,以便能够及时纠偏、调整,提高合作效率并保障双方共同利益。

5. 及时沟通调整。

在对合作项目考核评价后,双方及时沟通协商,及时处理实施过程中遇到的困难、矛盾,提出改善合作的优化方案。

6. 开发合作新项目。

随着双方合作程度的深入以及社会需求的不断变化,双方会有新的合作项目不断发现,在原有合作基础上挖掘新的合作增长点是维持和发展合

作的建构性策略。

(二)"实训—科研—就业"一体化模式合作途径

与企业建立长期稳定的战略合作伙伴关系,是学校进行产学合作教育的可持续发展点,同时也是困难点。"实训—科研—就业"一体化合作教育模式中可采用的有效途径有:

1. 利用资源优势。

职业学校的办学使命,决定了其在长期办学过程中或多或少会与企业建立程度各异的伙伴关系,充分整合与深化这些宝贵的合作资源是拓展"实训—科研—就业"模式最便捷的途径。

2. 依托行业背景。

对于具有特定行业背景的学校而言,利用学校主管部门(一般为学校举办者或投资者)与企业的行政隶属关系,充分发挥行业背景优势,有利于全方位地开展"实训—科研—就业"一体化合作教育。

3. 地方政府牵线。

高职教育的宗旨是服务地方经济发展,因此加强与地方政府的联系,依托政府扶持,开拓性地与地方企业深化合作也是重要的发展战略。

4. 技术项目联结。

学校可以通过为地方企业提供培训、进修、技术服务等机会,与企业建立起适应市场经济体制的互惠互利、风险共担的博弈规则,形成契约型的合作关系。

第七节 厂校一体化模式

一、厂校一体化模式的内涵

厂校一体化模式是指五年制高职学校将知名企业引进校园,学校无偿或优惠提供厂房,校园和工厂(企业)一体化的人才培养模式。这种模式的实质是利用学校和企业两种不同的教育环境和教育资源培养企业要求的应用型人才,实现从"学生"到"职工"的顺利过渡。

二、厂校一体化模式的优势

厂校一体化模式有利于减轻企业经济压力,储备应用人才;有利于改善学校教学实习条件,强化顶岗实习的日常管理;还能部分补贴学生的学习与生活费用,达到了"三赢"的效果。

(一)降低企业压力

在厂校一体化模式中,学校无偿或以优惠价提供厂房给企业,并且学生的专业劳动相对较为便宜,在保障工作任务完成的前提下,降低了企业的成本。另外,顶岗实习过程中,企业可以了解学生的职业技能与职业素养,也为进一步招聘储备人才做好准备。

(二)丰富学生工作经验,提高生活质量

在厂校一体化模式中,可以逐步实现由学生到"员工"的过渡,体验工作环境、积累工作经验、提升综合素质。表现优秀的学生可能直接被吸收入企业担任校园工作站管理人员,成为企业正式员工。学生在校园内实现"零距离"上岗,真正实现课内学习、课后实习、兼职工作,客观上能部分补贴学生的学习与生活费用,受到五年制高职学校学生的欢迎。

(三)加强办学实力,利于学校管理

1. 为学校提供先进设备,提升办学实力。

技术设备的及时更新往往需要大量的资金投入,这是职业学校办学成本的重要一笔,一些学校由于经费不足,因此教学设备与条件受到很大限制,因此培养的学生很难适应岗位需求。而"厂校一体化"模式的建立,既引进了资金,优化了校内教学设备与网络,又充分提高了学校现有设备能力的利用效率,提供了真实的市场调查、数据分析和客户服务的生产性实习。

2. 有利于解决一般顶岗实习管理的瓶颈问题。

学生顶岗实习确实能锻炼学生的实践能力,但在组织与管理上也确实有着大量问题。一是企业无法提供这么多的岗位,学生只好分散到各个企业中去,这就直接加大了管理的难度;二是企业工作有季节性、保密性,多数企业很难放手让学生负责某一项任务;三是学生顶岗实习中的安全等问题。

厂校一体化模式的顶岗实习在一定程度上能解决这些问题。第一,学生学习在校园,顶岗实习在校园,即可以在课内及课余时间进入工作站进行实习,当项目多、工期紧而学生课余时间较多时,可以多安排学生上岗。第二,由于调查与客户服务项目相对独立,可以按学生课程学习与时间多少安排顶岗工作。第三,在校进行顶岗实习,可以免除外出顶岗实习安全担忧,更便于学院对学生的日常管理。第四，厂校一体化模式的顶岗实习能够及时了解到学生的信息，了解学生需要加强哪方面能力。老师、学生、企业能有效的进行沟通，也可以进行现场教学。

三、厂校一体化模式的运行机制

（一）选取知名企业进校园

厂校一体化模式要选取知名企业进行长期合作，因为知名企业把发展实力与技术实力带进校园，有利于快速提升学生专业技能和教师水平。另外，一般知名企业管理较规范，人员素质较高，合作质量有较高保障。

（二）积极引导学生过渡为"员工"

1. 建立企业规章制度与组织结构。

工作站、办公室按照企业工作间进行布置，企业制度上墙，进行严格的班组管理与考勤。设立优秀员工激励机制，每日进行班组成绩公布，要求每天写工作日记，通过这些措施，促使学生逐步体会与适应企业的严格管理，潜移默化地养成"企业人"的职业素养。

2. 加强学生实习与学习的双重考核。

考核的目的是促进学生把精力放在学习和提高实践技能上。双重考核目的是引导学生不仅注重理论知识的掌握，还要提高实践操作能力。因此，参加顶岗实习的学生，实习和学习都要进行双重考核，而厂校一体化模式的顶岗实习更要强调这个环节，因为实习地点在学校，员工角色不能很明显体现出来，要体现出上课时间是学生，下课实习时间是员工，双重考核有利于角色转变和学生对顶岗实习的真正认识。

3. 校园文化与企业文化有机渗透。

厂校一体化模式要充分结合校园文化和企业文化，构建特有的文化，通过举办富有特色的相关活动，逐步把企业文化引进校园，并与校园文化结合，吸取企业的核心价值观，培养大学生良好的职业素养，更好服务于企业，同时让顶岗实习的学生就业时与企业实现零距离。

（三）校企双方共同建立系统的工作模型

根据厂校一体化人才培养模式的要求，建立教学质量保障系统的工作模型，包括工作流程模型、工作标准模型和工作机制模型。

工作流程模型，主要是根据各专业的特点以及职业教育的规律，让工作过程与学习过程保持一致,这样有利于学生技能的真正落实,有利于加强学生对知识与技能的理解。

工作标准模型,是根据工作流程的安排,确定每一环节的质量标准和工作要求,如学习的目的与要求、工作与实习内容的要求、工作环境与条件的要求、教学指导与管理人员的要求、项目完成要求、言谈成功率要求等。

工作机制模型,包括培养机制、评价机制、反馈机制、保障机制和考核机制,明确教学与实习质量保障过程的具体措施、各机制的分工与有效合作等,特别要体现学校与企业在人才培养和质量保障中的相互作用与相互配合。进一步完善弹性的学习方式,以学生为主体,一切从学生出发,在人才培养过程中,为学生的学习、发展、就业、成才提供更多的方便和更好的条件。

第五章 江苏省五年制高职工学结合人才培养模式的现状和问题分析

第一节 江苏省五年制高职教育概况

改革开放以来,江苏职业教育经历了恢复起步、快速发展、调整提高三个阶段,进行了起步兴办、建设骨干学校、推进职教现代化三次创业,取得了突破性的进展。进入新世纪以来,江苏省委、省政府高度重视职业教育,多次召开职业教育工作会议,牢固确立职业教育在现代化建设全局中的重要地位,采取切实有效措施,推动各级各类职业教育办出特色、办出水平,取得了良好成效。全省职业教育锐意改革、不断创新,一直保持着良好的发展势头,培养了大批高素质劳动者和各类实用人才,为经济建设和社会进步做出了重要贡献。

江苏省五年制高职教育始于1994年,省内现有五年制高职学校112所。1994年10月和1996年6月省教委两次出台了《江苏省制定五年制高职教育教学计划的原则意见》和《江苏省五年制高职教育学生学籍管理条例》。对制定教学计划及教学大纲、教材的选用、学分制的改革和学籍管理等事关教学质量的各环节都作了刚性要求。1999年7月省教委再次印发《关于制定五年制高职教学计划的原则意见》,对制定教学计划的指导思想、培养目标、基本要求、主要程序、基本组成和安排、审定与修订给予了明确的规定。2002年5月省教育厅印发《关于加强职业学校专业建设的意见》(苏教职〔2002〕11号),其中附件《江苏省五年制高职专业建设标准》提出:"几年来,我省五年制高职教育在规模不断扩大的同时,注重内涵的发展,在提高教学质量、办学特色方面不断进行探索,取得了阶段性成果。今后一段时期,我省五年制高职教育改革的重点是加强专业建设,进一步把五年制高职教育做大做强。"并明确了五年制高职新设专业基本条件、合格专业建设标准和示范专业建设标准。2002年1月为加强五年制高职的学生管理,结合江苏省五年制高职的实际情况,省教育厅颁发《江苏省五年制高职学生学籍管理暂行规定》(苏教职〔2002〕1号)。2002年9月江苏省人民政府《关于加快推进职业教育改革与发展的意见》中提出"从现在起到2005年,积极发展高等职业教育。高等职业教育在校生规模达到50万人左右,其中五年制高职规模10万人左右;重点建设30所职业技术学院;创办10所高级技工学校;建设60个高等职业教育教学改革试点专业、30个五年制高职示范专业"并且要"促进职业教育协调发展","适度发展五年制高职"。

近年来,江苏省的五年制职业学校普遍重视职业技能的培养,注重加强学生实践操作能力培训,努力提高学生的各项职业技能。学校密切跟踪产业发展趋势和布局,加强技术平台建设,按照专业实训车间、实训基地、技术中心三个阶段梯级推进,普遍将课堂搬到了工厂车间、实训基地,人才培养模式发生了深刻的变化,保证了学生的技能训练时间,提高了技能训练效果。

五年制高职学校普遍重视学校与企业的合作。不断依靠行业、企业,加强与行业、企业的信息、人员、技术、设备、资金等多方面的交流与合作,探索建立互惠互利的长久合作机制,努力提高职业学校建设水平,努力促进江苏经济社会的快速发展。当前江苏省五年制高职学校与企业合作的方式主要有几种:一是校企市场的合作,推进学生就业与企业用工一体化,进行"订单式"培养;二是校企资金合作,企业带资建设学校基础设施,逐年收回;三是校企教育合作,企业参与职业学校课程改革和课程开发,学校选派教师到企业进行岗位锻炼,企业选派专家技术人员到学校任教,形成了车间与教室合一、学生与学徒合一、教师与师傅合一、作业与产品合一、教学与生产合一、理论与实践合一、服务与创收合一的人才培养模式;四是校企研发合作,职业学校承担企业技术研发任务,企业将研发中心移到了职业学校;五是校企产业合作,学校与企业共同创建新的企业,开展经营,共享成果。

第二节　江苏省五年制高职工学结合问卷调查的分析

为了能够更准确地了解江苏省目前已经开展的工学结合的人才培养模式,2008年12月本书的编写课题组采取问卷和访谈两种形式,分别对江苏省的12所五年制高职学校:江苏常州建设高等职业技术学校、江都职教中心、连云港工贸分院、淮安生物工程高等职业技术学校、昆山第一职业高级中学、南京中华职业教育中心、常州刘国钧高等职业技术学校、连云港中医药高等职业技术学校、无锡机电高等职业技术学校、无锡宜兴职教中心学校、江苏省戏剧学校等开展了问卷调查。本次调查共设计了两组问卷,一组是针对学校行政人员的调查,共发放给12所学校的行政主管人员,回收问卷12份,有效问卷12份。一组是发放给上述学校中的4所学校的学生,共发放800份,回收762份,有效问卷703份。问卷分为两个部分,分别为封闭性问题和开放性问题,问题主要是围绕当前工学结合的过程而设计。调查的结果如下。

一、各校开展工学结合的情况

表1-5-1 有关调查学校的工学结合数据

开展工学结合的专业情况	学校所有专业全部开展		学校部分专业开展
学校数量	8所		4所
百分比	66.7%		33.3%
开展工学结合的形式	1—3种	4—5种	6种以上(含6种)
学校数量	2所	8所	2所
百分比	16.7%	66.7%	16.7%
与各校签订协议的工学结合单位	1—10家	11—40家	41—80家	81家以上
学校数量	4所	4所	2所	2所
百分比	33.3%	33.3%	16.7%	16.7%

调查发现,在12所五年制高职学校中,所有专业全部实行工学结合的高达8所,占总数的66.7%;部分专业实行工学结合的有4所学校,占总数的33.3%。说明工学结合的人才培养模式已经被多数学校认可,且已经采取了切实的行动。

与各校签订工学结合协议的合作单位或企业数量不多,40家以下的学校有8所,占总数的2/3,只有个别学校的签约合作单位有100家以上。这也在一定程度上验证了一些专家学者所担忧的"企业的合作热情不高"情况。

二、校企合作开发的课程和教材

表 1-5-2 有关校企合作开发教材和课程的数据

校企合作开发课程数量	10门以下	10—25门	25—40门
学校数量	5 所	4 所	3 所
百分比	41.7%	33.3%	25%
校企合作开发教材数量	5本以下	5—16本	17—26本
学校数量	7 所	3 所	2 所
百分比	58.3%	25%	16.7%

从表中明显看出，校企合作开发的课程很少，开发25门课程以下的学校竟然有9所，占到75%。编写的教材数量更是不容乐观，有7所学校的教材数量在5本以下，只有2所学校的校企合作编写的教材数量超过20本，分别为25本和26本。至于其中已出版的教材数量，仅2所学校超过10本，分别为18本和26本。其余学校均不超过6本。

课程是学校教育最核心的元素之一，它承载着学校的办学理念和价值取向，承载着某一专业的基本原理和精神实质。可以说，没有课程，就没有学校，没有教育。而且，就目前的条件而言，课程最主要的体现方式便是教材。五年制高职正在如火如荼开展着工学结合，如果没有课程与教材作为手段，工学结合的理念和步骤将如何深入系统地为教师和学生所认同和领会，工学结合如何实现有条不紊地实施，如何保证工学结合的连贯性、稳定性与持续性；在目前师资水平欠缺的现实条件下，如何保证工学结合标准的统一性和合理性，如何保证其实施效果，这些问题势必将引起我们的思考。

三、教师队伍相关比例

如表1-5-3数据显示，专任教师中"双师型"教师的数量远远低于兼职教师中的数量。兼职教师在全体教师中所占的比例，也远远低于教育部提出的比例。教育部提出要加大兼职教师的比例，建立一支专兼职结合的高职师资队伍，高职高专兼职比应达到7:3。五年制高职学校通过聘请生产第一线或行业的专家担任兼职教师，把最新的技术、最新的管理理念带到学校里来，便于学生感受企业的精神和文化，树立良好的职业道德。

表 1-5-3　有关师资队伍的相关数据

专任教师中"双师型"教师的比例	30%以下	30%—50%	50%—70%
学校数量	2 所	8 所	2 所
兼职教师中"双师型"教师的比例	40%以下	40%—60%	60%—80%
学校数量	1 所	2 所	8 所
兼职教师占全体教师的比例	10%以下	10%—20%	20%—40%
学校数量	3 所	7 所	2 所

四、教学内容的相关调查

表 1-5-4　有关学校教学内容与企业对接的数据

学校的教学内容与企业培训内容的一致性程度	非常一致	基本一致	不一致
比　例	3.4%	28.5%	59.6%
学校理论知识学习对学生参加实训或实践的帮助程度	认为很有帮助	认为有一些帮助,但仍要学习很多东西	认为没有什么帮助,基本要重新学
比　例	18.5%	47.3%	24.2%

工学结合涉及学校教育与企业培训两个方面,学校教学的重点在于学生基本知识、基本技能的培养,企业培训的重点则在于职业能力的培养。学生在企业中的工作锻炼与在学校课堂中的学习是一个完整的教学体系中不可分割的两部分,其区别仅在于时间、地点,以及具体的学习形式上有所不同,它们是相互衔接、相辅相成、结构严谨的一个整体。但如表 1-5-4 所示,被调查的学生中有 59.6% 的人认为在学校课堂中所学的知识与企业中的实训缺乏一致性,甚至还有少量学生认为毫无关系。在问题"学校理论知识学习对学生参加实训或实践的帮助程度"中,有 47.3% 的学生认为在学校课堂所学的知识对于实训有一些帮助,但仍要学习很多东西,还有 24.2% 的学生认为"没有什么帮助"。这些数据反映出学校的课程与教学和企业的工作内容已严重脱节,因此,加大课程与教学改革力度已迫在眉睫。

第三节 江苏省五年制高职工学结合人才培养模式存在的问题

一、认识问题

在江苏省五年制高职工学结合人才培养发展过程中我们发现,不仅是社会普遍存在着学校与企业相互独立的观点,作为两大参与主体的学校与企业对自身定位也缺乏客观认识。

(一)学校层面

由于五年制高职的办学历程还较短,高职学校普遍缺乏办学经验,在学校的定位、办学思想上的认识并不十分准确,存在着不少误区。五年制高职学校本是应该作为学生与企业加强联系的桥梁,由于缺乏准确的认识和足够的信心,一些学校将这种桥梁中介依附于政府推动,尤其是在校企合作中受到挫折,更加丧失了主动努力寻求合作的勇气,开始等待国家政策导向和支持措施,等待校企合作大环境的改善。

还有一些学校定位不准确导致出现在合作过程中重点偏移现象。校企双方之所以合作是由于有双方契合点,企业需要的是学校能够提供直接参与生产、建设、管理、服务一线的高素质技能型人才,能够解决生产中的技术问题,而学校的认识不准确,培养的人才不能够完全符合企业需求标准,久而久之阻碍了校企合作的良性循环。

(二)教师及学生层面

在很多五年制高职学校存在教师与学生对工学结合认识不到位的问题。例如,有些老师为减少不必要的麻烦,不去积极促进校企合作,反而认为"多一事不如少一事";甚至有些老师视学生顶岗实习为"放养",认为学生顶岗实习是由企业进行管理,而不去做后期的监管。这种思想传达给学生与企业,久而久之,造成顶岗实习的管理混乱甚至企业不再合作的尴尬现象。

学生在某种意义上说,是工学结合人才培养模式实施的对象,在整个培养过程中,学生不应该只是被实施的主体,而是应该积极参与到其中,充分认识到自己的角色,并且利用好校企合作过程中每一份资源。有些学生多年来习惯了接受学校教育、课堂教学的培养模式,对实训或者顶岗工作缺乏正确定位,在整个过程中,将自己视为"廉价劳动力",加上有些企业让学生反复重复单一工作,因此学生目光只定位于当前简单劳动,而忽略了自身长久发展,甚至有些学生不积极学习,浪费了宝贵时间和资源。

（三）企业层面

目前由于五年制高职还在探索阶段,不少企业对校企双方的关系还停留在简单的"人才培养与接收"层面,没有意识到校企合作共同培育的人才对企业发展的促进作用,也没有意识到企业需要解决的技术服务、工艺革新以及产品开发等问题。

另外,与学校共同培养开发课程、培养人才等也需要企业投入一定成本,作为以利益至上的企业还是存在"选人用人"的观念,认为培养人是学校的事,企业家们更愿意分享职业教育的成果而不愿意承担职业教育的责任。作为追求利润最大化的企业在得不到直接的利益和现实的好处时,是不愿意也不会积极主动地参与校企合作的。

二、利益与责任问题

工学结合人才培养模式的实施需要校企双方协同合作,从人才培养方案制定、教材开发、课程设置、日常教学以及设施设备等,需要投入大量的人力、物力与财力。因此,作为参与的主体双方,在合作过程中也经常面临利益与责任问题。

（一）成本问题

企业自身的盈利性决定了其在参与过程中,需要充分考虑到自己的投入与回报。五年制高职人才培养的周期较长,回报也不一定立竿见影。因此,企业如果全身心投入整个培养过程,对企业而言存在一定的风险。一些企业在与学校合作投入部分人力、财力、设备等资源的基础上,试图得到政府的有关优惠政策或财税减免支持,而如果政府支持不给力加上这一举措的风险性,势必影响企业参与合作的积极性。

该模式中另一主体,五年制高职学校也同样存有利益的后患,五年制高职学校派学生和教师参与到企业的实际工作环境中,不仅要给企业支付费用,还要给学生缴纳保险;将企业专业和能工巧匠聘请到学校教学,也会产生课时费,而政府的补助和投入只是学校资本的一小部分,在成本不断增加的情况下让学校产生了巨大的资金压力。因此,成本问题也是学校参与校企合作的一大难题。

（二）责任问题

当前五年制高职发展过程中，对校企双方产生影响的最大因素还有责任问题。双方共同合作建设基地、开发新项目，其中双方都投入了大量的人力、物力、财力，有投资必然有风险，风险如何承担或者转化是确保双方合作利益的重要问题。

另外，校企双方交流过程中会涉及人员之间的互动，例如企业派技术人员到学校进行指导教学，或者学校派教师和学生到企业实际操作顶岗，在这个过程中可能会发生一些安全事故，都会给双方带来麻烦。虽然这些事故都是双方都不愿看到的，但也是必须要双方具体协商的，对这些意外事故应该有一定的风险规避和责任划分，以此建立的合作关系才能长效持久。

三、实施问题

（一）课程开发的系统性

五年制高职教育被定位于培养生产、经营、管理和服务等第一线工作岗位的人才，培养学生就业必备的综合职业能力和素质。因此，五年制高职课程体系的构建必须服从、服务于学生就业的需要，必须充分考虑职业岗位群对就业人员能力的需要，始终坚守以就业为导向、能力为本位的原则。但目前的情形并不乐观，五年制高职课程设置一直存在两个错误倾向：一是受根深蒂固的错误"基础观"的影响，死死抱住专业基础理论不肯放，看不到技术型人才和工程型人才在知识、技能结构上的根本区别。另一种倾向是认为高职就是培养熟练操作工，轻视理论知识的学习。这两种倾向均不合理。

另一个问题便是五年制高职的课程体系要体现出一贯性，这是五年制高职区别于其他类型高职的主要体现。当前许多五年制高职学校的课程分段很严重，有些学校的课程直接是高中和大学课程的简单叠加，这一方面造成了学生知识体系的不完整，另一方面造成了许多人力物力的浪费。

因此，五年制高职的课程体系需重新规划，合理安排普通文化课程，重点突出专业课程，注重学生实际操作能力的培养。

（二）教学活动的合理性

当前五年制高职教学中存在的突出问题是理论教学与实践教学脱节。工学结合教学改革，不仅需要保障学生有足够的时间参加企业工作，而且要在学校的理论学习与企业的实践工作之间建立一种有效的联系，使理论与实践形成统一体。调查发现目前有一半以上学生的企业工作与学校学习是截然分割的两个独立部分,学生是在完成所有学校课程之后,才到企业参加实际工作,课堂学习与企业工作之间缺乏有效的结合。课堂教学中的理论与实践教学中的技能联系不够紧密,甚至还会出现理论教学落后于实践教学的现象。

(三)教材编写的创新性

当前职业教育教材出版同质化现象非常严重,随着国家对教材编写的逐步引导,教材开始出现了新的转折,已逐步打破传统陈述性知识为主线的逻辑模式,转向以程序性知识为主的新型教材。

为满足学生零距离接触企业、毕业即能上岗的要求,教材的编写更应该符合岗位实际,这就需要企业骨干技术人员、学校骨干教师以及行业专家等共同交流,切实磨砺出适合五年制高职学生需要的、与实践内容紧密结合的专业教材,这样编写出的教材才能保证学生学有所用,才能经得住实践的检验。

(四)教师队伍建设的合理性

五年制高职学校多数是从其他类学校转型而来,教师主要是原有的学科型教师。在这部分教师中,多数未经过职业教育培训,实践经验不足,动手能力也较差,而真正能够指导学生实践的"双师型"教师严重缺乏。教育部提出五年制高职高专学校专兼职教师的比例应达到7:3,而目前能够达到这一标准的学校寥寥无几。

兼职教师是客座教师,是外聘人员,在管理和教育方面有许多鞭长莫及之处,管理难度显而易见。因此,必须有计划地聘用兼职教师,要根据学校建设、专业建设的总体规划制定兼职教师聘用规划,做到兼职教师比例适宜,结构合理。根据标准要求聘用兼职教师,才有利于保证教学质量,有利于高职人才培养。

工学结合的实施要求五年制高职学校的教师参与指导学生的实习和实训,这就意味着教师的工作量和科研任务增加,而现有的教师考评机制还未能科学地把增加的这一部分计入教师的总工作量,这在一定程度上影响了教师的积极性。比如,学生顶岗实习的岗前指导、学生实训过程的监督和评价等工作,多数是教师利用休息时间来完成。学校没有相关的计量和奖励制度,教师的积极性难免会降低,参与工学结合的热情也随之减弱。

第四节　江苏省五年制高职工学结合人才培养模式存在问题的分析

一、社会环境的约束

职业教育在某种程度上还没有得到足够的社会重视,五年制高职学校相比综合性高校而言,起步晚,发展慢,社会资源投入相对不足,人们的关注度相对较低,这也导致企业对五年制高职学校所知信息不足,了解不够。合作是建立在双方了解和信任的基础之上的,因此,缺乏必要的了解导致工学结合难以开展。同时,家长对学生从事顶岗实习也存在不了解的情况,认为学生就应该在学校安心学业,不适合过早进入社会,这也导致五年制高职学校在开展工学结合上遇到来自家长的阻力。

另外,由于在工学结合中,学校、企业、学生产生矛盾未得到很好的解决,在社会上传播更强化了人们的误解情绪。例如在顶岗实习中,由于实习生社会阅历不足,在顶岗实习协议的签订中,对一些细节问题往往考虑不周。同时由于国家关心实习生方面的政策法规尚不完善,以致出现了一些非法企业利用实习生求职心切的心理,设下种种实习"陷阱",严重损害了学生的利益。最突出的表现就是克扣、拖延、拒付学生的劳动报酬。一旦发生这样的纠纷,都不能通过劳动监察来维护自身权益,只能进行民事诉讼。这样失败的案例经传播后,更造成社会上对五年制高职学校工学结合的疑虑情绪加剧,在全社会难以形成良好的合作氛围,这也是当前不能回避的一个社会现实。

二、工学结合自身的制约

前文已经阐述当前工学结合的几种主要形式,这几种形式各有其优点,但也不可避免地存在固有的制约性。

第一种是以企业为本位的合作模式。在这种模式中企业作为驱动主体占据支配地位,五年制高职学校处于被支配地位。企业完全按照自身的运作特点和模式向五年制高职学校下发需求,而忽略五年制高职学校的自身特点并会产生冲突。因为五年制高职学校有学校的属性特点,不等同于企业的运作模式,所以这种矛盾是不易调和的。这种本质属于"赢——输"的合作模式,短期内或许可以奏效,但长久不易合作,这也正是许多失败的工学结合案例背后的根本原因。

第二种是"企业配合"模式。这种模式较第一种模式有很大的改进,主要是因为它在考虑学校自身运行规律基础上进行合作,有利于学校和企业达成互动。但是,这种互动和主动性还是很有限,企业依然处于较强的主导地位,在一些关键性的合作问题,比如开展的项目,依然较多考虑企业本身的利益,而忽视五年制高职学校的诉求。所以,在实际的长久内在动力中,依然存在比较大的改进空间,实际上这也是下面二位一体模式提出的背景。

第三种是学校与企业有机结合,二位一体模式。这种模式改进了第一种和第二种模式的缺陷而提出互惠双赢模式,应该是比较科学的一种合作方式,这种方式成功的比例较高。但这种模式对校企双方的要求也比较高,需要企业和学校都投入较多的人力、物力和财力,对双方都提出较高的要求,双方的相互制约和影响都比较大,如果双方投入不足,领导重视不够,就会降低合作成功的比例。这种模式门槛较高,成功案例通常发生在大型企业和大型五年制高职学校之间的合作。

第四种是学校、企业、学生、政府等多方合作,共同进步获益型。这种模式本质上属于多赢的方式,也是未来的发展方向。但是由于它出现时间不长,实际操作中缺乏经验积累和案例共享。特别是这种模式对合作单位提出的要求最高,这也是它在操作中难以落实的一个现实原因。

三、五年制高职学校办学体制和条件的制约

五年制高职学校工学结合开展中,学校经常因为自身原因的局限使得与企业合作项目运行不佳。

首先,从办学体制看,学校与企业都自有不同的管理机制和价值取向,彼此的需求不同,信息渠道不畅。目前促进和维护学校与企业共建职业教育的体制不健全,缺乏专门的研究机构和管理机构,其统筹和协调的力度是微弱的。这些体制的瓶颈制约着我国高等职业教育工学结合的顺利实施。

五年制高职学校的考核标准多在于学生的毕业率和就业率,而企业则重视其盈利率,这种价值取向的矛盾比较难以达成一致。另外,五年制高等职业学校一般隶属于某一具体行业,不属于综合性院校。因此,合作的渠道较为狭窄,不利于扩大合作规模。最后,五年制高职学校培养的学生多属于应用领域,特别是偏重于操作性领域,导致学生动手有余,理论知识不够深

入,这就使得合作项目深度不足,阻碍进一步研发的进行。

第二,从办学条件的局限性看,国家对于五年制高职学校资金投入相对不足。当前国家资金流向主要还是综合性重点大学,五年制高职学校作为高等教育的补充部分存在,因此,这就决定了五年制高职学校资金来源薄弱。

第三,五年制高职校的"双师型"人才不足,需要大量既懂得理论又懂得技能的教师。这种需求在现实操作中难以实现,因为掌握理论的人员容易被综合性高校和研究机构吸纳;而技能突出的人力资源更易被企业招聘。目前五年制高职学校的薪酬水平和工作环境的吸引力不足,吸引"双师型"人才难度较大。

下篇
实践篇

五年制高职学校建立工学结合人才培养模式，从总体上说，还处在起步阶段；一种新的人才培养模式需要长期的探索和实践，不可能一蹴而就。从具体实施来说，五年制高职工学结合人才培养模式是个系统工程。

　　首先，工学结合模式应有针对性地调整和设置专业，形成合理的专业结构布局。也就是说要按照市场的需求设置专业，什么职业技术人才紧缺，就设置什么专业，专业的设置呈动态化，以求适应社会经济发展的需要。"按市场需求设置和调整专业"就是"坚持面向区域经济的主战场，面向生产、服务与管理第一线设置专业，将当地的产业结构和社会人才需求变化趋势作为确定专业主体骨架的依据"。五年制高职学校的专业设置要及时跟踪市场需求的变化，主动适应区域、行业经济和社会发展的需要，体现工学结合的真正内涵。其次，要积极建立"以重点专业为龙头、相关专业为支撑"的专业群，重点建设基础条件好、特色鲜明、办学水平和就业率高的特色专业，优先支持在工学结合等方面有优势和较大市场需求的紧缺专业，淘汰市场需求弱或学生就业难的专业，并在此基础上构建起方向明确、特色鲜明、结构合理、错落有致的专业架构，更好地适应并服务于区域经济和社会发展，提升五年制高职学校的地位和影响力。

　　"打开七个壁垒"是本书对构建五年制高职学校建立工学结合人才培养模式的具体实施的基本方略。1. 打开校企壁垒，促进产学合作，从而完善人才培养方案的构建和以职业岗位工作过程为导向的课程体系的建设；2. 打开课程壁垒，实现理论课程与实践课程综合化，加大对原有课程的整合力度，构建理论实践一体化课程等等；3. 打开教学方法壁垒，围绕五年制高职学生的培养目标和学习特性，选择合适的教学方法；4. 打开时空壁垒，营造充分的实训教学环境，实现"教、学、做"一体化，实现教学过程开放性；5. 打开人员壁垒，促进双师结构教师团队建设，以保证课程的实施由学校（教师）一元主体向学校、企业、学生多元主体转变；6. 打开评价壁垒，构建多元灵活的评价体系；7. 打开机制体制壁垒，开展大胆适度的机制体制创新，建立切实可行的工学结合的管理办法。

　　综上所述，五年制高职学校建立工学结合人才培养模式要时刻把握学校和企业的双重主体性，只有将学校和企业形成"利益共同体"，并体现在人才培养模式实施的全过程，才能真正建立有效的工学结合人才培养模式。以下各章将分别阐述各环节的具体实施方案。

第六章 五年制高职工学结合人才培养方案的完善

人才培养方案是关于人才培养的蓝图,是教育教学的纲领性文件,是学校专业建设、课程建设、教学改革、教材建设、师资队伍建设以及实训基地建设工作的主要依据。人才培养方案主要解决"培养什么人"和"怎么培养"的问题。五年制高职要培养学生的职业道德、职业素质、职业能力,让学生有一定的职业经历,应该在实践性、开放性和职业性原则指导下开发人才培养方案。

工学结合人才培养方案解决的核心问题是建立工学结合课程体系,改变学习与工作二元割裂的状态,让学生在校期间不但能获得必要的专业知识和操作技能,更要学会"工作"。因此,合理的五年制工学结合人才培养方案应以培养职业能力为核心,以工作实践为主线,以工作过程(项目)为导向,以任务为驱动,建立以行动(工作)体系为框架的现代课程体系,重新优化课程内容,其主要教学形式是让学生亲自经历结构完整的工作过程,并完成所学专业(职业)中最具典型意义的综合性工作任务。

第一节 五年制高职工学结合人才培养方案的制定原则

一、校企共建的原则

具体来说,"工学结合"应当具有以下主要特征:学校和企业共同制定人才培养方案,共同组织实施和管理,企业参与人才培养全过程;以培养技能型、应用型人才为目标;生产实践在整个培养计划中必须占有重要比例,并作为成绩考核的重要依据;作为准职业人的学生须参与具体工作实践或顶岗实习。① 专业人才培养方案的制定，必须紧密结合企业实际，聘请行业企业技术人才和能工巧匠全程参与方案的制定。要认真研究企业对专业人才的需求情况、本专业面向的就业岗位和岗位要求应具备的各项职业能力。对照企业岗位实际要求，跟踪企业技术进步，吸引企业全程参与高水平示范性实训基地建设。鼓励和支持校企合作共建实训基地、共建技术应用开发中心，推进学校与企业的信息互通、人员互聘、资源共享，实行校企一体化办学。

二、科学分析的原则

根据高素质技能型人才培养目标的要求，对学生应具备的职业能力进行科学的、系统的分析，按工作过程将各项能力分解为形成这些能力的知识体系和对应的课程，以及与之相对应的实训项目，统筹考虑进行教学内容的选取。课程设置要以真实的工作过程、生产任务、典型产品为载体设计教学过程，强化学生能力培养，合理设计实验、实训、实习等关键环节，融"教、学、做"为一体。科学合理地安排各种教学活动，形成符合教育教学规律与学校实际的工学结合人才培养方案。职业学校应根据区域产业结构升级、产业发展需求和行业发展趋势，结合区域职业学校专业建设规划，编制区域职业学校实训基地建设规划。职业学校要根据规划，加强实训基地建设，推动实训基地覆盖所有专业，同时遴选产业需求紧迫、基础条件优良的专业（链、群），重点建设高水平示范性实训基地。

三、"双证书"原则

"双证书"是五年制高职的重要标志，也在一定程度上成为考核五年制高等职业学校及学生水平的重要指标，因此，必须重视拓展学生实践性课程和相关职业资格考证课程的建设。各专业要根据对应的职业技能要求，设置相对应的职业资格证书，将"双证书"教育纳入专业人才的培养方案，使学生在校期间取得中、高级职业资格证书。

四、职业性原则

五年制高职培养的学生最终要成为能够适应职业岗位要求的员工，因

---

① 陈进军. 基于工学结合的人才培养模式研究——以五年制高职学校航海类专业为例[D]. 华中师范大学，2008 年 7 月.

此,在制定人才培养方案时,应当强调对学生职业道德和行业规范的培养,将职业素养的提高融入人才培养方案中。促使学生在实训操作过程中能够达到职业标准的操作规范。积极推行工学交替、订单培养、任务驱动、项目导向、顶岗实习等有利于增强学生能力的教学模式,使生产性实训学时占实训教学总学时的80%以上。

第二节 五年制高职工学结合人才培养方案的整体设计

五年制高职人才培养方案的设计、制定是一个系统工程,五年制高职学校立足于培养高素质技能型专门人才,因此在设计及制定人才培养方案时必须考虑到方案的产生过程,还必须充分考虑到以后教学过程中学生顶岗实习、订单培养过程中学生学习的柔性管理,一切以学生为中心整体设计。

一、课程体系设计

(一)课程体系构建的理念

1. 课程体系与岗位任务的对接。

课程体系的设计应逐步打破依据知识本身的逻辑来设置课程和组织内容的传统学科模式,实现与岗位任务的对接,转变为以典型工作任务为参照点设置课程的组织形式。例如,对于土建施工企业,典型的工作任务为承揽工程项目、基础施工、主体施工、装饰施工、竣工验收、工程预结算等,课程模式要与土建施工企业典型的工作任务对接,建立基于工作过程的课程体系模式。

2. 课程内容与职业能力的对接。

五年制高职的人才培养目的是能够保证学生学有所用,能够满足企业岗位的要求,因此课程内容应该围绕职业能力的培养来选择,实现课程内容与职业能力的对接。例如,对资料员岗位,要依据施工企业对其岗位职业能力的要求来设置课程内容。

3. 教学情境与实际工作情境的对接。

只有教学情境与实际工作情境相近或等同,才能促进学生更快的适应岗位要求,提高学生上岗的效率,减少不必要的过渡环节。因此应该依据工作情境构建教学情境。例如,施工图纸会审工作的实际工作流程为:施工企业根据施工图类别组织相关专业技术人员进行识图工作,对图纸出现的问题进行讨论,形成一致意见后记录并汇总,由建设单位组织,设计单位、施工单位、监理单位等参加图纸会审,并最终形成图纸会审记录。我们要依据施工图纸会审工作的流程来构建教学情境,学生可采取分组形式,各个小组扮演不同的单位,小组内部成员根据企业实际设置扮演不同的角色,教师作为咨询者出现,通过这样的教学情境安排,可基本实现与实际工作情境相对接。

(二)工作过程导向的课程体系开发

人的职业能力需要在具体的学习环境中培养,工学结合一体化课程的人才培养过程是"工作过程中学习"和"课堂学习"相结合的过程,课程开发必须将职业资格研究、个人生涯发展目标设计、课程设计与教学分析及教学设计结合在一起。按照基于工作过程系统化思想,以校企共建专业为基础,以岗位(群)需求为依据,以促进学生综合素质提高和职业生涯发展为目标,按照创新的系统化及开放性开发方法,构建工学结合、能力本位的课程体系;以各专业关键能力培养为切入点,校企合作开发行动导向,"理实"一体化设计,"教学做"一体的工作任务引领型专业核心课程;以工作过程系统化为核心,校企合作开发教材,建设共享型教学资源子库,增强辐射能力。具体工作过程导向的课程体系开发流程见图2-1-1:

在工学结合课程体系构建中应按照工作领域、学习领域、学习情境等进行开发,课程体系要解决好这样的问题:1.课程体系涵盖哪些专业知识和技能;2.课程体系基于什么形式达到目标(例如:项目任务、工作过程、设备、产品、案例)、进行教学活动,即本专业所开设的所有课程以什么为主线进行衔接贯通;3.课程体系在整体上按照什么顺序来衔接,也就是说,是否按照工作过程的六个阶段顺序进行教学,能否使教学内容和工作过程相一致。

(三)课程体系的课程安排

课程内容的呈现顺序应符合学生的认知规律,应体现出工作任务由易到难的过程,有一定的梯度。课程单元的设计应该考虑到大部分学生的接受能力,能够顺利完成学习过程,达到学习目标。在广度上应基本涉及本职业的典型工作过程,完成本职业的典型工作任务教学。在学习时间安排上应符合企业实际、符合学生学习知识的认知规律、符合学校情况。

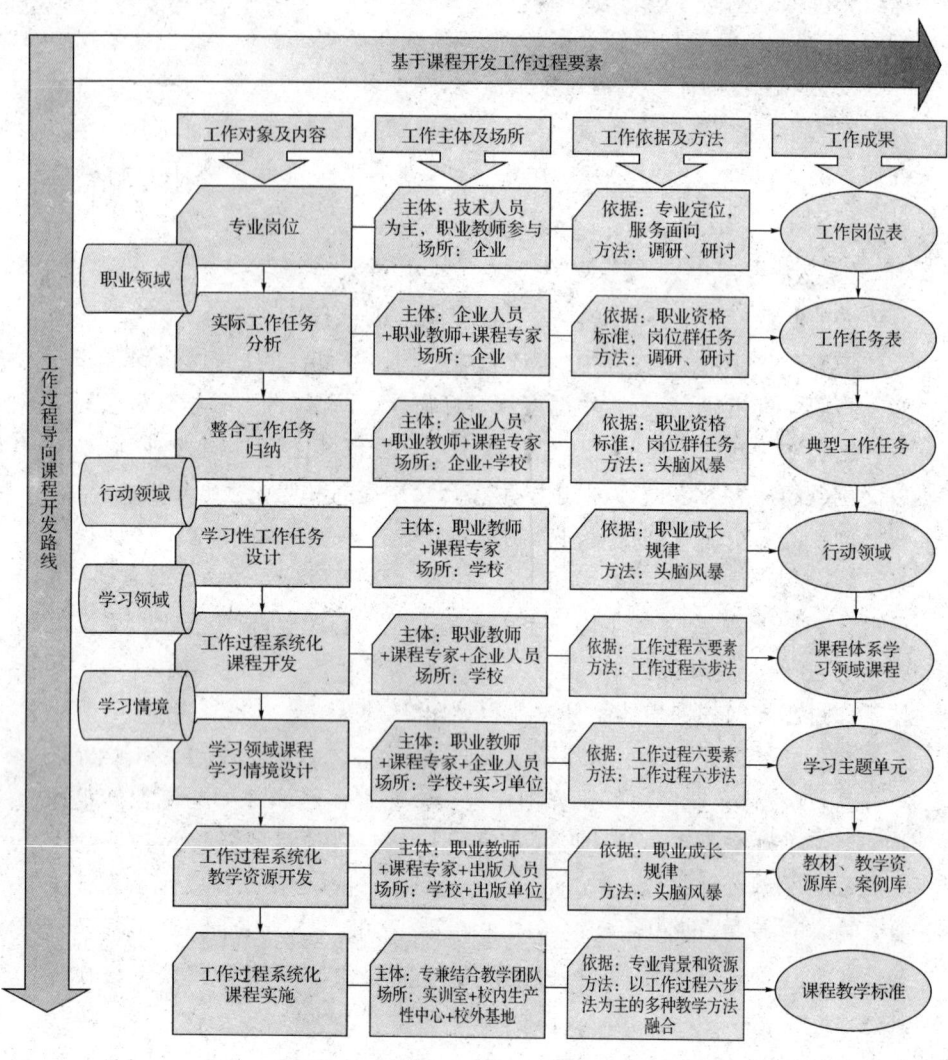

图 2-1-1 工作过程导向的课程体系开发

（四）"双证书"的教学安排

双证书已经成为考核教学质量及学生成绩的重要标志，在正常的教学活动中融入职业资格证书考核的知识、技能及职业素养，力求使教学内容与职业资格证书标准全面一致。

(五)基础课程的选择与设置

对基础课程的设置需要坚持"必需、够用"的原则,要清楚哪些内容是必需的,这些内容要讲授清楚。选择哪些内容是够用的,课程体系设计中不做过多的添加。

(六)实训教学体系的建立

工学结合人才培养方案的实训教学体系应为"三步渐进实践教学体系"或"三步循环实践教学体系"。首先,在理实一体化教室,应围绕项目或工作任务在核心课程教学中开展学习性实训;其次,在生产性实训基地中开展综合实训的工作任务;最后,完成基础课程和核心能力课程以后,原则上第五学年在合作企业(或校内工厂)进行顶岗实习。如图 2-1-2 所示:

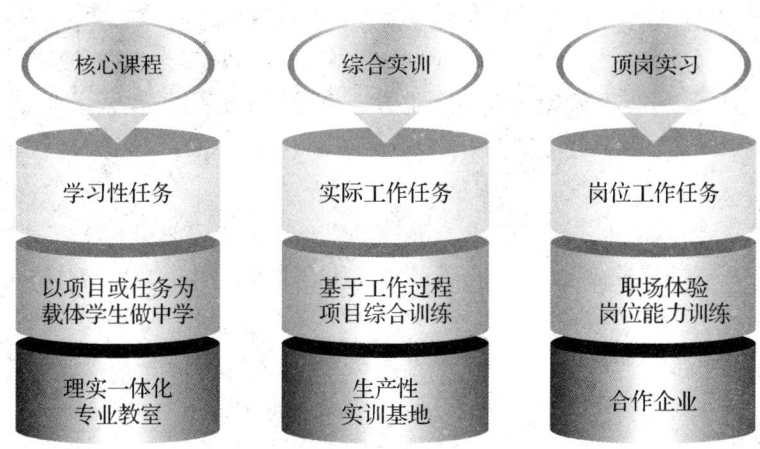

图 2-1-2 三步渐进实践教学体系的建立

(七)课程体系的调整(柔性教学)

课程体系并不是一成不变的,学校应在满足核心课程教学要求的基础上,根据企业实际用人要求做适当调整,在这个过程中用人单位可以积极参与,通过企业培训、实训等不同形式完成相关教学。当然,所调整的内容也必须与学生原有知识技能体系相对应,并有学校、企业、学生联合签订的协议书。

总之,五年制高职的课程建设应努力形成以能力为本位、以职业实践为主线、以项目课程为主体、理论与实践相融合、教学内容与岗位需求相适应、体现终身教育理念、中高职相衔接的课程体系。努力形成适应新兴产业、新职业、新岗位的校本课程,同时五年制高职学校也可从自身特色出发建立教材开发、应用和更新机制,将"三创"教育纳入课程体系,吸收技能大赛成果,开发校本教材。

二、学生职业素养的培养设计

五年制高职学校承担着培养技术型应用人才的重任,培养出的人才应该是符合企业需求的专业职业者,因此学生的职业素养在一定程度上是考核学生综合素质的重要指标。职业素养是从事职业的劳动者所应具备的一种综合能力和素质,包括职业能力、职业道德、职业意识和职业态度等。

首先,强化学生的职业意识。五年制高职学生由于学制时间长,所以有充分的时间和空间处于职业准备阶段,他们实际上具有学生和职业者的双重身份,而他们对将来要从事的职业的认识难免有偏差。在升入职业学校之前,对所选专业了解不够,甚至几乎不了解,选专业存在很大的盲目性。所以树立学生的职业意识非常重要。

其次,重视职业道德与职业素养的养成。有了明确的职业意识,并不等于有了良好的职业素养,职业素养的养成不仅体现在学生知识、技能等方面的学习,更重要的是学生作为一个职业人所具备的交流、创新、创业和组织能力及团队协作精神。另外,五年制高职学校在大力培养学生动手能力,职业能力鉴定的同时必须对学生进行职业道德的培养,把学生塑造成有"魂"的高技能人才。

再次,重视职业实践活动。重视实践活动是职业教育的特点之一,职业教育应重视学生技能训练和专业顶岗实习以及校外的社会实践活动,在实践活动中学生可以充分发挥个人主动性,将所学知识与技能加以应用及拓展,另外,在实践活动过程中提高个人组织能力、团队合作能力以及岗位适应能力,更有利于综合素养的养成。

三、教学实施中的柔性管理

在教学实施过程中实施柔性管理,应该进行统筹规划。学校对学生顶岗实习、企业招聘等情况紧密跟踪,根据相关变动情况再适当调整教学计划。当然,调整的前提是在符合职业教育教学规律以及学生学习规律的基础上进行的,学生在满足何种条件下可以变动正常的教学计划;必须完成哪些教学环节和课程,没有完成的教学过程用哪些环节(如网上学习、企业培训、企业鉴定等)替代。要求没有进行的教学过程和替代环节有较强的对应关系。

这一系列问题的解决,构建了工学结合人才培养方案的主体框架。但在具体实施的过程中,必须对原课程体系进行解构。五年制高职工作过程导向的课程体系开发是一个客观分析与主观设计相结合的过程。分析和描述工作过程是确定学习情境和设计教学项目的基础,课程开发的任务就是将有教学价值的工作过程描述出来,将其设计成具体的学习情境,并尽量以教学项目的形式呈现。与高等职业教育传统课程开发相比,工作过程导向的课程体系设计,学习情境的过程不是一个归纳过程,而是一个解释的过程。要想深入分析工作过程,必须首先详细描述工作过程的各个层面,这些层面包括基本工作对象、重要的工作组织方式、工具以及社会、企业和顾客对该职业专业的期望以及法律标准等。由此可以看出,工作过程导向课程体系是一种适合高等职业学院和五年制高职学校的课程体系。

第三节 案例:五年制高职建筑工程技术专业工学结合人才培养方案

一、专业与专门化方向

专业名称:建筑工程技术。

专业代码:560301。

二、入学要求与基本学制

1. 入学要求:初中毕业生或具有同等学力者。
2. 基本学制:5年。

三、培养目标

本专业培养目标与我国社会主义现代化建设要求相适应的德、智、体、美全面发展,掌握建筑工程技术专业的基础理论和专业知识,具有较强的操作技能,具备建筑工程技术专业的综合职业能力,能在房屋建筑的设计、施工、管理、投资、开发部门及其他单位的基建部门从事技术或管理工作,适应建筑工程生产、管理第一线要求，满足建设行业产业转型升级和企业技术创新需要的发展型、复合型和创新型技术技能人才。

四、职业（岗位）面向、职业资格及继续学习专业

1. 主要职业面向。

毕业生就业主要面向建筑施工、工程监理、中介咨询、建筑设计等建筑业企业以及其他企事业单位的基建管理部门。以建筑施工企业一线的施工员为主要就业岗位，以质量员、安全员、材料员、试验员、资料员等为就业岗位群。

2. 主要就业岗位与职业资格。

序号	就业岗位	职业资格
1	施工员	江苏省施工员证书 二级注册建造师执业资格证书
2	质量员	江苏省质量检查员证书
3	安全员	江苏省建筑企业专职安全生产管理人员证书
4	材料员	江苏省材料员证书
5	试验员	江苏省试验员证书
6	资料员	江苏省资料员证书

3. 继续学习专业：土木工程、工程管理等相关专业。

五、综合素质及职业能力

本专业所培养的学生应具备以下素质、知识、能力：

1. 素质。

（1）具备良好的政治思想素质、职业道德和法律意识；

（2）具有健康的心理状态和乐观的人生态度；

（3）具备人文和科学素养，形成稳固的专业思想和良好的生活态度；

（4）具有良好的人际交往能力、团队合作精神和客户服务意识；

（5）具有"安全至上、质量第一"的理念，坚持安全生产、文明施工；

（6）具有节约资源、保护环境和绿色施工的意识；

（7）具有终身学习理念，不断学习新知识、新技能；

（8）具有正确的就业观和一定的创业意识；

(9)拥有健康的体魄,能适应岗位对体质的要求。

2. 知识。

(1)具备工程建设相关法律法规知识;

(2)具备施工图识读、绘制的基本知识;

(3)具备工程测量的基本知识;

(4)具备建筑构造、建筑结构和建筑设备的基本理论和专业知识;

(5)具备建筑施工、建筑工程计量与计价、施工组织设计等专业知识;

(6)具备工程质量管理、成本管理、环境与职业健康安全管理的基本知识;

(7)具备建筑施工新技术、新材料、新工艺和新设备相关知识。

3. 能力。

(1)具有能够识读施工图和其他工程设计、施工等文件的能力;

(2)具有对建筑施工现场常用建筑材料及制品进行选用、进场验收、性能检测和保管的基本能力;

(3)具有正确使用测量仪器,进行施工测量的能力;

(4)具有编制施工组织设计和专项施工方案的基本能力;

(5)具有编写技术交底文件,并实施技术交底的能力;

(6)具有较强的质量控制、进度控制、成本控制的能力;

(7)具有职业健康安全管理的能力;

(8)具有较强的施工现场组织、管理和协同工作的能力;

(9)具有编制相关工程技术资料,利用专业软件对工程信息资料进行管理的基本能力;

(10)具有编制工程量清单报价,参与工程项目招投标和经营管理的能力;

(11)具有一至二个本专业主要工种操作的基本技能;

(12)具有借助工具书阅读和翻译本专业外文资料的初步能力;

(13)具有对新知识、新技术、新材料、新设备的学习能力和不断创新的能力。

六、教学时间分配表

学期	学期周数	理论教学		实践教学						入学教育、认知教育、军训	机动周
		授课周数	考试周数	技能训练		课程设计、大型作业、毕业设计		企业见习、顶岗实习			
				内容	周数	内容	周数	内容	周数		
一	20	15	1							2	2
二	20	14	1	建筑材料的检测与保管	3			调研一	1(暑期)		2
三	20	13	1	建筑工程测量(中级)	4						2
四	20	13	1	项目认识	4			调研二	1(暑期)		2
五	20	15	1			钢筋翻样	2				2
六	20	17	1					调研三	1(暑期)		2
七	20	17	1								2
八	20	13	1	高级钢筋工考证	4			调研四	1(暑期)		2
九	20	8	1	施工现场专业人员岗前辅导	1	毕业设计	8				2
十	20	18						毕业实习 调研五	18周 1(穿插)		2
合计		143	9		16		10		22	2	20

七、教学时间安排表

课程结构		序号	课程名称	学分	总学时数	理论教学	实践教学	各学期课程教学按周学时安排										考核形式	
								一		二		三		四		五		考试	考查
								1	2	3	4	5	6	7	8	9	10		
公共基础课	德育课 必修课	1	职业生涯规划	2	30	20	10	2											1
		2	职业道德与法律	2	28	20	8			2									2
		3	经济政治与社会	2	26	20	6					2							3
		4	哲学与人生	2	26	20	6							2					4
		5	毛泽东思想与中国特色社会主义理论体系概论	4	64	56	8									2	2		6
	限选课	6	心理健康、职业健康与安全、环保教育等	4	60	52	8					2	2	2	2				7—8
	文化课 必修课	7	语文	20	344	318	26	4	4	4	4	2	2	2	2			1—8	
		8	数学	18	258	232	26	4	4	4	4	2	2					1—6	
		9	英语	20	316	300	16	4	4	4	4	2	2	2	2			1—8	
		10	体育与健康	18	250	50	200	2	2	2	2	2	2	2	2	2		1	
		11	计算机应用基础(一级B)	5	90	20	70	6										1	
		12	计算机应用基础(CAD)	3	56	26	30			4								2	2
	限选课	13	建筑艺术	2	28	14	14			2									
		14	物理、化学、历史、地理等	10	166	100	66	4	2	4	2								1—4
小计				112	1742	1248	494	26	22	20	18	10	10	8	8	2	0		

续表

课程结构	序号	课程名称	学分	总学时数	理论教学	实践教学	一	二	三	四	五	考试	考查
公共技能课程 专业平台课	1	房屋构造与施工图识读(上)	5	84	30	54	6					2	3
	2	房屋构造与施工图识读(下)	3	52	24	28		4					3
	3	建筑材料的检测与使用	3	84	12	72	3周						3
	4	建筑工程测量(中级)	4	84	12	72		4周					4
	5	建筑CAD	3	52	16	36		4					3
	6	项目认识	3	84	12	72							
	7	建筑构件的分析与计算(上)	4	78	60	18		4周	6			4	
	8	建筑构件的分析与计算(下)	4	60	44	16			4			5	
	9	建筑工程施工组织	7	136	72	64				8			7
	10	建筑工程资料管理	4	68	32	36				4			7
	11	建筑工程计量与计价	5	104	40	64				8			8
	12	工程招投标与合同管理	3	52	32	20				4		8	
	13	工种实训(钢筋工高级)	4	112	24	88				4周			8
专业方向课	14	地基与基础工程施工	6	90	30	60			6				5
	15	钢筋混凝土工程施工	6	90	30	60			6				5
	16	钢筋翻样	2	56	12	44			2周				5
	17	砌筑工程施工	6	102	36	66			6				6

续表

课程结构	序号	课程名称	学分	教学时数			各学期课程教学按周学时安排					考核形式	
				总学时数	理论教学	实践教学	一	二	三	四	五	考试	考查
							1 2	3 4	5 6	7 8	9 10		
专业方向课	18	防水保温工程施工	4	68	28	40			4				6
	19	装饰装修工程施工	6	102	36	66			6				6
	20	钢结构加工安装	6	102	36	66				6		7	
	21	建筑工程安全管理	3	52	28	24				4		8	
	22	工程监理	4	48	36	12					6		9
	23	工程法规	3	32	28	4					4	9	
	24	建筑工程经济	3	32	28	4					4	9	
	25	建筑工程管理与实务	3	32	28	4					4	9	
公共技能课程	26	施工现场专业人员岗前辅导（施工员）	1	28	22	6					1周		
	27	顶岗实习	18	540	0	540					18周		10
		小计	123	2424	788	1636	0	6	16	18	18		
任选课	1	人文社科类	11	150	140	10	4	4	4	4			
	2	专业拓展类	11	150	100	50	4	4	4	4			
	3	专业深化类	16	200	150	50			4	4			
		小计	38	500	390	110	4	4	4	4			

续表

课程结构	序号	课程名称	学分	教学时数			各学期课程教学按周学时安排										考核形式	
				总学时数	理论教学	实践教学	一		二		三		四		五		考试	考查
							1	2	3	4	5	6	7	8	9	10		
其他教学活动	1	军训（含入学教育）	2	56		56		2周										
	2	专业调研	5	140		140	1周		1周		1周		1周		1周			
	3	毕业设计	8	224		224								8周	8周			
		小计	15	420		420	2周	2周	1周		1周		1周	8周	8周	1周		
		合计	288	4946	2426	2520	26		28	24	26	26	26	24	26			

注：专业调研利用假期完成，未计入总课时。

八、专业核心课程标准

1. 房屋构造与施工图识读。

基本内容：制图工具认识，线形表示方法；正投影原理、三视图规则、剖面图、断面图；工业建筑、民用建筑(住宅建筑、公共建筑)，设计年限，防火分级。房屋基本组成：基础、墙体、楼板、屋顶、楼梯、门窗等；砌体建筑抗震构造、变形缝；建筑工业化、设计标准化、施工机械化；单层工业厂房结构组成及构造。施工图识读：建筑施工图、结构施工图；钢筋平面标注，钢结构施工图。

基本要求：掌握民用建筑的构成要素及分类；掌握基础、墙体与地下室、楼地面、楼梯与电梯、门窗、屋顶、变形缝、建筑装修的构造；了解单层工业厂房的构造；掌握民用建筑基本设计原理、设计方法等；掌握投影的分类和投影体系的建立原则；掌握点、线、面、体正投影的基本原理及作图方法，熟练绘制投影图；掌握制图的基本知识，制图标准，具备绘制土建专业施工图的一般能力，正确领会工程图纸的设计意图，能熟练的识读土建专业施工图。

2. 土方与基础工程施工。

基本内容：土力学基本原理、土工试验；地基承载力确定、基础底面积计算；桩基础类型、摩擦桩承载力计算；符合地基类型及应用条件；地基处理措施、基坑(槽)回填方法；基坑(槽)断面设计、工程量计算、开挖；地下水控制方法；深基坑开挖、支护方法及安全控制要点；基坑工程监测、控制及施工应急处理措施。

基本要求：能够根据各类土层的物理性质、分类、计算参数进行实际应用；根据土力学的力学性能，地基土的应力和变形等性质及不同类型基础及受力特点，进行计算一般建筑的基础面积、确定基础的埋深；能够根据不同的基础类型选择不同的施工方法；能够根据常用地基处理技术及应用条件，进行基坑(槽)开挖放线、工程量计算，制定深基坑支护和排水方案；能够对基坑支护结构和周围环境进行监测；能正确识别基坑发生坍塌前的迹象，掌握基坑支护破坏的主要形式及应急处理措施；能够进行地基及土方工程的质量检查与安全控制。

3. 钢筋混凝土工程施工。

基本内容：混凝土结构概论；混凝土结构中的材料性能；混凝土结构基本设计原理；钢筋混凝土受压、受弯、受拉、受扭等构件强度计算；常见混凝土基础的设计；预应力混凝土类型与应用；钢筋加工、安装：钢筋下料、配料计算、加工设备及方法、钢筋绑扎安装、钢筋保护措施等;混凝土施工技术:拌合、浇注、养护、外加剂选用、泵送混凝土、强度检验等;模板设计与支设:模板类型、受力特点、使用条件与选择、安装工艺等,模板支撑系统的选材及安装,模板拆除施工;高层建筑施工:结构形式、模板系统、垂直运输、高处作业安全要求;脚手架及安全防护措施;混凝土结构质量检查与评定、施工质量验收规范及方法、钢筋绑扎安装、钢筋保护措施。

基本要求:对混凝土结构常见构件如梁、板、柱、楼梯、基础等,能够根据建筑设计要求、荷载分布大小等,确定构件类型与尺寸,拟定混凝土的强度等级,完成结构设计,并绘制结构配筋图;能够根据构件的位置、尺寸、形状,确定模板类型选用、支撑结构计算、拼装及材料用量计算及测量定位,完成模板制作安装,最后做质量检测并记录;能够根据结构配筋图,进行钢筋下料计算,制作钢筋加工配料单,实施钢筋加工与设备使用,并能完成钢筋绑扎安装,能进行钢筋绑扎安装后的质量检查,并做工作记录;能够根据项目对混凝土强度等级及和易性要求,进行混凝土组成材料检测、选择,配合比设计及拌和设备选择,完成混凝土拌和、新拌混凝土性能检测,并做工作记录;能够根据构件的断面尺寸、形状及钢筋疏密程度、混凝土拌制地点与构件的距离,提出混凝土运输要求和运输方式与设备选择,确定混凝土浇筑及振捣方式、混凝土养护方式,确定拆模时间及强度检验,并做工作记录;能够进行高层建筑施工测量、模板系统选择、垂直运输组织工作,能够组织大体积混凝土浇筑施工;能够编制模板工程及支撑体系安全施工技术方案。

4. 砌筑工程施工。

基本内容:砌筑材料力学性能及应用:实心黏土砖、空心砖、加气混凝土砌块、其他砌块;黏结材料的性能及应用;砖砌体组成,构造特点,受力性能;普通砖砌体的强度计算;普通砖柱、砖墙稳定计算;砌体结构抗震构造:构造柱、圈梁;框架填充墙的类型、构造;脚手架组成及搭设,安全措施;墙体组砌施工及质量检查、验收规范。

基本要求:对砌体材料的种类、性质,砖砌体的组成及砌筑方式及受力性能,加气混凝土砌块及砌筑方式等,能够根据实际工程进行选材、确定组砌方案和计算简化;能够根据墙体及砖基础的构造要求,进行砖砌大放脚基础构造及强度计算;进行普通砖砌体(构件)强度及稳定计算;根据抗震等级要求确定砖混结构的抗震措施;能够进行砖砌体的施工及质量检查与控制;能够进行脚手架搭设及制定安全措施。

5. 钢结构加工安装。

基本内容：钢材生产过程、机械性能、影响因素；钢结构连接计算：焊接、普通螺栓连接、高强度螺栓连接；轴心受压（拉）构件强度、刚度、稳定计算；受弯构件（梁）强度、刚度、稳定计算；钢结构构件连接形式、节点图绘制；轻型钢屋架（刚架）范例；钢结构加工、运输、安装及防锈；钢结构构件加工质量检验、施工质量验收规范及安全防护。

基本要求：能进行钢构件的生产加工、制作；能够进行钢结构基本连接计算；能够进行钢结构基本构件的强度、刚度和稳定计算；能阅读钢结构施工图并组织加工、安装；能够设计小型钢屋架或钢架；能够进行钢结构的质量检验；能够制定钢结构安装工程安全施工技术方案。

6. 装饰装修工程施工。

基本内容：抹灰材料、涂刷材料、贴面材料、地面材料、龙骨材料、吊顶面料、保温材料；地面构造：整体地面、块状地面、木地面、特种地面；内墙面构造：抹灰类、涂刷类、贴面类、裱糊类、木墙裙；外墙面构造：抹灰类、涂刷类、贴面类、石材类、玻璃幕墙、金属板饰面；吊顶构造：木龙骨、铝合金龙骨、轻钢龙骨、胶木板、石膏板、钙塑板、金属板；轻质隔墙：轻钢龙骨、铝合金龙骨、轻质复合板材、玻璃隔墙；施工质量验收规范。

基本要求：根据装饰材料性能，特点进行材料选用；能够根据常见地面构造确定施工方法；能够根据常见内墙面构造确定施工方法；能够根据常见外墙面构造确定施工方法；能够根据常见轻质隔墙、吊顶类型、构造确定施工方法。能够进行装饰工程的质量检查与控制。

7. 建筑工程施工组织。

基本内容：施工组织设计相关知识、概念；施工进度计划编制方法（横道图、网络图）；施工方案的制定；施工进度计划的确定；施工现场平面布置；单位工程施工组织设计及施工组织总设计等。

基本要求：能够进行工程施工的准备工作；能进行施工方案的选择与确定；能够根据具体工程的情况，进行施工进度的安排和调整；能够根据工程的情况，进行施工场地平面布置；能够根据工程的情况，编制单位工程的施工组织设计；能够编制危险性较大的分部分项工程安全专项施工方案。

8. 项目认识。

基本内容：建筑行业基本情况；施工现场主要技术工种训练（钢筋工、砖瓦工、模板工、架子工、混凝土工）；框架结构梁柱钢筋翻样绑扎施工；楼梯钢筋翻样绑扎;牛腿钢筋翻样绑扎、板钢筋翻样绑扎;模架结构模板搭设与支撑校验。

基本要求:学生通过学习,能进行钢筋下料;能对梁柱箍筋加密区、钢筋隐蔽工程进行验收;能正确搭设梁柱模板。

9. 顶岗实习。

基本内容:建筑施工现场施工安全管理及相关内业工作。

基本要求:通过直接参与现场施工管理,能对一般房屋建筑工程施工全过程进行安全管理和组织协调;实习期间要求学生撰写实习周记,并根据实习情况,理论联系实际,撰写一篇毕业实习报告。

九、专业教师任职资格

专业教学团队。

1. 专业带头人。

专业带头人1—2名,应具有高级职称,并具有较高的教学水平和实践能力,具有行业、企业技术服务或技术研发经历,在本行业及专业领域有较大的影响力。能够主持专业建设规划、教学方案设计、专业建设工作,能够为企业提供技术服务,主持市、地级及以上教学或应用技术科研项目或担任院级及以上精品课程负责人。专业带头人必须是"双师型"教师。

2. 师资数量。

专业生师比不大于18:1,且主要专任专业教师不得少于5人。

3. 师资水平及结构。

本专业所有专任教师必须具备大学本科及本科以上学历,其中35周岁以下教师必须具备硕士及硕士以上学位或双学位。专任教师团队中具有硕士学位的教师占专任教师的比例应达到35%及以上,高级职称教师不少于30%。

本专业专任教师必须具备扎实的土木工程专业知识和专业技能,具有较强的高等职业教育理论知识,掌握高等职业教育教学规律,熟练掌握本专业人才培养方案和课程标准,教学态度端正。具有一定的从事教育教学改革和科研的能力,积极参加教学研究工作。同时,本专业教师必须具有"双师型"素质,有一定的施工现场工作和管理经验,具有建设行业相关执业(职业)资格证书比例不得低于专任教师总数的30%。

本专业每学期兼职教师任课数不少于35%,兼职教师应是来自行业、企业一线的高水平专业技术人员或能工巧匠,具有高级技术职务。

十、实训(实验)条件

1. 校内实训条件。

根据人才培养目标,本专业校内实训基地的场地最小面积、主要设备(设施)名称及数量配置标准如下(实训设备及场地按一个教学班40人同时训练确定):

(1) 建筑材料检测实训设备配置标准。

序号	实训任务	实训类别	主要设备(设施)名称	单位	数量	实训室(场地)面积
1	水泥实训	基本实训	水泥稠度负压筛析仪	台	1	不小于120m²
			水泥净浆搅拌机	台	8	
			水泥胶砂搅拌机	台	5	
			雷氏沸煮箱	台	2	
			水泥胶砂振实台	台	4	
			电子天平	台	8	
			水泥标准稠度测定仪	台	8	
			水泥全自动压力机	台	2	
			新标准水泥跳桌	台	4	
			电动抗折试验机	台	3	
			砂浆稠度仪	台	4	
			砂浆分层度仪	台	4	
2	混凝土养护实训	基本实训	水泥砼恒温恒湿养护箱	台	2	不小于50 m²
			水泥快速养护箱	台	2	
			标准恒温恒湿养护箱	台	1	
3	集料筛分实训	基本实训	分样筛振摆仪	台	4	不小于50 m²
			电热鼓风干燥箱	台	1	
			新标准砂石筛	台	8	

(2)测量实训设备配置标准。

序号	实训任务	实训类别	主要设备(设施)名称	单位	数量	实训室(场地)面积
1	测量实训	基本实训	普通经纬仪 DJ6	套	10	不小于 30m²
			普通水准仪 DS3	台	10	
2	精密测量实训	选择实训	经纬仪 J6E	台	10	不小于 30m²
			激光垂准仪 DZJ2	台	2	
			自动安平水准仪 DSZ2	台	3	
			电子经纬仪 DJD2A	台	3	
			精密经纬仪 J2-2	台	3	
			精密水准仪	台	3	
			全站仪	台	2	
			静态 GPS9600	台	1	
			全站仪 RTS602	台	2	
			精密经纬仪 J2-2	台	2	
			精密水准仪 DSZ2	台	2	
			Windows CE 智能免棱镜全站仪	台	2	
			免棱镜全站仪 NTS-352R	台	4	
			双频动态 GPSS86	台	2	

(3)力学基础实训设备配置标准。

序号	实训任务	实训类别	主要设备(设施)名称	单位	数量	实训室(场地)面积
1	力学实训	基本实训	电子万能材料试验机 WE-1000BS	台	1	不小于 70m²
			电子数显万能材料试验机 WE-600BS	台	1	
			弯曲夹具	台	1	
			洛氏硬度仪	台	1	

续表

序号	实训任务	实训类别	主要设备(设施)名称	单位	数量	实训室(场地)面积
1	力学实训	基本实训	高强度螺栓智能检测仪	台	1	不小于70m²
			液压式压力试验机 YE-200A	台	1	
			液压式万能材料试验机 WE-60	台	1	
			电脑恒加荷压力试验机 YAW-300	台	1	
			电脑恒压力试验机 YES-2000	台	1	
			砼试模	台	40	
			电子秤	台	4	
			拌合槽	台	4	

(4)土工基础实训设备配置标准。

序号	实训任务	实训类别	主要设备(设施)名称	单位	数量	实训室(场地)面积
1	土工实训	基本实训	光电液塑限测定仪	台	1	不小于60m²
			电子天平	台	1	
			双联固结仪	台	1	
			三轴剪力仪	台	1	
			应变式电动手摇直剪仪	台	10	
			手动液塑限仪	台	8	

(5)工种训练实训设备配置标准。

序号	实训任务	实训类别	主要设备(设施)名称	单位	数量	实训室(场地)面积
1	砌筑工实训	基本实训	砖墙体:长 10 m×高 2.5 m 工艺步骤砖墙体:长 5 m×3 组; 轻骨料混凝土小型空心砌块墙体:长 5 m×高 1.5 m 工艺步骤墙体:长 5 m×2 组; 普通混凝土小型空心砌块墙体:长 5 m×高 1.5 m 工艺步骤墙体:长 5 m×高 1.5 m; 混凝土梁柱:柱 400 m×400 m、构造柱 200 m×200 m、加固梁 200 m×200 m 填充墙砌体:长 6 m×高 2.5 m 工艺步骤墙体:长 6 m×2 组	套	1	不小于 70 m²
2	抹灰工实训	基本实训	抹灰墙面:长 10 m×高 2.5 m 装饰抹灰墙面:长 10 m×高 2.5 m 贴砖墙面:长 10 m×高 2.5 m 干挂石材墙面:长 10 m×高 2.5 m	套	1	不小于 50 m²
3	模板工实训	基本实训	工具式钢模板及木模板	套	1	不小于 50 m²
4	架子工实训	基本实训	钢管脚手架	套	1	不小于 50 m²
5	钢筋工实训	拓展实训	钢筋工作台 6 个,钢筋切断机、钢筋调直机、钢筋弯曲机、弧焊机、对焊机、电渣压力焊机、钢筋套丝机、钢筋挤压机、操作及检测工具	套	1	不小于 50 m²
6	混凝土工实训	拓展实训	计量设备、混凝土搅拌机、插入式混凝土振捣器	套	1	不小于 50 m²

(6)施工质量检查验收实训设备配置标准。

序号	实训任务	实训类别	主要设备(设施)名称	单位	数量	实训室(场地)面积
1	框架结构施工质量检查验收实训	基本实训	框架结构节点	套	1	不小于 70 m²
			框架结构施工现场环境	套	1	
			质量检查工具	套	5	
2	砖混结构施工质量检查验收实训	基本实训	砖混结构节点	套	1	不小于 70 m²
			砖混结构施工现场环境	套	1	
			质量检查工具	套	5	
3	钢结构施工质量检查验收实训	基本实训	钢结构节点	套	1	不小于 70 m²
			钢结构施工现场环境	套	1	
			质量检查工具	套	5	

(7)施工图识读实训设备配置标准。

序号	实训任务	实训类别	主要设备(设施)名称	单位	数量	实训室(场地)面积
1	施工图识读实训	基本实训	建筑施工图、结构施工图、设备施工图	套	50	不小于 70 m²

(8)工程量清单与计价文件编制实训设备配置标准。

序号	实训任务	实训类别	主要设备(设施)名称	单位	数量	实训室(场地)面积
1	工程量清单与计价文件编制实训	基本实训	计算机	台	50	不小于 70 m²
			造价软件(网络版)	套	1	
			建筑施工图、结构施工图、设备施工图	套	50	

(9) 施工技术资料编制实训设备配置标准。

序号	实训任务	实训类别	主要设备(设施)名称	单位	数量	实训室(场地)面积
1	施工技术资料编制实训	基本实训	计算机	台	50	不小于 70 m²
			资料管理软件(网络版)	套	1	
			资料柜	个	3	

(10) 建筑节能实训设备配置标准。

序号	实训任务	实训类别	主要设备(设施)名称	单位	数量	实训室(场地)面积
1	建筑节能实训	拓展实训	建筑节能构造与施工工艺模型;建筑节能节点;建筑节能施工现场环境	套	1	不小于 70 m²

(11) 施工项目管理综合实训设备配置标准。

序号	实训任务	实训类别	主要设备(设施)名称	单位	数量	实训室(场地)面积
1	施工项目管理综合实训	选择实训	施工现场项目部配套设施	套	1	不小于 100 m²
			施工现场配套设施	套	1	不小于 100 m²
			投影仪、桌椅、资料等	套	1	不小于 100 m²
			砖混结构实训场	个	1	不小于 200 m²
			框架结构实训场	个	1	不小于 200 m²

2. 校外实训基地。

本专业校外实训基地应建立在二级及以上资质的房屋建筑工程施工总承包和专业承包企业。实训基地应能提供与本专业培养目标相适应的职业岗位,并且对学生实施轮岗培训。实训基地应具备符合学生实训的场所和设施,具备必要的学习条件及生活条件,并配置专业人员对学生进行实训指导。

3. 信息网络教学条件。

信息网络教学条件包括网络教学软件条件和网络教学硬件条件。软件条件指各种工程相关软件(工程项目管理软件、工程造价软件等),网络教学硬件条件指校园网络建设、覆盖面和网络教学设备等应满足教学需要。

十一、编制说明

1. 本专业人才培养方案依据江苏省教育厅《关于制定中等职业教育和五年制高等职业教育人才培养方案的指导意见》（苏教职〔2012〕36号）和中华人民共和国住房和城乡建设部《建筑与市政工程施工现场专业人员职业标准》（JGJ/T250－2011）编制，实行"4.5＋0.5"的人才培养模式。

2. 本人才培养方案为指导性方案，总学分为288个学分，总学时为4946学时，其中公共基础课程与专业技能课程比例约为4∶6，任选课课时占总学时10%，学生毕业时必须修完所有必修课程和相应的选修课程并取得学分。在具体实施过程中可以根据建设行业和专业发展对方案进行滚动开发和完善。

3. 本方案中学时数的计算均按照实际教学周数计算。学分按16—18学时为1学分计算。

4. 任选课开设主要利用下午和晚间公共自习课时间进行，要求学生每学期至少选修两门。任选课课程及内容可以结合社会和行业发展及各学校专业特色开设，其中人文社科类可以开设美术、音乐、社会学、心理学、公共关系、社交礼仪、演讲与口才、形势与政策等；专业拓展类可开设管理学、房地产开发与经营、会计学、运筹学、电子商务、高级语言程序设计、电脑平面设计、计算机管理与维护、信息检索技术等；专业深化类可开设项目管理软件应用、PKPM应用基础、Etabs应用基础、建筑模拟软件应用基础、绿色建筑概论、施工现场给排水管道布置、施工现场用电线路布置、管理信息系统、建筑设备现代化、有限元分析、工程检测技术等。

5. 毕业设计安排在第九学期，共8周。顶岗实习安排在第十学期，共18周。毕业实习期间，建议校内实习指导教师每周至少对学生跟踪指导一次，学生每月返校一次，汇报实习情况，听取企业技术人员、管理人员的专题讲座，学习新知识、新技术。

6. 专业调研内容的说明。

专业调研安排在每个暑期进行，第十学期专业调研在学生顶岗实习过程中穿插进行。

调研一：通过调研，学生对本专业有一定的感性认识。引导学生进入专业领域，了解行业、了解专业，树立专业思想，建立一定的感性认识，增加对专业课程的学习兴趣。

调研二：通过调研，与对口单位接触，了解建筑企业精神和企业文化，以及对员工的明确要求和管理规定。

调研三：通过调研，了解企业人员的岗位设置、岗位要求、需求数量等情况。提前了解就业形势，了解就业市场对人才的具体要求。

调研四：通过调研，使学生掌握用人单位对毕业生的素质要求和能力要求，增强就业意识和竞争意识，在今后的学习中更好地充实自己。

调研五：通过调研，了解企业对学校专业设置、学生培养质量满意度，从而对人才培养方案进行更加系统的滚动和完善。

7. 项目认识课程开设的说明。

通过项目认识，加深学生对本专业相关专业基础理论与基本技能的认识，初步了解本专业主要工种技能内容，为后续专业课程的学习、提高动手实践能力打下良好的基础。主要内容包括建筑行业认识，主要工业与民用建筑的构造组成，建筑行业主要工种训练，并取得中级钢筋工（或砌筑工等工种）证书。

8. 教学建议。

确定以生为本的教学理念，按照能力本位要求设计、组织教学活动，优先选用国家规划或推荐教材，并制定开发校本课程计划。积极利用和开发课程资源，重视学生的生活经验，积极创设项目课程实施情境，促进学生实践能力的形成和综合素质的提高。

9. 学习评价建议。

(1) 转变评价观念。评价的目的由鉴定选拔转变为促进学生全面发展。

(2) 转变单一评价模式。采用多元评价方式，使终结性评价与过程评价相结合；理论学习评价与实践技能评价相结合。

(3) 考核多样化评价方式。除书面考试外，还可采用观察、口试、现场操作等方式，进行整体性、过程性和情境性评价。有条件的课程，可与社会评价相结合，如参加考工、考级、资格认证等。

(4) 加强评价结果的反馈。通过及时反馈，更好地改善学生的学习状况，有效地促进学生发展。在反馈中要充分尊重学生，以鼓励、肯定、表扬为主。

(5) 以突出职业能力培养为主线，本专业学生应取得相关职业技能证书,方可毕业。除完成学校规定的总学分外,还需获取全国计算机一级B等级证书和至少一张本专业相衔接的国家职业资格证书(施工员、质量员、材料员、高级钢筋工等)。考试难度高于全国计算机一级B的其他计算机认证证书,可代替计算机一级B等级证书。

江苏联合职业技术学院
2013年5月

第七章 五年制高职工学结合课程模式创新和课程标准的重塑

五年制高职课程模式是人才培养模式的核心内容,特定的课程模式是五年制高职办学特色的内在体现。现代高等职业教育课程基本模式源于一般课程理论框架,可归纳为学科中心型、问题中心型、活动中心型和能力中心型,各类具体的高等职业教育课程模式均由基本模式所衍生。五年制高职课程模式的发展趋势呈现出各种课程相互补充、互相融合的趋势;五年制高职课程模式的构建思路表现为以适应社会需求为根本,以技术应用为主线,以培养目标所对应的群体为基础,以人的全面发展为目标,从"范围"和"深度"去把握五年制高职教育课程的宏观、中观和微观三个层次。本章主要研究与探索五年制高职课程模式的基本概念、主要特征和研究开发。

第一节 五年制高职教育课程模式

一、五年制高职教育课程模式的概念

课程模式(curriclum model)是来自于某种课程原型(curriclum prototype),并以其课程观为主要指导思想,为课程方案设计者开发或改造某个专业并编制课程文件提高思想和操作方法的标准样式。换言之,课程模式是课程原型的衍生物,即为分析、设计、实施、评价四个课程开发步骤提供可操作的思路,也是课程方案设计者可以执行的标准样式和开放方法。

五年制高职课程模式主要包括三个方面含义:第一,五年制高职课程模式是指各种高等职业教育课程的开放思路、实施及其成果(如课程方案、计划、文件等)中具有代表性的部分。第二,五年制高职课程模式是指五年制高职课程开发活动和五年制高职课程方案、计划、文件中各个过程环节及组织要素等结构关系的概括性呈现方式,可以用文字和图表方式表述。第三,五年制高职课程模式是指在一定的课程观指导下,对五年制高职课程开发活动和五年制高职课程本身所作的原则性规定和法则等。

二、几种有效的五年制高职教育的课程模式

五年制高职教育课程具体的模式有很多,但是,目前国内外较为典型的职业教育课程模式主要有以下几种:

(一)核心阶梯课程模式

核心阶梯课程模式,是德国"双元制"中职业教育所采用的课程模式,因此也叫"双元制"课程模式。"双元制"中,一元是指职业学校;另一元是指为学校提供实习培训的企业。核心阶梯课程不强调各学科知识的系统性和完整性,而重视整体能力的培养,采用综合科的方法,围绕职业实践活动,将与培训有关的专业知识技能、专业基础知识以及文化基础知识加以综合。它具有内容丰富性、融合性和实用性的特点,可分普通课和专业课两部分,普通课融入到专业课中。

核心阶梯课程模式是一种建立在宽厚的专业训练基础之上的、综合性的、以职业活动为核心的课程结构。从横向看,它紧紧围绕着职业活动这一核心,把专业课综合为三门:专业理论、专业制图、专业计算,以此覆盖专业所需的所有理论,这有利于培养学生综合分析问题和解决问题的能力。从纵向看,所有课程都分为基础培训、分业培训和专长培训三个层次,且呈阶梯式逐渐上升。无论哪一阶梯的培训,其专业课程都是围绕专业实践活动,从泛到精、由浅入深地开展。实践活动在整个课程体系中占主导地位。但是,这种模式对教学条件和教学管理有较高的要求,否则难以保证教学质量。

(二)能力本位课程模式(Competence Based Education,CBE)

CBE 的前身是上世纪 20 年代兴起于美国企业的"操作本位教育"(PBE),是以行为主义学习理论为理论基础来指导教育的职业培训模式。该理论强调程序、操作(自主反应)反馈(强化)在人的行为塑造中的作用,在很大程度上反映了人类学习的一些规律和要求,为提高教学效率起到了一定作用。程序教学中的积极反应原则、及时强化原则和自定步调原则,都被 CBE 中课程开发借用。

能力本位课程模式重视能力本身的培养,是职业教育与培训的指导思想,它认为教育的最终表现是学习者获得预期能力,最大限度地满足企业对应用型人才的要求。能力本位课程模式的主导地位体现在:课程的确定是

以企业岗位应具备的综合能力为设置依据,摆脱"学科本位"的课程思想,按能力需求精减课程内容。课程体系以能力培养为主线,以能力训练为轴心,淡化公共基础课、技术基础课和专业课的界限,重新整合课程。在评价方式上,该模式改革考试、考核方法,建立新的质量评价体系,考试、考核内容仅仅围绕岗位需要,包括综合素质和行业岗位需求的知识、能力。评价体系由若干模块组成,例如,在技能考核上,结合国家职业工种技能鉴定的教学要求,确定某一专业的技能考核内容,要求学生毕业时获得"双证"。在改革考试、考核方法上,新课程体系采取笔试与口试、理论考试与操作考试、答辩和现场测试相结合等多种方式。对基础课程重点考核学生对知识的接受程度和理解能力;专业课程重点考核学生分析问题、解决问题的能力。以专业技能培养为中心,建立实训课课程体系。以校内、外实验、实训基地为基础,部分课程到企业去完成。学习环境与工作环境相结合,部分课程到实验、实训基地完成,学习环境模拟工作环境,提高学生社会实践能力,走产学合作的道路。

能力本位课程模式强调以能力作为课程开发的中心,以能力为主线设计课程。传授的知识是为能力的培养与提高服务的,以"必须、够用"为原则。此模式对学生的评价以获取从事某种职业所需的能力为标准,重视学生动手能力的培养,理论课与实践课的比例约为1:1。能力本位课程也有其不足,比如:它的能力分析是从行为主义的思路出发,把职业能力分解为一些细小的任务、要素,这种方法对于一些非技能型的能力,是难以进行分析的,而且在当今社会,以胜任一种工作岗位为要求的课程开发,很难适应劳动力市场的变化,毕业生的社会适应性受到限制;同时,这种课程模式的知识体系比较零碎,不利于学生的继续学习,它对师资水平要求较高,所需投入较大。

(三) MES 课程模式

MES 是英文 Modules of Employable Skill 的缩写,意为"适应就业技能的模块组合"。这一模式以实用主义哲学为指导思想,干什么学什么,遵循"按需施教,学用一致"的原则,其课程开发的思路是:建立岗位工作描述表—确定岗位职能—划分工作任务—确定工作模块—编制学习单元。MES 课程的开发是以职业岗位规范为基础,其突出特点是创立学习单元以及每个单元的编写方法。每个学习单元代表某个单项的知识和技能。在课程开发前,需要将职业分成若干个模块,这些模块是按照实际操作步骤划分的,根据完成每个操作步骤的需要,从认知、动作及态度几个方面确定出完成该步骤所需的全部技能和知识,然后对每个单项的知识和技能进行完善和规范,以每个单项的知识和技能编写一个小册子的方式,开发出 MES 培训的专用教材——学习单元。每个模块的培训,就由组成该模块的若干个学习单元来实现。

MES 课程模式的优点是选择性较大,具有开放性。学生可以自由地选择不同的模块组合,课程并不一定是固定和系统化的,可以根据具体需要进行灵活选择,同时有利于提高教学效率。这种课程模式非常适合岗前培训和职业后继续教育,它接近于工学结合课程的开发要求,即直指向"岗位能力"。但它也忽视了综合职业能力中的关键能力——方法能力和社会能力的养成,不利于学生的可持续性发展。

(四) 项目课程模式

项目课程模式是将教学活动视为一个个完整的"项目",通过项目的完成来习得专业知识与技能,它既是一种课程形态,又是一种教学方法。职业教育课程中的"项目"指的是有结构的项目,即具有相对独立性的客观存在的工作任务模块,在这一工作任务中,要求制作出符合特定标准的产品,即制作的产品要有一定的尺寸、包含特定的材料、能发挥特定的功能、满足规定好的质量标准等。因此,职业教育中的项目课程是一种基于工作任务的项目课程。

项目课程的基础是工作任务,即"用于学习的工作任务和内容是工作的学习任务",具有完整的工作过程,能将理论知识和实践技能结合在一起,强调对学习过程的规划、分析思考和反馈等,它具有很强的灵活性,对于教学硬件的要求弹性较大。但项目课程的开发是基于 DACUM 课程开发的方法,对于一些综合性的工作任务难以实现;同时,对每个项目中任务的设置需要整体权衡,具有一定难度。

(五) 集群式模块课程模式

集群式模块的课程模式,即"宽基础、活模块"课程模式。所谓"宽基础"是指所设课程不是针对某单一职业,而是在大量调研的基础上掌握相关职业群所需要的知识与技能,着眼于学生的可持续发展,重视学生专业技术的训练,以提高学生的就业能力和转岗能力,为学生将来继续学习和终身学习打基础。"宽基础"应由文化课程类、工具课程类、能力培养课程类、职业群所需的专业基础课程类组成。将文化课程类、工具课程类课程提供的知识系统的学习,以及能力培养课程类、职业群所需的专业基础课程类提供的动手、操作技能的学习相结合,来供不同专业、不同学习基础、不同发展要求的学生自主选择。所谓"活模块"是指适应职业群所设计的知识单元和技能单元,而且以专业技术训练为主,以职业资格为导向设置课程结构,组织教学内容,着力于能力培养。学校根据市场需求的变化灵活组合,供学生根据个性特点和发展取向自由选择。"活模块"课程结构,既有利于学校根据劳动力市场供求变化进行选择,又有利于学生根据个性特点和发展需求进行选择。

集群式模块的课程模式,即将"宽基础、活模块"课程开发过程分为四个步骤:课程目标分析,编制计划、大纲、教材,课程实施,课程评价。第一步课程目标分析,包括职业分析、工作时间分析、劳动市场分析、教育对象分析和相关课程文件分析等;第二步是根据课程目标确定教学内容,即编订教学计划、大纲、教材等;第三步课程实施是教学双边活动落实课程目标的过程,也是教师、学生、环境之间的沟通影响、认知能力形成的过程;第四步课程评价是根据课程目标检验课程设计的产出,并予以反馈修正。

集群式模块的课程模式,是在借鉴德国"双元制"核心阶梯课程、流行于北美等地区的能力模块课程,以及我国传统单科分段式课程等多种职教课程模式的基础上,取学科课程、活动课程、核心课程的课程观之长的课程模式。它是在市场经济、科技进步的背景下产生的,这种职业教育课程模式还兼顾与其他各级各类教育相互衔接、相互沟通;兼顾了学生当前就业和终身发展两个方面,基本满足了知识经济时代对五年制高职学校职业准备和升学准备双重教育功能的要求,顺应了社会、经济和人才需求的发展,体现了五年制高职教育的目标;体现了基本标准和较高标准;突出强调培养学生的创新精神和实践能力,是我国五年制高职课程改革中构建的一种新的、有效的课程模式。

第二节　五年制高职课程标准

五年制高职课程标准是规定课程的性质、目标、内容框架,提出教学建议和评价建议的纲领性教学文件,是编选教材、组织教学、评价和考核等的基本依据,是加强课程建设,实现专业人才培养目标的重要保障。

一、编制课程标准的基本原则

(一) 系统性原则

五年制高职课程标准的制定应着眼于学生德、智、体、美等全面发展,切合五年制高职教育教学实际以及学生自身学习能力的实际,确立素质、知识与能力"三位一体"课程教学目标,统筹安排课程教学内容、组织实施和教学评价等环节,科学分配理论教学与实践教学时间,实现课程教学的最优化设计。

(二) 发展性原则

五年制高职的发展不仅是教学内容、教学方法、教学管理等方面的发展与创新,更需要紧跟科学技术进步和社会经济发展趋势,为学生个性发展、全面发展及可持续发展奠定基础。

(三) 实用性原则

课程内容必须符合企业相应职业岗位的实际需要,与国家和行业职业标准相结合,反映本课程对学生素质、知识与能力等专业教育教学的基本要求,体现本课程教学目标的针对性、教学内容的导向性和教学方法的适用性。

二、编制课程标准的程序

(一) 专题调研

课程标准必须是在广泛科学的调研基础上制定的,不仅是本学校某专业的课程发展情况,而且要深入到开设该课程的广大五年制高职学校中;不仅参考本学校多年来的办学经验,也要考虑到不同地域水平的差异性;不仅围绕学校展开调研,更重要的是要根据本专业所覆盖的职业岗位群,选择若干个具有代表性的典型单位,开展行业企业岗位工种、工序、项目技术所需的职业素质、理论知识和专业技能等调研,形成课程职业分析与教学分析资料。一个课程的开设涉及到与之相关的方方面面,在开发之前一定要做好社会调研,尤其是五年制高职学校的特殊性,决定了其课程开发的复杂性、系统性及社会服务性。

(二)编写初稿

课程标准的制定不是一蹴而就的,必须经历时间的磨炼以及实践的考验,因此,在初步制定框架后,研写初稿,在研读与课程相关的教学文件资料和进行本课程职业分析与教学分析基础上,构建课程体系(课程结构框架),把职业分析和教学任务分析转化为理论与实践结合的课程内容,编写课程标准初稿。

(三)专题研讨

五年制高职的职业性及五年制教育的连贯性,决定了课程标准的制定以及课程的开发必须符合职业教育发展规律、学生的学习规律以及社会经济的切实需求,因此初步制定课程标准后,必须邀请行业企业人员、职业教育专家、相关专业的骨干教师等对课程标准初稿进行讨论、修改,形成课程标准送审稿(附课程职业分析与教学分析表)。

(四)专家审定

经多次的专题研讨后,学院专业协作委员会或分院(办学点)邀请有关专家对课程标准送审稿进行审定,确定为试行性课程标准。

(五)组织实施

课程标准的制定并不是一成不变的,还要接受教学实践的检验,在实行过程中应按照试行性课程标准的基本要求,配置相关教学资源,组织课程实施,系(部)要建立课程标准教学台账,及时收集、整理实施过程中的评价意见,在实施过程中发现的问题应及时得到反馈。

(六)修订完善

根据实施评价和反馈的意见,对试行课程标准进行滚动修订,从而不断提高课程标准质量及实施成效。

三、课程标准的主要内容

课程标准的主要内容包括课程概述、课程目标、课程内容与要求、实施建议等四个部分。

(一)课程概述

该部分主要阐述课程定位、教学理念和设计思路。

课程定位主要叙述本课程在专业人才培养中的地位、作用和功能,与其他课程的关系,以及课程类型等内容。

教学理念主要阐明课程教学应遵循的指导思想和基本原则。重点突出学生学习的主体地位,明确教与学两个方面的基本要求。

设计思路应将教育教学改革基本教学理念与课程框架设计、内容确定以及课程实施有机结合起来,阐述课程总体设计原则、课程设置依据、课程内容结构、理论与实践比例、课时安排说明、学分分配与考核评价方法等内容,充分体现课程标准的先进性和创新点。

(二)课程目标

课程目标包括总体目标和具体目标。

总体目标是对学生课程学习预期结果的综合概括,是专业人才培养目标在本课程的具体体现。在总体目标中可以了解培养的学生能达到怎样的目标,以及该课程发展的总体方向。

具体目标主要从知识与技能目标、过程与方法目标、情感态度与价值观目标、职业道德与素质养成目标等方面进行具体说明,是将总体目标进行细化,通过具体目标的呈现,让教师与学生更能细致了解该课程。

(三)课程内容与要求

该部分主要阐述学生在学习领域、专题或目标要素等方面应实现的具体学习目标,在编写中既要考虑课程各部分内容的相对独立,又要形成课程内容的有机整合。对于学生的学习结果,应尽可能用清晰的、便于理解及可操作的行为动词(如能或会动作要求+操作动词+操作对象)进行描述。

编制以工作任务为中心的项目课程标准,尤其在实践教学中,应该严谨选择适当的工作任务,要注意选取项目大小和数量适中,应符合学生的认知规律,项目不宜过大、过多,要由易到难、由浅入深、循序渐进,具有真实性、典型性、完整性和覆盖面。项目的内容应包括工作任务、教学目标、相关知识(理论知识、实践知识)、考核评价等。

(四)实施建议

该部分主要阐述课程教学的组织实施、评价方法、教材编写、课程资源开发与利用、实验实训设备配置等建议,五年制高职的职业性与基础性,决定了在其课程标准制定过程中更应该将课堂教学、实践教学以及仪器设备等的建议描述清楚。

教学建议要体现课程改革基本理念，改变以课堂为中心的教学方式，采用以实习实训场所为中心的教学组织形式，融"教、学、做"为一体。

评价建议应体现多元评价方法，五年制高职强调学生的动手能力和岗位适应能力，因此传统的评价方式已经不能满足学生评价的多样性。应重视教学过程评价，突出过程评价、目标评价、理论与实践一体化评价等相结合，注重学生动手能力和在实践中分析问题、解决问题能力的考核，关注学生个别差异，鼓励学生创新实践。

教材编写与选用建议包括教材的编写与选用，明确教材应按本课程标准进行编写，教材选用应符合本课程标准的基本要求，优先选用省部级以上规划教材或国家级的指定教材。目前，职业教育教材丰富同时也有很大差异性，因此应根据本校课程开发的实际情况慎重编写或者选择教材，应充分发挥教材的载体作用，而不应该仅仅是文字的传达。

实验实训设备配置建议要根据课程内容和要求，提出对实训（实验）室及功能、设备配置等要求。实验实训设备在五年制高职教育中是不可或缺的内容，它在一定程度上决定了教学水平以及学生的学习水平，因此应该重视实验实训设备的配置，对其应用做出详细的建议。

课程资源开发与利用建议包括课件、实训规范、信息技术、实训基地、网络资源、仿真软件等。现代职教课程资源愈加丰富，国家也大力支持课程资源的开发，逐步建立国家级的数字化共享资源平台，因此在该部分建议中，也逐步向国家课程资源靠拢，充分利用好资源，同时打造好适合自身课程发展的资源平台。

其他。对以上不能涵盖的内容作必要的说明，如对课程标准中有关专业术语作解释，课程相关参考资料目录和教学案例等。

案例——五年制高职商务英语专业的"外贸单证实务"课程标准。

"外贸单证实务"课程标准

课程名称：外贸单证实务

适用专业：商务英语等各专业方向

1. 前言

外贸单证实务课程主要介绍的是现实外贸业务活动中所涉及到的包括合同、信用证、发票、装箱单、提单、保险单、产地证、汇票等各种相关单据的内容、缮制和处理方法。这些单证是贯穿于国际贸易项目全过程的，也就是说,要顺利完成一笔国际贸易业务,除了买卖双方外,还必须至少有进出口两国的海关、商检机构、银行、保险公司、航运公司等十几家乃至几十家国家机关、企业单位一起参与方能实现。这些参与方的权利与义务就是通过十几种乃至几十种国际贸易单证来维系的,外贸单证是国际贸易活动的媒介。一般情况下,买卖双方从贸易磋商、签订合同,直到一方交货装船、另一方提货交款的整个过程,每个环节都要有相应的单证缮制、交接和传递,以满足有关各方的要求,并协同企业顺利完成进出口交易。大多数国际贸易交易中,买卖双方都是以单证为交货付款的依据,所以,单证工作对企业完成进出口业务,获取一定经济效益有着密切的关系,在国际商务专业群各专业方向以及相关专业开设外贸单证实务课程,其意义不言而喻。

1.1 本课程在相关专业中的定位

外贸单证课程主要是在五年制商务英语专业群中各专业方向(包括商务英语、国际商务等专业)开设。

五年制高职高专商务英语专业群的人才培养目标定位主要是:培养德、智、体、美等方面全面发展,牢固掌握必需的基本文化科学知识和对外经济贸易方面的专业知识,具有实践能力和创业创新意识,具有较强商务英语沟通交流能力、国际市场营销能力、进出口合同履行能力,能适应市场经济需要的高技能应用型人才。

五年制商务英语专业群学生目标岗位群面向为:专业进出口公司、国有企业、三资企业中,从事商务一线工作的涉外秘书、外销员、报关员、报检员、跟单员、单证员、驻外商务代表以及外贸业务部门的管理人员等。

由于在外贸单证实务课程中所涉及到的单证是在国际贸易各个环节中缮制和流转的,即单证贯穿于进出口业务全过程,制单能力是商务英语专业群各专业方向中基础的关键能力,因此外贸单证实务课程为商务英语专业群技术平台课程中的核心课程。

1.2 本课程的教学理念

1.2.1 以"项目引导、任务驱动、学做合一"模式进行课程整体设计

鉴于外贸单证的流转贯穿于国际贸易全过程,同时根据商务英语专业群人才培养目标的要求,外贸单证实务课程中主要应采用"任务驱动、学做合一"的项目教学法,把教学过程与具体的工作项目充分地融为一体,围绕具体的项目构建教学内容体系,组织实施教学;学习过程成为人人参与的自

主的实践活动,教学过程是理论与实践有机结合的过程。通过教学过程的实施,学生养成主动思考的良好学习习惯,培养团队协同能力和交流能力,提高学生分析和解决问题的能力;课程不仅具有很强的实践性、针对性、探究性和职业性,而且可以使教学的开展变得目的明确、脉络清晰、井然有序、卓有成效,起到事半功倍的效果。

1.2.2 充分利用课程数字化教学资源,充分发挥课程网站的作用,拓展学习渠道和学习空间,实现互动开放式的教学

教学资源的开发和利用,是提高学生学习兴趣,提高教学效果的重要环节。在教与学的过程中,教师和学生都应充分利用基本教学资源,包括网络教案、实验实训指导、应用案例、多媒体课件、习题库、试题库、各类教育教学网站和各种教学辅助光盘等数字化教学资源。同时充分发挥课程网站的作用,通过课程网站丰富的教学资源和良好的网络环境,调动学生的学习积极性,学生在任何时间、任何地点都可以上网学习。

1.2.3 逐步实现双语教学,增强商务英语的应用性

外贸单证制作要求具有很强的英语商务应用能力,本课程的教学应注重英语应用能力培养。在商务英语专业逐步推行中英文交替或全英文教学,使学生在专业方面的英语听、说、读、写、译全面得到提高。

1.2.4 以探究性的实践贯穿项目教学始终,培养学生终身学习的良好习惯

职业教育首要考虑的是就业问题,但随着社会发展和科技进步,职业内涵和所应用的工具不可避免地要发生变化,所以在课程教学中,不仅要教会其基本技能,更重要的是教会一种学习方法和工作方法,使其在社会潮流中立于不败之地。按此理念可在独立完成项目中设置部分新知识和新技能,学生为完成工作任务,自行探索新知识解决新问题,从不同的侧面培养学生养成探究性工作、终身学习的良好习惯。

1.2.5 注重过程评价,促进学生综合发展

本课程在教学过程中,倡导自主学习,启发学生对设定状况积极思考、分析,建立能激励学生学习兴趣和自主学习能力发展的评价体系。该体系由形成性评价和终结性评价构成。在教学过程中应以形成性评价为主,注重培养和激发学生的学习积极性和自信心。终结性评价注重检测学生的知识应用能力。评价要有利于促进学生的知识应用能力和健康人格的发展。

建立以过程培养促进个体发展,以学生可持续发展能力评价教学过程的双向促进机制,以激发兴趣、展现个性、发展心智和提高素质为基本理念。

1.3 本课程标准的设计思路

本课程以就业为导向,在专业教学指导委员会及行业专家指导配合下,对国际贸易活动所涉领域的各岗位(包括国际商务业务员、国际商务跟单员、国际商务单证员、报关员、报检员、国际货运代理等)进行职业能力分析,以处理国际贸易业务所需主要单证为主线,以企业真实项目为引导,充分考虑国际商务单证员职业资格考试要求以及 UCP600 之规定,采用业务流程式与并列式相结合的结构展示教学内容,通过再现情景、仿真模拟等活动项目来组织教学,培养学生具备国际商务单证缮制、审核及传递的基本职业能力。

2. 课程目标

2.1 课程总目标

本课程的总体目标主要是:通过对真实国际贸易业务所涉单证的仿真缮制、审核及传递,培养学生根据外贸业务各个环节的需要,正确操作各种外贸单证的能力,同时熟知国际惯例、国际商法、国际货物运输、国际保险及国际货款结算等与单证制作相关的知识,具有团结协作、扎实工作和敬业精神,使学生真正成为掌握一门技术的高级应用型人才。

2.2 具体目标

2.2.1 知识与技能目标

通过本课程的学习,要求学生掌握对外贸易单证的操作流程和各种外贸单证的制作方法及制单技巧,能根据贸易合同以及信用证的有关要求正确缮制全套国际贸易单证,审核国际贸易单证,并且能根据有关业务规定进行国际贸易单证的传递处理。即:通过本课程的学习,要求学生能审核信用证;能根据信用证及合同的有关条款缮制和审核商业发票、出仓单、装箱单,能根据合同和信用证运输条款,填制和审核货物运输单据;能根据合同和信用证保险条款,填制和审核投保单、保险单;能根据商业发票和装箱单填制审核报关单、出入境货物报检委托书,能办理出口收汇核销手续,缮制原产地证明、缮制审核汇票、能办理银行交单结汇等。

2.2.2 过程与方法目标

本课程在教学过程中,突出学生主体,采用项目教学,启发学生善于观察、自主思考、独立分析问题与解决问题。通过以学生为主体的学习,学生在观察、思维、推理与判断、分析与解决问题能力方面有明显的提高,能够灵活运用相关法律、国际惯例以及制单技巧解决现实中的国际贸易问题。

2.2.3 情感态度与价值观目标

在教学过程中,采用角色扮演教学、情境教学、项目教学等方法。注重基础应用性,从理论的传授过渡到方法的学习。通过本课程的学习,学生掌握国际商务单证的缮制技术,在课程的每一模块都匹配相应的项目,与现实国际经济情况结合紧密,鼓励学生积极参与项目研讨分析。通过与课程内容紧密配合的课堂活动(观看视频、讨论、项目分析等),丰富教学内容,调动学生学习的兴趣,激发他们学习的热情,培养学生的主体意识、问题意识、开放意识、训练意识、互动意识、交流意识,使学生真正成为学习的主人、课堂的主人,获得应有的收获。

2.2.4 职业道德与素质养成目标

在教学过程中通过团队活动实践让学生领悟并认识到敬业耐劳、诚实守信、讲究效率、尊重规则、团队协作、服务社会、崇尚卓越等职业道德与素质在个人职业发展和事业成功中的重要性,树立起自我培养良好的职业道德与注重日常职业素质养成的意识。

3. 内容描述

3.1 课程总体内容描述

外贸单证实务课程内容体系的安排是根据课程在商务英语专业群中的定位和作用,以专业领域各岗位的职业能力为导向,依据国际商务活动发展的逻辑顺序及环节展开;整合、序化教学内容,突出实践性和应用性。提炼出三项核心能力,即:根据贸易合同以及信用证的有关要求正确缮制全套单证的能力、国际贸易单证的审核能力、根据有关业务规定传递和处理单证的能力。且三项能力并列存在于各项目中,通过课程整体设计和一系列教学实践过程,教、学、做相结合,实现课程教学目标。

为使学生较为完整地掌握国际贸易流程各种单据的制作和技巧,本课程可以按贸易方向分出口工作和进口工作两大主要模块,每一模块根据不同结算方式和贸易术语又可分为跟学项目和独立完成项目;本课程按模块——项目为索引,总体内容框架如下表所示:

外贸单证实务课程整体内容框架表

模 块	课程内容(项目)	参考学时
模块一 (总体要求)	外贸单证概述	2
模块二 (出口单证工作)	项目一:L/C,CIF 出口　跟学项目	26
	项目二:L/C,CIF 出口　独立完成项目	4
	项目三:L/C,CFR 出口　独立完成项目	2
	项目四:T/T,CFR 出口　独立完成项目	2
	项目五:D/P,FOB 出口　跟学项目	4
	项目六:D/A,CIF 出口　独立完成项目	2
模块三 (进口单证工作)	项目七:L/C,FOB 进口　跟学项目	4
	项目八:L/C,CIF 进口　独立完成项目	2
合　计		48

3.2 课程分项目具体内容描述

项目名称	学习目标	工作任务	能力要求	教学内容设计	活动设计与要求	学时建议
项目一:L/C,CIF 出口跟学项目	1.全面掌握在 L/C、CIF 条件下的出口业务中各种单证的流转程序、制作方法及技巧; 2.会审核信用证; 3.会根据信用证的要求正确制作、办理各种外贸单证	1.催证、审证、改证; 2.办理出口货物托运手续,缮制相关单证; 3.报检及报检所需相关单证的缮制; 4.出口报关及相关单证的缮制; 5.保险投保及相关单证	1.全面掌握在 L/C、CIF 条件下的出口业务中各种单证的流转程序、制作方法及技巧; 2.会审核信用证; 3.会根据信用证的要求正确制作、办理与项目相关的各种外单	1.信用证分析及审核; 2.办理出口货物托运手续,缮制发票与包装单据; 3.海运出口货物托运与单据的缮制; 4.出口配额与许可证的办理; 5.出口收汇核销单的	1.教师给出项目的全部内容; 2.引导学生分析任务目标; 3.介绍所需要的知识(包括信用证基本知识、资金单据知识、商业单据及其相关单据知	26

续表

项目名称	学习目标	工作任务	能力要求	教学内容设计	活动设计与要求	学时建议
项目一：L/C,CIF出口跟学项目		的缮制；6.货物装运及相关单证的缮制；7.使馆认证；贸单证。8.综合审单；9.交单收款；10.出口收汇核销、退税及相关单证的缮制		申领；6.出口货运险的办理及保险单的审核；7.出口货物报关与单据的缮制；8.海运提单的审核；9.装运通知的缮制与发送；10.各种证明的缮制；11.汇票的缮制；12.出口收汇核销、退税及相关单证的缮制	识、公务文书知识等）；4.师生一同完成跟学项目	
项目二：L/C,CIF出口独立完成项目	1.明确本项目的任务目标、工作程序；2.通过各种途径自主完成对新知识的学习；3.能独立审核信用证；4.正确制作本项目要求的相关单据	1.讨论并书写项目实施方案；2.催证、审证、改证；3.办理出口货物托运手续，缮制相关单证；4.报检及报检所需相关单证的缮制；5.出口报关	1.能明确本项目的任务目标、工作程序；2.能正确制作本项目要求的相关单据；3.能独立审核信用证；4.具有独立办理单证的操作能力；	1.信用证打包贷款业务申请书缮制；2.商业发票缮制；3.装箱单缮制；4.出口货物委托运输合同缮制；5.普惠制原产地证书缮制；	1.学生分组自主研读、分析项目；2.找出项目目标任务；3.由教师组织学生到相关企业参观；4.拟定任务完成的路径；5.制定项目实施方案；6.学生独立	4

续表

项目名称	学习目标	工作任务	能力要求	教学内容设计	活动设计与要求	学时建议
项目二：L/C,CIF出口独立完成项目	5.独立进行单证的操作	及相关单证的缮制；6.保险投保及相关单证的缮制；7.货物装运及相关单证的缮制；8.使馆认证；9.综合审单；10.交单收款；11.出口收汇核销、退税及相关单证的缮制；12.单证归档。	5.具有参与意识、团队合作精神与自我评价能力；6.对新知识能通过各种途径有效进行自主学习	6.领取收汇核销单；7.出境货物报检单缮制；8.出口货物报关单缮制；9.投保单及保险单缮制；10.海运提单缮制；11.装船通知缮制；12.受益人证明；13.汇票缮制	开展学习、独立制单，教师指导；7.交单；8.小组检查评价；9.教师检查、讲评、给出成绩	
项目三：L/C,CFR出口独立完成项目	1.通过各种途径自主完成对新知识的学习；2.熟练掌握L/C,CFR出口工作流程；3.正确制作本项目要求的相关单据；4.独立进行本项目单证的操作	1.讨论并书写项目实施方案；2.催证、审证、改证；3.信用证打包贷款业务申请书缮制；4.商业发票缮制；5.装箱单缮制；6.出口货物委托运输合同缮制；7.一般原产地证书缮制；8.领取收汇核销单；	1.能明确本项目的任务目标及工作程序；2.能独立查找对应的HS编码；3.明确海关、商检的监管条件；4.能正确制作本项目要求的相关单据；5.具有独立办理单证的操作能力；5.具有参与意识、团队合	1.信用证打包贷款业务申请书缮制；2.商业发票缮制；3.装箱单缮制；4.出口货物委托运输合同缮制；5.一般原产地证书缮制；6.领取收汇核销单；7.出境货物报检单缮制；	1.学生分组自主研读、分析项目；2.找出项目目标任务；3.拟定任务完成的路径；4.制定项目实施方案；5.学生独立开展学习、独立制单，教师指导；6.交单；7.小组检查评价；8.教师检查、讲评、给	2

续表

项目名称	学习目标	工作任务	能力要求	教学内容设计	活动设计与要求	学时建议
项目三：L/C，CFR出口独立完成项目		9. 出境货物报检单缮制； 10. 出口货物报关单缮制； 11. 海运提单缮制； 12. 汇票缮制； 13. 综合审单； 14. 交单收款； 15. 出口收汇核销、退税及相关单证的缮制； 16. 单证归档	作精神与自我评价能力； 6. 对新知识能通过各种途径进行自主有效地学习	8. 出口货物报关单缮制； 9. 海运提单缮制； 10. 汇票缮制	出成绩	
项目四：T/T，CFR出口独立完成项目	1. 通过各种途径自主完成对新知识的学习； 2. 熟练掌握T/T，CFR出口工作流程； 3. 正确制作本项目要求的相关单据； 4. 独立进行本项目单证的操作	1. 讨论编制项目实施方案； 2. 出口货物委托运输合同的填制； 3. 商业发票的缮制； 4. 装箱单的填制； 5. 出境货物报检单的填制； 6. 出口货物报关单的填制； 7. 装船通知的缮制； 8. 海运提单的填制；	1. 明确本项目的任务目标及工作路径； 2. 能独立查找对应的HS编码； 3. 对新知识能通过各种途径自主学习； 4. 能正确制作本项目要求的相关单据； 5. 具有独立办理单证的操作能力； 6. 具有参与意识、团队合	1. 出口货物委托运输合同的缮制； 2. 商业发票的缮制； 3. 装箱单的缮制； 4. 出口收汇核销单的领取与缮制； 5. 出境货物报检单的缮制； 6. 出口货物报关单的缮制； 7. 装船通知的缮制； 8. 海运提单的缮制；	1. 学生分组自主研读、分析项目； 2. 找出项目目标任务； 3. 拟定任务完成的路径； 4. 制定项目实施方案； 5. 学生独立开展学习、独立制单，教师指导； 6. 交单； 7. 小组检查评价； 8. 教师检查、讲评、给出成绩	2

续表

项目名称	学习目标	工作任务	能力要求	教学内容设计	活动设计与要求	学时建议
项目四：T/T，CFR 出口独立完成项目		9.一般原产地证书的缮制； 10.普惠制原产地证书的填制； 11.出口收汇、核销、出口退税的办理； 12.单证归档	作精神与自我评价能力	9.一般原产地证书的缮制； 10.普惠制原产地证书的缮制		
项目五：D/P，FOB 出口跟学项目	1.掌握D/P、FOB价格条件下的出口业务中各种单证的流转程序、制作方法及技巧； 2.会根据托收要求正确制作、办理各种外贸单证； 3.清楚本项目在汇票、提单填制等方面与前4个项目的区别	1.制作商业发票； 2.缮制装箱单； 3.制作办理原产地证明； 4.填制报检单； 5.申领、填制出口收汇核销单； 6.出口货物报关与单据的缮制； 7.审核海运提单； 8.装运通知的缮制与发送； 9.缮制汇票； 10.缮制托收委托书	1.掌握D/P、FOB价格条件下的出口业务中各种单证的流转程序、制作方法及技巧； 2.会根据托收要求正确制作、办理各种外贸单证； 3.清楚本项目汇票、提单等与前4个项目的区别	1.商业发票跟学制作； 2.装箱单跟学制作； 3.原产地证明书的制作办理； 4.报检单的填制； 5.出口收汇核销单的申领、填制； 6.出口货物报关与单据的缮制； 7.海运提单的跟学审核； 8.装运通知的缮制与发送； 9.汇票的跟学缮制； 10.托收委托书的缮制	1.教师给出项目的全部内容； 2.引导学生分析任务目标； 3.介绍所需要的知识（包括信用证基本知识、资金单据知识、商业单据及其相关单据知识、公务文书知识等）； 4.师生一同完成跟学项目	4

续表

项目名称	学习目标	工作任务	能力要求	教学内容设计	活动设计与要求	学时建议
项目六：D/A,CIF出口独立完成项目	1.通过各种途径自主完成对D/A相关知识的学习； 2.熟练掌握D/A,CIF出口工作流程； 3.正确制作本项目要求的相关单据； 4.独立进行本项目单证的操作	1.讨论并书写项目实施方案； 2.制作商业发票； 3.制作装箱单； 4.出口货物托运单的填制； 5.填制一般原产地证书申请书及一般原产地证书； 6.填制出境货物报检单； 7.填制出口货物报关单及代理报关委托书； 8.填制出口货物投保单及保险单； 9.审核（填制）海运提单； 10.制作装运通知； 11.填制汇票及托收申请书； 12.填制出口收汇核销单； 13.单证归档	1.明确本项目的任务目标及工作路径； 2.能独立查找对应的HS编码； 3.对新知识能通过各种途径进行自主有效地学习； 4.明确海关、商检的监管条件； 5.能正确制作本项目要求的相关单据； 6.具有独立办理单证的操作能力； 7.具有参与意识、团队合作精神与自我评价能力； 8.清楚与项目五在交单方式、汇票填写方面的区别	2.制作商业发票； 3.制作装箱单； 4.出口货物托运单的填制； 5.填制一般原产地证书申请书及一般原产地证书； 6.填制出境货物报检单； 7.填制出口货物报关单及代理报关委托书； 8.填制出口货物投保单及保险单； 9.审核（填制）海运提单； 10.制作装运通知； 11.填制汇票及托收申请书； 12.填制出口收汇核销单	1.学生分组自主研读、分析项目； 2.找出项目目标任务； 3.拟定任务完成的路径； 4.制定项目实施方案； 5.学生独立开展学习、独立制单，教师指导； 6.交单； 7.小组检查评价； 8.教师检查、讲评、给出成绩	2

续表

项目名称	学习目标	工作任务	能力要求	教学内容设计	活动设计与要求	学时建议
项目七：L/C,FOB进口跟学项目	1. 清楚进口与出口项目在单证处理上、流程等关键方面的不同；2. 全面掌握进口单证的操作流程及单证的缮制技巧；3. 清楚L/C,FOB条件下的进口业务中各种单证的流转程序、制作方法及技巧	1. 贸易进口付汇核销单的填制；2. 信用证申请书的填制；3. 修改信用证；4. 进口货物订舱委托书的填制；5. 进口保险及相关单据的缮制；6. 进口审单；7. 入境货物报检单的填制；8. 报关提货	1. 清楚进口与出口项目在单证处理上、流程等关键方面的不同；2. 全面掌握进口单证的操作流程及单证的缮制技巧；3. 清楚L/C,FOB条件下的进口业务中各种单证的流转程序、制作方法及技巧	1. 贸易进口付汇核销单的填制；2. 信用证申请书的填制；3. 修改信用证；4. 进口货物订舱委托书的填制；5. 进口保险及相关单据的缮制；6. 进口审单；7. 入境货物报检单的填制；8. 报关提货	1. 教师给出项目的全部内容；2. 引导学生分析任务目标；3. 介绍所需要的知识（包括信用证基本知识、资金单据知识、商业单据及其相关单据知识、公务文书知识等）；4. 师生一同完成跟学项目	4
项目八：L/C,CIF进口独立完成项目	1. 清楚进口审批程序；2. 能独立进行付汇核销的办理；3. 能熟练修改信用证；4. 掌握进口报检流程及要求；5. 能独立进行报关提货操作	1. 讨论并书写项目实施方案；2. 进口审批；3. 付汇核销；4. 修改信用证；5. 进口报检；6. 报关提货；7. 单证归档	1. 明确本项目的任务目标及工作路径；2. 能独立查找对应的HS编码；3. 明确海关、商检的监管条件；4. 能正确制作本项目要求的相关单据；5. 具有独立办理单证的操作能力	1. 进口审批；2. 付汇核销；3. 修改信用证；4. 进口报检；5. 报关提货	1. 学生分组自主研读、分析项目；2. 找出项目目标任务；3. 拟定任务完成的路径；4. 制定项目实施方案；5. 学生独立开展学习、独立制单，教师指导；6. 交单；7. 小组检查评价；	2

续表

项目名称	学习目标	工作任务	能力要求	教学内容设计	活动设计与要求	学时建议
项目八：L/C，CIF进口独立完成项目			6.具有参与意识、团队合作精神与自我评价能力； 7.清楚与项目七的区别并自主完成本项目所涉及的新知识和新技能的学习		8.教师检查、讲评、给出成绩	

4. 实施要求

4.1 教学方式与考核方法

4.1.1 教学方式

由于外贸单证实务课程是一门实践性较强的课程，且单证缮制和传递贯穿国际贸易全过程，因此在课程的教学内容设计和安排中采用学做合一的"项目教学法"开展教学活动较为合适。即，以具体进出口贸易项目为主线，采用"项目引导、任务驱动、学做合一"方式安排教学，"学中做"与"做中学"相结合，按照不同的结算方式和贸易术语安排跟学项目和独立完成项目。

跟学项目是由教师作为引导者和讲授人的项目。在跟学项目中教师给出项目的全部内容，引导学生分析任务目标、介绍所需要的知识（包括信用证基本知识、资金单据知识、商业单据及其相关单据知识、公务文书知识等），然后师生一同完成跟学项目。

独立完成项目是由学生作为项目主持人，独立实施的项目。独立完成项目可以通过如下几个步骤来完成。

1. 学生分组自主研读、分析项目

学生独立阅读合同内容，主要了解合同中贸易商品的基本情况，掌握贸易术语和付款方式，是否有中间商参与等。

在分析中要找出项目目标任务并拟定任务完成的路径，项目的总目标是根据项目有关的贸易文件确定需要缮制的全套单证,最终实现交单结汇。项目路径也就是项目实施的工作程序。工作程序分两种情况:一是出口单证的工作程序,包括审核信用证,制定打包贷款申请书,缮制商业发票、出口货物报检单、出口货物订舱委托书、装箱单、专业(代理)报关委托书、出口报关单、出口收汇核销单、出口货物通关单、货物运输保险投保单、海运提单、原产地证书、汇票等一系列出口单据。二是进口单证工作程序,包括信用证申请书的填制,修改信用证,填制进口货物订舱委托书、进口货物报检单、进口货物报关单及贸易进口付汇核销单等。

2. 由教师组织学生到相关企业参观(在条件允许的情况下进行)

参观的目的是让学生对产品的生产工艺流程、制作方法、计量单位、包装要求等进行充分了解,以便有的放矢地缮制单证。

3. 制定项目实施方案

具体的实施方案包括:确定自己在项目中的角色,完成全套单据的工作时间,利用学过的哪些知识和技能,需要的新知识技能及其学习方法、学习手段,项目实施的工作步骤等。

4. 学生独立完成新知识的学习、独立开展制单工作

学生在任务驱动下,采取"学做合一"的方式,在手工实训室、EDI实训室、国际贸易综合业务仿真实训中心,利用专业软件和仿真设备、学校图书馆、主辅教材、课程教学网站、其他资料等,按照工作程序,在老师的指导下边学习、边探索、边研讨、边制单。

5. 交单归档

交单形式有两种,要求手工制单的项目,学生要交付全套纸质单证;要求EDI制单或电脑制单的部分,学生应通过软件系统提交全套单据或者通过网络邮箱进行提交。

6. 小组检查并考核

7. 教师检查、讲评、给出成绩

学生交单以后,为了检验学生是否达到预期的目标,发现教学中的问题,教师对学生完成的全套单据进行检查、讲评。讲评的内容包括:已有知识技能的运用情况,是否完全理解和掌握了新知识,新知识和技能的应用情况,全套单据协调情况;学生自主学习的能力;同学间相互协作的能力等,若发现问题及时纠正。同时教师要根据学生在完成任务活动中的表现和制单

质量给出成绩。

4.1.2 考核方式

本课程以培养学生的外贸制单能力为目的,故既要重视过程考核,也要重视结果考核。本课程可通过形成性考核和终结性考核两种方式进行,形成性考核占总成绩的70%,终结性考核占总成绩的30%。

A. 形成性考核方案

形成性考核分布在每一个独立完成的项目中进行,各项目考核成绩之和为100分。每个项目可包括小组考核及教师考核,小组考核占40%,教师考核占60%。其具体考核方法如下:

(1) 小组考核

考核内容分为单证业务考核及基本素质考核两大部分,其权重各为占60%和40%。

单证业务考核主要包括:

A. 单证制作的正确性、及时性与完整性;(40%)

B. 商务英语应用能力;(20%)

C. 不同的价格条件、不同结算方式下业务流程的熟练运用程度;(20%)

D. 有关国际贸易法律和惯例的运用情况。(20%)

基本素质考核主要包括:

A. 在小组中的协调沟通及合作情况;(30%)

B. 计算机等辅助设备的应用情况;(30%)

C. 语言文字的处理能力;(20%)

D. 敬业精神及职业道德等。(20%)

(2) 考核方式

制单人独立完成项目中的全套单证后,由同组其他同学进行检查,检查后由检查人填写被考核人"项目考核表"。

××项目考核表

被考核人：　　　　　　　　　　　　　被考核人所在的小组：

考核内容		完成情况或存在的问题	得分
单证业务考核	A. 单证制作的正确性、及时性与完整性；(40%)		
	B. 商务英语应用能力；(20%)		
	C. 不同价格条件、不同结算方式下业务流程的熟练运用程度；(20%)		
	D. 有关国际贸易法律和惯例的运用情况。(20%)		
基本素质考核	A. 在小组中的协调沟通及合作情况；(30%)		
	B. 计算机等辅助设备的应用情况；(30%)		
	C. 语言文字的处理能力；(20%)		
	D. 敬业精神及职业道德等。(20%)		

检查人：　　　　　填写日期：　　年　　月　　日

小组对每人每项目打分后，对每项目个人得分汇总填制一份"小组项目考核成绩单"。

××小组第××项目考核成绩单

姓名	模拟部门	单证业务考核	基本素质考核	小组打分

组长签字：　　　　　　　　　填写日期：　　年　　月　　日

(3) 教师考核

教师对每一位学生的考核内容及考核权重同小组考核内容及权重；教师对每位学生的每个项目考核可填入"教师考核成绩单"。

教师考核成绩单

被考核人所在班级		被考核人所在组号	
被考核人姓名	被考核人学号	被考核人模拟岗位/角色说明	
考核内容		考核结果描述（参考）	成绩
单证业务考核	单证制作的正确性、及时性与完整性	①能明确托运要求和责任人； ②能独立进行托运单据及相关单据的填制与审核； ③装船时间与合同一致	
		①检验检疫依据与合同等文件一致，并符合输入国规定； ②报检类别、时限、地点的确定和报检单的填制符合有关规定； ③熟悉报检流程	
		①清楚出口报关程序； ②能准确填制出口报关单等	
		①所有单据的缮制差错率在5%以下； ②归档整理完整、及时、准确； ③会缮制装运通知和提单	
		①清楚不同贸易方式所应提供的不同核销材料； ②熟悉办理核销手续流程； ③熟悉办理退税手续流程； ④退税中，国内供货发票品名数量单位与报关一致	
	商务英语应用能力		
	不同价格条件、不同结算方式流程的熟练运用程度		
	有关国际贸易法律和惯例的运用情况		

续表

	考核内容		考核结果描述（参考）	成绩
被考核人所在班级			被考核人所在组号	
被考核人姓名		被考核人学号	被考核人模拟岗位/角色说明	
基本素质考核	在小组中的协调沟通及合作情况			
	计算机等辅助设备的应用情况			
	语言文字的处理能力			
	敬业精神及职业道德等			
	其他问题说明			

教师签字：　　　　　填写日期：　　　年　　月　　日

B. 终结性考试方案

终结性考试是在期末安排，主要表现为理论与实践相结合式的考核，可分为不同的题型（包括单项选择题、多项选择题、判断题、简答题、案例分析题、计算题、单证操作题、单证改错题等），通过教考分离形式进行；其考核内容主要侧重本课程职业技术领域共性专业能力目标的实现情况。

4.2　教案编写

本课程标准对教案的定义是指在本课程完成整体教学设计，确定课程学习任务的基础上，对每一教学单元（原则上是 2 学时为一教学单元）进行的教学方案设计，它包括对本任务学习目标、工作任务、能力要求及教学内容分解到本教学单元中的具体授课内容、课堂活动教学的组织方式与教学要求、课时建议等。特别是要通过设计清楚阐述，针对本模块的工作任务如何将典型实践性环节所需实践知识融入理论知识学习中；并根据能力要求，如何将技能实践融入学习过程中。

必须依据本课程标准编写教案。充分体现任务引领、实践导向课程设计思想。教案要体现先进性、通用性、实用性。反映国际商务操作的新技术、新方法，活动设计要具体、可操作。

在采用任务引领、项目教学方法的前提下，教案的编写应考虑如下几点：

首先，明确本次授课应让学生掌握的知识点和基本技能，体现理论够用、技能达标的高职教育特点；

其次，明确采用的教学活动方式，以利于教学目标的实现；

再次，教学采用的案例、情景假设等，不仅适应教学目的，更应渗透人文精神和职业素质的养成；

最后，时间的安排。既能使学生在轻松活泼的气氛中实现教学目标，完成本次课程的教学任务，又能有时间总结、答疑，体现教学组织的科学性。

本课程标准规定全部教案按年度版本进行管理，教案必须根据当年教学实践及学生学习条件的变化，由课程教学团队根据"信息反馈、团队反思、成员共享"的原则，对课程全部教案进行一次修改完善，形成当年更新版本用于下一年度的课程教学，并撰写年度改版总结报告存档备案。

4.3 课程教学资源及使用要求

4.3.1 项目选取

确定项目是项目教学法的基础，选取和确定一个好的项目是教学成败的关键。概括起来，有四条原则需要遵循。第一，真实性原则。项目应来自真实的国际贸易业务，本着为区域经济发展服务的理念，应着重选取本地区主要贸易产品项目；第二，系统性原则。项目要包含主要的教学内容，要根据人才培养目标的需要，按照教学标准的要求把众多知识点有机地结合起来；要注意项目任务所涉及的新旧知识点之间的联系，应使项目任务和知识形成一个科学的教学系统；第三，实用性原则。本着项目来源于实践，服务于实践的宗旨，选取项目要考虑其实用性，选择涵盖适用面较大的项目，使学生顶岗实习或毕业后在同类产品贸易中能举一反三，很快上手；第四，可操作性和趣味性原则。选取的项目应尽量考虑学生的心理特征，虽然具有一定的难度，但通过自身学习和努力工作都能完成得较好，学生在项目实施中的每一个环节都有成就感。

4.3.2 其他教学资源的使用

本课程开发的相关教辅材料、多媒体课件、应用案例、教学辅助光盘、实训工作规范、网络资源等均为课程教学资源。

各种教学资源作为配合课程教学使用的助教、助学资源必须符合以下要求：

（1）内容符合课程标准要求，教学目标明确，取材合适；

(2) 符合认知规律,逻辑性强,利于学生知识与能力的建构;
(3) 媒体资源使用恰当,和传统教学方法相得益彰,互动性好;
(4) 文字、符号、公式、计量单位符合国家标准或惯例;
(5) 教师教学中不能过分依赖课件,尤其是文字表述内容。

5. 其他说明

要想使项目教学法在外贸单证实务课程实施中达到预想的效果,关键的三个要素需处理得当,即项目的选取、学生主体地位的落实和教师主导作用的发挥。

5.1 学生主体地位的落实

项目教学法应用成功,另一个关键问题就是学生真正主体地位的发挥,而不是浮在形式上的。在这个问题上应注意保证学生自始至终参与其中,在项目前期,教师和学生一起到相关企业进行实地参观考察,通过互联网了解交易对方的基本情况,从而对所要开展的项目有感性认识,明白在外贸单证工作中,单证工作人员除要制单外,还必须对产品的生产工艺流程和制作方法、计量单位、包装要求等进行充分了解,同时对贸易对方的信誉状况、资金情况、公司规模、生产经营情况、贸易习惯等也要有所了解,只有如此,才能按照要求正确制单;之后学生分组对项目资料进行认真研读,分析项目目标、工作路径、在该目标下应该完成的工作任务、制定项目实施计划等;在限定时间内学生可以通过互联网查找相关贸易信息和金融信息,进入课程网站在线学习相关内容,可以与老师及同学线上线下相互切磋、讨论难点,可以进入专业实训中心利用模拟软件和仿真实训室的各个贸易环节专业软件进行制单和传输单据,将各业务环节串联起来,掌握独自完成整个外贸业务流程的操作技能,从而全面提升专业学生的职业能力;在仿真的职业场景中,整个过程如做真实的业务,学生身临其境,亲自进行活动和实践,变被动学习为主动积极又有创造性地学习,自己克服、处理在项目工作中出现的困难和问题;不仅要应用已有知识、技能,而且还要运用新学习的知识、技能,解决过去从未遇到过的实际问题,学习结束有明确而具体的成果,学生在项目实践活动中可以获得在传统教学方式中得不到的自主感、使命感和成就感,也为顶岗实习和将来从业打下了坚实的基础。

5.2 教师主导作用的发挥

项目教学法对教师的要求较高,教师要具有良好的专业知识素养,还应具有较高水平的实践操作能力、较强的项目设计与指导能力以及良好的教学组织能力,能引导学生自己发现知识、提高技能。在学生独立完成项目之前,由教师首先介绍一个跟学项目,介绍这个项目概要、作为出口方或进口方(卖方或买方)提出(任务)要求,通过任务导入及分析、启发驱动学生积极思考,引发学生学习兴趣,一开始就让学生明白自己要学什么,要做什么,从开始即明确学习目的,做到"有的放矢"的学习;再由教师介绍完成任务的知识准备(制单要领、涉及到的国际惯例法律等相关知识),由学生和老师共同完成引导项目。学生独立完成的项目也需要在教师的引导下实地参观有关企业、收集整理资料、分析任务目标和任务路径、制定实施计划,然后由学生自主完成真实业务背景下的各个独立项目,教师配合指导、答疑、讲评、给出成绩。在整个独立项目实施中教师实质上是辅导者、导演,所以教师的主导性地位应掌握在"导"字上。

江苏联合职业技术学院编制

第八章 五年制高职工学结合教学方法的改革

为了增强五年制职业教育人才的培养效果,促使培养出的学生既能满足技术、经济和社会的需求,又能促进学生职业生涯可持续发展,保证工学结合课程体系的成功实施,要采取相应的教学方式方法,提高职业学习的有效性。

第一节 有效教学的基本原则

要提高学习的有效性,在工学结合课程体系开发的教学设计和教学方法使用中,应当遵循以下四个基本原则:

一、以学生为中心

五年制高职的主要任务是提高学生的职业能力,为学生就业做准备,因此工学结合课程体系也是以培养人的综合职业能力和全面发展为基础,这就要求在教学策略上进行根本性的改革,通过让学生在合作式的学习环境中构建解决问题的方案,从而使他们开放思维,顺利实现知识与技能的掌握与应用。要想实现这一目标,在教学方式上必须实现从以教师为中心向以学生为中心的转化。

在以教师为中心的教学方式中,往往简单的采取教师讲解或者在固定的教室使用教学媒体上课,在这个过程中教师处于主动地位,完全控制着教学过程。而作为被动接受者的学生由于缺乏有意识的学习情境设计,缺乏足够的信息反馈和主动参与,因此学习效果往往大打折扣,也难以实现方法能力和社会能力发展的教育目标。

工学结合课程在以学生为中心的教学方式中,学生作为主动学习的积极参与者,围绕已确认了的学习目标独立完成学习任务,教师作为学生学习的辅助者,其任务是为学生独立学习起咨询和辅导作用。以学生为中心教学中独立制定计划、实施计划并检查其结果,间接上也对采用以学生为中心的教学方式提出了要求:学生在多变复杂的工作环境中能独立选择劳动工具、设计工作方法、控制工作过程和保证工作质量,能够较好地发展专业能力和关键能力。

在五年制高职教育中,基于学生的年龄特征以及认知规律,对不同的学习目标可以采取灵活的教学方法,逐步引导学生成为学习的主导者。所谓学习的主导者,不仅指对于专业知识与技能的掌握,以及在解决问题时的独立思考,更重要的是引导学生作为职业人去管理自己,在任务完成过程中涉及到的任务分配、时间控制、质量管理、质量评价、人际关系等等,都是由学生自己作为主导者去逐渐把握的,改变了传统的教师本位的角色定位。

另外,师生之间不是制度上的支配—从属关系,而是具有感情体验的精神协调关系,可以建立起真实、接受和理解的关系,由此而产生和谐、积极并充满活力的学习气氛。以学生为中心可以促进学生全面发展,理论上可以达到任何一个学习目标,但基本条件是学生要了解达到这一目标的手段和方式,并有强烈的成就欲,这些条件限制了其在教学中的实际应用。

二、以行动导向为指导

工学结合课程的综合职业能力目标要求在教学中不仅要传授单科知识和单项技能,而且更加注重培养解决综合问题的能力。行动导向教学法的主要特点在于强调多人分工合作和自主制定实施计划,过程的实施是以学生为主体,教师为咨询者出现。目前,行动导向教学在三年制高职课堂、五年制高职课堂已开始运用,并且得到认可。如何理解和正确运用行动导向教学法是我们每一位教师所要思考的问题。

在行动导向教学中,学生通常以个体或小组的形式制定工作和学习计划、实施计划,并以评论反馈的形式形成"完整的行动模式"。教师通过设计开发合适的学习情境,通过多种辅助手段(如学材)帮助学生独立获得必需的知识并构建自己的知识体系。

行动导向教学强调"在学中做,在做中学",即"思维"和"行动"的统一,注重的是在思考与实践过程中不断尝试,在尝试中完成任务的规划设计及获得问题解决的方法,通过在多次试验中的比较,以最优的方式达到行动目标,取得最佳行动成果。行动导向教学不强调知识的系统性,但重视"案例"和"发现"以及学生的自我管理式学,重视留给学生尝试新的行动方式的实践空间。

按照教学方法的复杂程度,行动导向的教学分为三个层次:

实验导向性教学,主要过程为制定实验计划、行动实验和检验评价结果,目的主要是解决实际技术问题。

问题导向性教学,主要过程为理清问题实质、确定结构、解决和实际应用结果,目的主要是培养技术思维能力。

工作导向性教学,按照完整的工作过程(资讯—决策—计划—实施—检查—评估六大步骤)进行,全面培养技术、社会、经济和政治等方面的能力,促进创新精神的发展。

例如,现浇机构主体施工课程内容包含目前常用的框架结构施工、剪力墙结构施工、框架剪力墙结构施工三种结构类型。根据现浇结构主题施工工作过程确定课程内容框架,以构建为载体进行学习情境设计,即柱施工—剪力墙施工—楼梯施工—梁、板施工—填充墙施工—结构实体检验六个学习情境。对于柱施工这一学习情境进行具体的教学设计,柱施工的工作过程为柱钢筋施工—柱模板施工—柱混凝土施工,教学时分为三个步骤:第一为柱钢筋的加工与绑扎;第二为柱模板的制作与安装;第三为柱混凝土的生产与浇注。对于柱钢筋的加工与绑扎这一步骤以行动导向教学法组织课程,将课程教学分为资讯—决策—计划—实施—检查—评估六大步骤,将学生进行分组,每组以6—8名学生为宜,具体实施步骤见表2-3-1:

表2-3-1 柱钢筋的制作与绑扎行动导向教学法实施步骤

业内(理实一体化教室)			外业(校内外实训室)			
资讯	决策	计划	实施	检查	评估
教师:布置任务、明确任务要求、介绍基础知识	学生:独立识图、查阅规范、掌握工艺、填写工作页	学生:小组独立完成钢筋验收单,完成钢筋下料单、完成钢筋技术交底、填写工作页	学生:小组根据下料单、技术交底,独立完成钢筋制作及绑扎,各小组之间及时进行交流	学生:小组根据工作页的规范及验收标准进行小组内检、小组互检,并填写验收单	教师:指出偏差所在,提供参考答案,并对整个过程作出全面的评价
任务:验收钢筋、编制下料单、编制技术交底、加工柱钢筋、绑扎柱钢筋、填写验收单	教师:为学生准备资料,与学生交流、讨论学生提出的决策	教师:作为咨询者与学生交流方案,并给予方案指导	教师:作为咨询者与学生交流方案,并指出实施中的问题	教师:作为评判者对各小组绑扎的钢筋进行检查	教师:将考核分为过程考核、结果考核两部分

行动导向教学的教学内容是结构较为复杂的综合性问题。解决这些问题，一方面要按照工作过程系统化的原则进行，另一方面需要跨学科的学习。应尽量让学生参加所有学习活动的计划工作，甚至包括确定教学目标和教学内容，应照顾学生的兴趣和已有经验，如文化知识和技能基础、心理的组织者，是学生的专业对话伙伴。教师在教学中不仅注意学生的外部活动，更要注意学生的内部活动，注意促进学生思维、想象和创造能力的发展。

行动导向教学六步法不是所有的课程内容都适合，主要原因在于与课程相配套的实训条件达不到。例如，建筑基础工程施工课程中的桩基础施工，在教学中不可能在校内进行机械挖空、下钢筋笼、浇注混凝土等具体实施过程，即使校外实训基地也不一定在教学期间有类似工程。对于这类教学内容，在教学过程中要灵活选择适当的教学方法，如采用资讯—决策—计划来进行业内教学，对于外业中的实施—检查—评估的教学过程可采取录像、图片等方式来实施。

三、整体化的学习

工学结合课程促进学生综合职业能力的发展，不但要提供专业能力的教育，而且还要提供专业素质的学习机会，包括社会教育、伦理教育和政治教育等，因此职业教育的学习工程是一个整体化的学习工程。它包括：

1. 专业学习——通过学习专业知识和技能形成专业能力；
2. 解决问题的学习——通过学习基本的工作技术形成方法能力；
3. 社会和交流式学习——通过掌握基本合作和交流技能形成社会能力；
4. 情感和伦理的学习——通过深入反省和认识自己，以及负责地参加社会与政治活动，形成情商。

实现整体化学习，必须在学习目标的确定、课程设计和教学设计三个方面做到：

1. 学习目标。

学习目标的内容应该是多方面的，包括专业内容学习目标、解决问题方法能力的学习目标、社会与交流方面的学习目标以及认知和德育方面的学习目标。

2. 课程内容。

选择课程内容时应紧密结合企业岗位需求以及先进的技术，并逐渐引入具有前瞻性的内容,针对职业的工作领域,以典型工作任务和完成典型工作任务的工作过程为导向,学习内容是跨学科的、一体化的综合性"学习与工作任务",它来源于企业实践,但不仅仅针对具体的岗位,而是着眼于人的职业能力和职业生涯发展。

3. 教学设计。

教学设计应该遵循工学结合课程的基本原则,即理论学习与实践学习相结合、促进认知能力发展和建立职业认同感相结合、科学性与实用性相结合、符合职业能力发展规律与遵循技术及社会规范相结合、学校教育与实践相结合。

整体化学习是学生独立解决问题,并对未来产生持续影响的个性化发展过程,学习计划由学生自己或以学习小组的形式制定,通过职业实践活动寻求一个最新的结果,目标是促进学生职业能力、职业意识和责任感等的综合发展,促进学生的个性发展并能最终实现"职业成熟"。

四、加强学生的自我管理

工学结合课程需要学生自我管理式的学习。在理想化的自我管理学习中,教师作为辅助者根据教学目标设计和构建学习情境并提供适当的资源条件,而学生在此环境中充分发挥主动性,以现实生活和工作情境为基础,根据自己的需要设定学习目标,选择学习资源和方法,决定学习进度、时间和地点,并评价自己的学习成果,从老师、同学甚至是竞争伙伴那里获得所需要的知识和技能。学生对自己的学习负责,而教师的职责只是帮助学生更好地管理自己的学习生活。

自我管理式学习包括个体独立学习和小组学习。

1. 个体独立学习。

个体独立学习对学生自身的自觉性和自控能力有着很高的要求,是在没有教师和其他同学直接帮助下独立学习或复习,根据个人对知识的掌握程度独自设定学习目标,完成学习任务。如在五年制高职学习过程中,学生独立完成某一技能,可根据情况灵活调整学习时间、进度、方法。个体独立学习需要一些基本条件,尤其对职业教育来说,若为个体独立学习提供条件需要完善的规划,除了一些传统的技术资料印刷文字、图表模型、试听媒体甚至计算机软件等,还需提供一些特殊的资料和场所,如与专业相关的学习资源中心、实践场地等等。

2. 小组学习。

小组学习指多个学生在没有教师和其他同学直接帮助下学习或复习教学内容、解决实际问题，它是较个体独立学习要求更高的、与以学生为中心的教学方式相对应的自我管理式学习。小组学习的学习内容和学习任务可以相同也可以不同。

自我管理式学习发生在复杂的企业和社会环境中，学生们通过角色的转化共同分析工作任务、分享任务、协调工作过程、评价和展示成果等形式，学习如何共同解决专业和社会问题、承担责任，体验和判断自身行为对小组的影响。在五年制高职教育中小组学习也是不可或缺的，一个完整学习项目或任务的完成离不开学习者之间的相互配合，尤其在实践操作活动中，应充分利用好小组学习的机会，逐步引导学生向工作人员角色转变，并鼓励学生间信息交流、团队合作，从而达到较高的认知目标。

第二节 几种重要的教学方法

五年制高职教育的工学结合课程中强调"思维"和"行动"的统一，强调"情境"和"发展"，以及学生的自我建构和自我管理式学习；教学过程是认知过程与职业行动过程的结合，是学习者的个体行动、学习过程和适应外界要求的结合。下面主要介绍一些重要的教学方法。

一、四阶段教学法

四阶段教学法基本特征为：教师——讲解、演示、指导、评价；学生——倾听、观察、模仿、练习。

在"四阶段教学法"的第一阶段，教师讲解，将任务及要求进行小组学习计划，由组长协助教师准备必需的设备、工件和教具。第二阶段主要由教师按要求进行引导和示范，组长协助教师进行现场管理，组员之间按照任务分配相互配合进行合作。第三阶段由组长负责组织实施模仿和练习，教师进行指导和帮助。第四阶段总结、评价、反思在学习过程中取得的成果和存在的问题，要对自己和他人的工作质量和学习成果进行评价。操作结束后，各学习小组进行总结评议，组员首先根据自己在小组活动中的表现及成绩进行自我评价，组长则结合组员平时的表现记录对其进行评价，最后由教师对其进行学习过程评价。

在实践中,教师可根据实际情况对具体环节加以取舍。表2-3-2为四阶段教学法的详细过程。

表2-3-2 四阶段教学法的步骤

第一阶段:教师讲解、学生倾听	1. 基础准备工作	①划分教学单元 ②准备必需的仪器设备、工具和教学软件
	2. 教学开始	①教师与学生之间相互问好 ②介绍学习本教学单元内容的意义
	3. 说明学习目标,激发学生的兴趣	①准备描述学习任务 ②向学生展示教学工具、设备和加工工件 ③介绍所要加工工件的用途、功能和所学工作行为方式的重要性
	4. 确认学生的基础	①注意观察学生已掌握的操作方式或行为方式 ②让学生演示已学过的操作或行为方式,确定下一步教学程度
	5. 正确引导	让学生感到教师现在示范的就是他一会必须做的,学生不能站在教师的对面
第二阶段:教师示范、学生观察	1. 第一种示范形式:给出基本概况和第一印象	①教师示范整个工作过程,解释在"做什么",按照操作步骤进行 ②不详细处理每个细节(怎么做,为什么这样做) ③重复多次整个复杂过程,并让学生说出下一个步骤的名称
	2. 第二种示范形式:具体到每一个细节	①按照每个实习步骤示范,详细解释"怎么做"、"为什么这样做" ②重复难度较大的步骤 ③注意在讲解过程中使用同样的术语和表达方式
	3. 第三种示范形式:总结	①对整个过程进行熟念示范并用简洁的语言解释"做什么"、"怎么做" ②在进行每个示范步骤之前,让学生说出该步骤的名称 ③可能时,让学生独立描述工作过程并说出注意事项

续表

阶段	步骤	内容
第三阶段：学生模仿、教师指导	1. 第一种模仿形式：获得基本概念和第一印象尝试	①给学生自由表达意见的机会 ②肯定学生在首次尝试中取得的成绩 ③尽量不打断学生的模仿过程，只是在学生继续不下去或继续下去肯定不会成功时才加以干涉 ④在第一次尝试失败时，教师重复演示整个过程，但要着重强调引起学生失败的那个步骤，可通过与学生的讨论增强效果
	2. 第二种模仿形式：具体到每一个细节	①让学生按照每一个步骤模仿工作或操作过程，详细说明"做什么"、"怎么做"和"为什么这样做" ②注意解释操作过程的逻辑关系
	3. 第三种模仿形式：总结	①让学生对整个过程进行较流利的模仿并用简洁的语言解释"做什么"、"为什么这样做" ②让学生模仿每一步骤前都能说出其名称 ③对重要工作过程和注意事项进行提问，特别是难点
第四阶段：教师评价、学生练习	1. 让学生独立学习	①预先告知练习的期限 ②让学生在较长的时间里独立工作
	2. 让学生了解在哪里可以得到帮助	学生可与已掌握本教材内容的同学或高年级学生建立一种友好互助关系，以便获得克服练习中所遇到困难的帮助
	3. 在开始时注意并向学生提供较多的帮助	注意学生取得的成绩并让学生本人也感受到，可与学生共同评定成绩
	4. 掌握学习进程	避免密集型练习，教师应合理安排作息时间和交换教学内容，保障学生学习新内容所需要的体力、敏感性和思维反应能力
	5. 认可练习结果	①教师和学生讨论练习的成果 ②指正学生在练习中出现的错误和不足之处 ③总结学习成果
	6. 形式上结束教学单元	

"四段教学法"的学习过程与人类认知学习的规律极为相近,学生能够在较短的时间内掌握学习内容,因此常用于实践技能培训。但是,这种教学方法下的学习往往有很大的局限性,学生是在教师的指导下初步的模仿,或者说已默认教师的"正确做法",而自身创造性发挥空间较小。"四段教学法"中的第三、四阶段,教师的掌控难度较大,必须时刻跟踪不同小组的学习内容、过程、结果,做到及时了解、检查和督导,不能放任自流。若教师工作不严谨、不负责任,以及纪律松懈将是对学生的严重误导。

这种教学方法在五年制高职教育中可以适当选择进行,如在实践操作过程中,考察学生对简单任务的完成能力,可以通过此种方法逐步引导学生对知识技能的掌握,但在实施过程中教师应注意逐步从引导中脱离出来,让学生成为问题解决的主体。

二、"头脑风暴"法

"头脑风暴"法是教师引导学生就某一课题自由发表意见,教师不对其正确性或准确性进行任何评价的参与式研讨方法,它能在很短的时间里,帮助人们获得大量的思想和观点。

在工学结合课程实施过程中,"制定计划"阶段的主要内容是"列出多种可能性",因为对某一任务或项目的完成不仅只有一种方式方法,在此阶段,通过"头脑风暴"法收集完成任务方法的意见和建议(总称为"建议集合"),可以集思广益,促使学生产生和提出自己的意见,通过同学之间的相互激励引发连锁反应,从而获得大量的构想,经过组合和改进,达到创新性解决问题的目的。也可将"头脑风暴"法插入到任何一个教学单元或工作过程中,但是对各种意见的评价和整理需要花费较多的时间。

(一)"头脑风暴"法的规则

1. 尊重每个人的想法。

每个人都有自己的逻辑思维,在解决问题时思考的方式与方向各有不同,因此应该尊重每个人的想法,不对任何想法提出评论。

2. 把握时间,控制数量。

课堂时间有限,因此要在有限时间内提高效率,可根据具体任务的难易程度以及学生的接受程度确定提出想法的数量,譬如在5分钟内提出20个想法。

3. 主持人的恰当引导。

有主持人进行引导,尤其是现场出现沉默或讨论较乏味时,主持人要有应变并提出新思路的能力。

4. 创设必要的环境。

"头脑风暴"法意在让每个人都能积极参与,说出自己的想法,因此应在一个开放、轻松的环境中进行,并且根据实际情况做整体把握。

(二)"头脑风暴"法的实施

1. 起始阶段。

教师解释头脑风暴法的运作方法,说明要解决的问题,鼓励学生进行创造性思维,并引导学生进入论题。

2. 意见产生阶段。

学生即兴表达各自的想法、建议。教师应避免对学生的想法和建议立刻发表评论,也应阻止学生对其他同学的意见立刻发表评论。教师应尽可能地调动学生思考的积极性,鼓励求异、创新。如填写关键词、上墙展示。

3. 总结评价阶段。

师生共同总结,分析实施或采纳每一条意见的可能性,并对其进行总结和归纳。当学生人数多于10人时,可把建议集合分成几部分进行分组讨论。采用"头脑风暴"法时,要求所有学生都积极参与到创造新思维的过程中。学生需要解释自己的观点,其他同学也没有必要立刻对某个观点加以评价、进行讨论或提出评论。经验表明,"头脑风暴"法产生的建议有5%—10%是可行的。

以五年制高职旅游管理专业的《调酒技术课程》为例,看看"头脑风暴"法的实际教学运用过程。

首先,教师向学生介绍"头脑风暴"法的基本规则,然后组织"头脑风暴"小组,每个组5—10名学生,活动的人数少,在有限的时间内有利于学生充分发表自己的意见,真正做到解放思想、畅所欲言。组长负责主持,记录员负责将每个同学发表的意见、设想记录下来,方便汇总各种不同意见,从中找到适合的建议。

教师在开展"头脑风暴"教学前,提前一周时间将课题及相关资料交给学生,让学生做好各方面的准备。教师对鸡尾酒设计和创作的精髓也要准确把握和理解,对应用中牵涉到的酒水知识掌握要好,因为在教学中学生和教师是互动的,而且主要是以学生为主,教师在课堂上主要是指导并及时回答学生提出的问题。在学生掌握大量酒水知识及掌握经典鸡尾酒调制原理、方法、步骤的基础上,教师给出"怎样设计和创作新型鸡尾酒"的课题,采用"头脑风暴"法调动全班学生积极参加鸡尾酒配方设计和创作的全教学过程。

在设计新型鸡尾酒配方时,老师先在多媒体屏幕上显示出一个瓶子,问学生能联想到什么。比如说理解它表示一瓶酒或一瓶饮料,由酒想到烈酒、餐前酒、餐后酒、葡萄酒、啤酒等;由烈酒产地想到有国产烈酒和进口烈酒,国产烈酒有茅台酒、泸州老窖、五粮液、汾酒、剑南春等;进口烈酒有白兰地、金酒、威士忌、朗姆酒、伏特加、特基拉酒等;由饮料类型想到带汽饮料或不带汽饮料,浓缩饮料或一般饮料,含酒精饮料或不含酒精饮料,有色饮料或无色饮料等等,还可以联想到以上各种材料调配形形色色的鸡尾酒或混合饮料,只要你敢想就能想出很多鸡尾酒的配方。在前面想法的基础上还可以继续联想、拓展、串连、延伸,可以说鸡尾酒配方是无穷无尽的。总之,鸡尾酒林林总总、五彩缤纷,除一些世界上著名的配方外,完全可以根据自己的口味、材料、环境、心情自行发挥,只要遵循鸡尾酒调配的基本原理和方法,那么调出的鸡尾酒就是成功的。

在学生通过短时间的训练后,初步认识到创新就是大胆去想,头脑里的想法就与炸弹爆炸一样,越来越多,越来越广,学生在了解、掌握方法后,根据现有材料,很快设计出各种鸡尾酒的配方,并认真进行调制。

采用"头脑风暴"法设计、创作新型鸡尾酒后,进入作品展示及交流学习阶段。一可以汇报自己的成绩,展示自己的创新成果,让老师和同学们品评,看构思是否新颖,配方是否合理,颜色搭配是否理想,命名是否恰当,与其他同学共同探讨。二是通过交流,学习其他同学的新思路,对比自己存在的不足,学习别人长处,取长补短。

三、模块教学法

模块教学法以专项能力课程内容为模块单元,整个教学过程围绕一个个模块展开,以学生为主体、教师为主导。教师在运用模块教学法过程中起组织协调、示范、引导作用。模块教学法把理论教学与操作实践教学有机地结合起来,并强调少理论重实践操作。

(一)模块教学法的特点

与传统教学模式相比,模块教学法在应用中有如下特点:

1. 学生的主体性。

模块教学法引入现代培训新理念,强调以学生为认知的主体。学生在实际操作中发现问题,并在教师的引导下完成学习任务。加速了认识过程和能力的培养,克服了课堂教学的枯燥乏味,增强了学生学习的兴趣和学习动力。

2. 教学过程的系统性。

模块教学的过程是讲解示范、实践操作、发现问题、提升技能的过程。高职学生一般基础知识欠缺、逻辑思维能力较差。采用模块教学法可以在实践与理论之间架起一座桥梁,使教学过程成为学生主动认知的过程。

3. 多种教学手段与资源的共享性。

采用模块教学形式支撑学生的学习活动,可以充分利用各种现代化教学手段与教学资源,调动学生探索与解决问题的积极性,提高教学效率和质量。

(二)模块教学法的实施

模块教学法要求设置各个专业各门课程的核心技能模块,同时每一个模块集中在一个时间段内,完成从基本理论知识到操作技能的全部教学内容,实现理论教学与操作实践的一体化,使学生从中获得必要的理论知识和操作技能。

以五年制高职专业"计算机应用基础"中的"微机组装与维护"内容为例。

微机组装与维护内容涉及较复杂的计算机部件,知识多、操作技术要求高、实用性强,包含计算机专业学生所必备的知识。这门课的掌握情况会影响学生学习计算机的积极性,对后续课程的教学也会产生一定的影响。传统的教学模式侧重理论的学习,强调以课堂为中心。这种与实践相脱节的教学模式忽视了学生的认识规律和主观能动性,不利于学生能力的培养。而采用模块教学法完成教学任务的微机组装与维护模块,要求学生掌握计算机的结构特点,能比较熟练地进行拆卸与组装。整个模块教学安排在专业教室进行。教学的思路是先介绍组装的准备工作,再介绍组装的步骤以及操作期间的注意事项。教师以规范的技能示范操作,学生在相对集中的时间内完成实践教学任务。

具体实施步骤是:

1. 学生以4—5人为一个小组,小组中不同水平的学生合理搭配。首先告诉学生电脑拆卸工作是一项细致复杂的工作。然后再进行规范的、符合工艺要求的示范操作,并强调拆卸的注意事项,要求学生记下拆卸流程。最后,学生以组为单位,通过讨论列举出其中要注意的事项。在教师指导下,学生开始规范操作,完成对整个电脑的拆卸过程,使学生对计算机各部件有了一个完整认识。

2. 针对微机的结构,进行小组讨论,让学生利用以前学过的计算机知识,总结各部件的特点。这时学生会产生各种问题,如"为什么处理器会有那么多针脚"、"各种板卡有何异同"等。这一过程要注重学生的自我理解,树立学习信心,激发学生学习的兴趣。

3. 组装过程是考核学生的过程。虽然组装过程是拆卸过程的逆过程,也要事前充分强调组装的操作流程,以防止学生因为误操作而损坏设备。通过检查学生在装配中是否有漏装、错装及倒装等,检验学生掌握知识与技能的程度。最后让学生总结拆卸和组装详细过程,写一篇实验报告。

(三)采用模块教学法应注意的问题

1. 教师角色的转变。

在模块教学过程中,教师的角色不断发生变化。教师既是教学的组织者和引导者,又是知识的传授者。在工学结合的人才培养过程中,注重实践教学的职业教育最终目的是学生专业技能的掌握与应用,在学生实践之初,教师的演示非常重要,随着学生掌握程度的加深,教师应逐步转变角色,逐步将理论深化到实践中,以便学生切实体会和创新。

2. 注重内容细节的设计。

在专业现场进行教学,教师必须对每一内容进行精心设计。在选择教学内容时应做好学生学习情况的假设,以便应对突发情况。设计的内容应该由浅入深,逐渐设置问题障碍,促进学生形成发现问题、分析问题的能力,鼓励学生去解决问题。要随时注意学生的情况,以便有的放矢、因材施教,满足不同层次学生的需求。

3. 重视自身水平的提高。

教师作为教学活动的设计者与引导者,要把握自身知识体系的不断升级,要不断提高自身的理论水平和实践能力,在教学内容选择、教案编写、问题处理等方面随着教学经验的积累而不断提升。

4. 掌控大局,把握节奏。

在模块教学中,教师要有全局意识,对学生要加强宏观的指导教育。在教学过程中要严格执行操作规程,使学生养成良好的操作规范。模块教学法是职业教育的一种有效的教学方法,使学生在实践中"学会"与"会学",锻炼学生的动手能力、分析能力和解决问题的能力,培养团队合作精神,体现了职业教育的特征。

四、项目教学法

项目教学法(Project Learning)是师生通过共同实施一个完整的"项目"而进行的教学行动,它是工学结合一体化课程中最常用、最理想的教学方法。

(一) 教学项目的标准

对"教学项目"这一概念的把握,直接影响了教学活动的成功与否。在职业教育中,项目是指生产一件具体的具有实际应用价值的产品(包括服务)为目的的工作任务。教学项目中清晰地说明了任务特征以及该任务完成后所取得的具有一定应用价值的成果,在该项目完成的过程中学生可以学习一定的教学内容并逐步内化;教学项目的设计应充分考虑理论与实践的结合,将企业工作环境与过程紧密联系在一起,通过项目的完成,学生可以形成独立思考与实践的能力,更重要的是学生自己克服处理项目中出现的困难和问题时,原有的经验已经无法满足,必须发挥学生自己的创造力与学习能力,解决学生自己过去从未遇过的实际问题;学习结束时,师生共同评价项目成果和学习过程。当一个学习情景基本满足以上大部分要求时,可把它作为一个项目对待。

(二) 项目教学法的特征

1. 综合性的内容特征。

项目教学法是一种综合性的教学方法,是综合了原有的理论知识与技能,依托长时间的实践经验逐渐积累的综合教学法。它对于经验知识、构建知识较少关注,导致许多具有应用价值的专业知识被排斥。按照项目教学组织形式来组织专业或实践课程,就意味着不论什么属性和属于什么学科的知识,只要与完成教学项目有关,都必须纳入到项目教学、研究与实践中去,这就大大拓宽了专业或实践课程教学内容的范围,有效地促进了高等职业教育中专业或实践课程内容的综合性、完整性和实用性。

2. 开放性的形式特征。

首先是学习内容的开放性。项目教学的内容不专指某一知识体系,往往是多种知识的综合,因此对于教师及学生都具有较大的自主空间,教师可提供部分现成的学习内容,其他大部分学习内容要由学生在社会科学、自然科学等范围内确定适当的课题,从而使项目教学的内容具有开放性。其次是学习时空的开放性。项目教学在主题选择、研究视角、研究目标定位、研究方法确定、研究过程设计、研究手段运用、研究结果的表达等方面有较大的自由度,从而给学生和教师发挥特长留有足够的空间。

3. 实践性的过程特征。

项目教学不同于以往对学生进行学术性、系统性书本知识传授的学科教学,而是让学生在观察、时间、探索、创作等社会实践活动中,自己不断发现问题、解决问题,体验与感受生活,不但使学生提前进入工作实践,还能使学生提前介入社会,经受困难、挫折和挑战等在学校无法体会的社会实践,这样的经历有助于学生更快更好的适应岗位需求,从而形成良好的创新意识、创新能力和创业品质。因此,项目教学是培养学生创新意识、创新能力和创业品质的最重要、最有效的课程模式。

4. 多维性的评价特征。

项目教学采取内容多形式、多方法、多主体、多时段的多元化评价方式,主要考评学生在项目开展过程中所建构的知识,所获得的专业能力、方法能力、社会能力。促使学生通过项目教学过程学习和掌握研究和解决问题的流程和方法,亲身经历自我观察、实验、归纳、内比、猜测、推理、合作等复杂的探索活动,体验知识产生发展的过程,增强研究意识,学会学习、发现问题和解决问题。

5. 学生的自主性和探究性主体特征。

项目教学鲜明地支持和体现学生的自主性,在教学活动过程中从问题的提出到项目成员的组合、指导老师的选择、研究内容的确定、研究成果的交流展示等都由学生自主决定,通过学生的自主意识、自主能力、自主习惯的培养,来充分发挥每个学生的创造潜能,促使学生在学习过程中自我实现、自我创新、自我发展。从而在项目教学中把学生的需要、动机和特长置于核心的位置,让学生自主地、创造性地解决问题,给学生的个性发展创造了空间,允许学生在过去经验的基础上构建自己的知识,采用积极的学习行为以获得更好的记忆效果和学习效果。鼓励学生尝试不同的解决问题的方法,鼓励学生运用批判性思维,允许学生进行多种选择。因此,学生在整个项目学习和研究过程中是学习的主体,是自己学习的主人。

(三)项目教学的操作步骤

1. 确定项目任务。

项目任务的确定通常是教师根据教学任务的相关性以及学生现有知识技能水平,提供一个或几个项目任务设想,然后与学生一起讨论,最终确定项目的目标和任务。

2. 制定计划。

在选定项目任务后,按照分组学生分组讨论工作计划,通过讨论逐渐建立起完善的计划。

3. 作出决策。

在分析讨论的基础上,由学生和教师确定最终的工作计划,通常以表格或细则的形式列出具体的工作步骤和程序。

4. 实施计划。

学生确定各自在小组中的分工以及小组成员合作的形式,然后按照已确立的工作步骤和程序工作。

5. 检查控制。

在计划实施过程中往往会出现与预想效果不一致的地方,这需要小组成员密切合作,统筹考虑项目任务做出适当的调整,每个成员都应该成为项目实施过程中的监督员,把握质量监督,以保证工作质量。

6. 评价反馈。

讨论质量检查结果和将来如何改进不足之处,可先由学生对工作结果进行自我评价,再由教师进行检查评分,师生共同讨论评判项目工作中出现的问题,学生解决问题的方法以及学生行动的特征。通过对比师生评价结果,找出造成结果差异的原因。

以"计算机文化基础"为例:

"计算机文化基础"这门课,在大多数学校已成为一门公共必修课,涉及面很广。按照传统的教学模式,重接受、轻探究,重用脑、轻动手,重记忆、轻应用,重结果、轻过程,学生很难实现创新。改革之后,该课程在基于工作过程这个理念上,采用真实的工作情境和应用项目进行教学与实践。用一个实际的工作贯穿在整个教学中,选择的这个项目尽量包含整个课程所有的知识点,通过完成一个完整的项目来学习和掌握知识。

首先,项目的选择是很重要的,必须出于生活工作中,具有实用性、真实性和趣味性。在开学的第一堂课,老师提出假设学生是一公司的广告设计员,需要做一个主题为"人文焦作,魅力山水、太极故里"的宣传广告。这个宣传广告就可以作为教学的载体(项目)贯穿在整个课程的教学过程中。

其次,项目的情境设计分别为:第一,导入项目,创设情境,任务分解。整个教学过程中,尝试着角色转换的方式,让老师成为部门经理,学生则是广告设计员。把整个项目分成了六个具体的小任务,每个任务就是课本的一个知识模块,分别为:(1)配置一台电脑。(2)做一个宣传计划。(3)设计这个主题的宣传册,插入一些图表及艺术字。(4)做一个宣传演示文稿,使得整个演示文稿很生动形象。(5)做一个报表,主要内容是关于前几届的一些数据,做一个盘点,用图表说明。(6)做一个能显示出焦作特色的网页。具体的工作任务都对应着各个知识模块的辅导和帮助,定一个任务完成的最低标准,在不妨碍学生独立思考的情况下,引导学生分析任务,即要完成的任务是什么,先做什么,后做什么,提出方案。第二,实施任务。在实施过程中,可以选择小组合作也可独立完成,具体问题具体分析。小组合作以3—5人为佳,网上收集资料和查看参考文献也是必要的。教师应进行必要的辅导和答疑。第四,整合任务,完成项目。进一步理顺已完成的各个任务,连贯任务的顺序,让各个任务前后衔接,最后完成这个项目。第五,展示成果、评价总结。展示各小组的成果并讨论,借鉴优秀作品,改进有缺陷的作品,必要时教师要对任务中的技能和知识点强化讲解。小结很重要,包括思路总结和技巧总结,对学生要分三层进行考核:一是教师对小组的评定;二是由各小组成员互评;三是学生自评。

课程结束,一个项目成品——宣传广告就做好了。在做这个实际项目的过程中,实现了学生"做中学",针对老师分配的任务,制定计划、制作方案、实施、考核、评价。让学生了解了整个工作过程,也知道如何解决实际问题,更重要的是,学生掌握了课本上的理论知识,也明白了各知识点的应用。

五、角色扮演法

角色扮演法也是一种在工学结合课程中的常用方法,特别是在服务类、旅游类专业,其最大优点是可以帮助学生在完成工作任务的同时,感悟职业角色的内涵,体验职业岗位的情感,从而建立一定的职业认同感。在角色扮演教学中,学生作为参与者(演员)或观察者,一起投身到一个真实的问题情境之中,通过行动学习和体会处理实际问题方式方法造成的不同结果,教师在此承担"导演"的任务。

采用角色扮演学习的内容既可以针对一般的社会性问题,也可以针对专门的职业性问题。典型的一般社会问题如人际冲突(群体间冲突的谈判、协商、妥协)、个人两难问题、历史当代现实议题;典型的职业性问题如处理商业纠纷、服务接待等。

(一)角色扮演法的意义

1. 有利于激发学生学习兴趣,提高教学质量。

角色扮演法有利于激发学生学习兴趣,提高教学质量。"角色定位"能使学生明确教学目标,产生学习兴趣。"角色扮演"使师生互相合作解决实际问题,参加全部教学过程,学生表现出强烈的学习愿望。

2. 有利于培养学生的角色意识。

角色扮演法有利于培养学生的角色意识,加快从自觉角色到不自觉角色的转变。根据人们承担社会角色时的心理状态,社会角色可以分为自觉的角色和不自觉的角色。一个人在刚刚充当某一角色时,在他人在场或他人对此角色提出了明确希望时,容易表现为自觉的角色。从这个意义上讲,角色扮演能培养学生的角色意识,把岗位要求、行为规范内化,养成良好的职业行为习惯,加快学生从自觉角色到不自觉角色的转变。

(二)角色扮演法的程序

1. 介绍具体情境及要求。

组织者介绍一个现实生活中的情境,提出角色扮演的大致要求(如角色扮演的内容、角色的数量和类型等),参与者可根据自己的理解作不同的修改。

2. 做角色扮演准备。

参与者分组,小组确定具体扮演的主题和角色,选择扮演者,布置场景,进行排练。

3. 分配观察任务。

组织者对参与者提出观察任务,包括观察的内容、角度、方法等。

4. 记录扮演实况。

各小组进行角色扮演,其他参与者观察,并作详细记录。

5. 评价。

全体参与者对各小组的表现进行评议,对有关问题进行讨论。

6. 修改角色。

如果需要的话,重新扮演,对角色进行修改,或用不同的方法扮演同样的角色,增加参与的面与体验的程度。

7. 再议。

全体参与者再次对各组的扮演者进行评议,针对有关问题进行讨论。

8. 总结。

组织者协助参与者进行总结,将角色扮演中的问题情境与当前的现实结合起来,探究行为的一般规则和问题解决的一般方法。

以五年制高职旅游管理专业的"模拟导游"课程为例。

"模拟导游"中的角色扮演指的是教师根据导游服务中所涉及的人员,让学生扮演其中角色,以了解不同角色的立场和性质,不同情境下导游应具备的技能和能力要求,同时树立正确的道德观念、服务观念,形成积极的人生态度。

在准备阶段中教师应根据教学内容和教学目标,根据所讲授知识点的实际需要,选择不同的模拟导游情境,也就是对剧本的选择要精心设计,所选情境具有典型性,能代表某一方面能力的训练;同时模拟的情境应有启发性,留有思考余地,让人深思。每次情境的设定都应有矛盾出现,学生可以根据矛盾寻找不同的解决方法。根据教学方面的内容,剧本可以分成三大主题:一是导游服务标准和程序训练,其中包括地方陪同导游、全程陪同导游、海外领队以及景区景点导游服务标准和程序的模拟训练。二是应变能力的训练,例如旅游途中游客走失、生病甚至死亡,游客丢失证件、财物,游客要求代转交物品,游客的出轨言行,旅游计划行程变更等突发事件;有些游客在餐饮、住宿、购物等方面的个别要求。三是导游讲解的训练,如景点景区的知识,历史典故,民俗民风等等,这方面除了训练一些必要的讲解技能和方法外,还强调知识的积累。

根据剧本的选择,分配角色。如果这一阶段主要是训练学生对导游服务标准和程序掌握,在角色分配上,应有全陪、地陪、司机、领队、定点导游员、游客等,具体视情况而定。在分配角色时,应调动全班同学参与,如果是角色数量限制的话,在下一次的角色扮演中,应给予其他同学机会。

"模拟导游"课程运用角色扮演法时,对舞台要求不能仅仅局限于教室,而应该设法让学生走出去,亲临现场感受、观摩并演练。但考虑到经费、安全等问题,组织学生集体活动只能选择就近景点,甚至只能在校园里完成。因此,为了避免这种授课方式缺少实地气氛,剧本主题选择时,应有侧重。比如在一次角色扮演中,教师假定:20人的湖南旅游团来南京,游客都是医疗系统的,彼此认识但不熟悉,大部分是中年人。就这样一个情境设定后,学生就应该思考医生的大概特点是什么,有什么特殊的要求,他们可能会提出什么要求,导游自身包括其他服务员应特别注意哪些方面等等,根据这一系列的问题,学生自己设定情境,扮演时也有重点,得心应手。每次模拟时都让学生扮演不同的角色,导游、游客、其他服务人员等角色之间不断轮换,经过表演,每个学生都对导游应具备的知识和能力有了质的提高。同时还让学生对其他同学的角色进行评价,包括语言表达、礼貌礼仪、应变能力、交际能力等方面。教师当场进行点评,对学生没有回答上来的问题和没有注意的细节给予及时的解答,并且及时补充知识点,帮助其形成正确的认识和观念。

角色扮演法教学,突破了传统教授法的模式,使学生进入一种新的教学氛围之中,从而产生了一种好奇感、新鲜感,而对角色扮演后的结果又有一种荣誉感和期待感,为此其学习的积极性、主动性和兴趣被激发出来。通过角色扮演和现场训练,一是可以帮助学生克服"怯场"和紧张心理,建立信心;二是增进同学之间的交流,培养团队精神;三是协助教师了解学生。

六、现代工作岗位培训法

在工学结合的职业教育中,岗位培训有着不可代替的作用,因为与职业学校"人工环境"相比,岗位培训的"自然环境"能更有效地促进学生关键能力发展。高质量的岗位培训可以通过两个途径实现:一是学校实践教学环境设计更加符合生产和工作的需要;二是企业的实际工作岗位具备培训的潜力,通过合适的教学方法使在岗学习成为可能。

现代工作岗位培训常采用分散式培训法,它是 20 世纪后期发展起来的现代岗位理念,特点是将工作过程和学习行动结合在一起,学习者单独或以团队形式在工作岗位或工作岗位附近完成学习任务。

(一)"质量小组"与"学习车间"

质量小组(quality circle)是为提高生产力和产品质量而制定的岗位培训学习方案,每个工作小组 3—10 个员工,定期短暂地聚集在一起召开小组会议,讨论特定的或现实的题目、问题以及工作任务,如改进生产技术和工作环境等,提出解决办法并报给有关部门。质量小组成员有一定的稳定性。这样,普通员工在生产过程中就不仅仅是一个实施者,而且还可从计划和控制的角度来看待企业问题,成为企业的主人翁。质量小组的组成见表 2-3-3。

质量小组的学习或发展任务直接针对企业生产过程,其学习结果也针对过程的需求。必要时可以邀请企业的技术专家和管理人员来解释专门的问题以填补某些方面的知识空白,但一般不举办系统化的讲座或培训班。

表 2-3-3 质量小组的组成

参与人员	人数	主要功能
核心成员	3—4	计划,按照"企业愿望"实施和控制小组的行为
主持人	1	召集、主持和帮助小组行动
质量小组长	1	领导小组工作、确认结果、收集有关信息
小组成员	8—10	讨论问题、开发解决方案、提出建议、向上级领导提交报告

"学习车间"(德文 Lernstatt)原义是可提供学习的车间,目的是为基础较弱的员工提供继续学习的机会。这种学习环境重在工作环境的真实性以及技能学习的高效性,大家就共同感兴趣的问题(如产品质量、材料、工艺设

计和组织管理等）组成有一定期限的小组，在工作时间，定期、自愿在工作岗位附近的房间里碰面，讨论解决或提高的方案。根据每个学习车间的不同内容，企业总部通常设有一个企业教育专家进行指导，来设计、协调和监督各专业部门学习车间。学习车间的学习支持人一般不是培训专家，而是专业人员。小组成员没有直接上下级关系。学习车间的生命周期与具体的问题相同，即问题解决后，学习车间随即解散。如果出现新的问题，则成立新的学习车间。

质量小组和学习车间都是以提高产品质量和加强岗位学习为目的的企业内小组行动，它们有以下共同特征：

1. 员工自愿参加，小组成员人数有一定限制；

2. 只讨论处理小组成员能力和权限范围内的具体工作问题；

3. 小组成员来自同一专业工作领域，可对讨论的问题做出最终决策，必要时也可以外请专家；

4. 作为主持人的小组长，既可以是小组成员的部门领导人，也可以是班组长或有经验的普通员工，他们应该接受过团队工作和解决冲突等方面的专门培训；

5. 小组行动使用张贴板等现代工作和研讨的建构性媒体。

（二）学习岛

学习岛可以被认为是一种专门的学习岗位，它是人们从整个生产过程中找出或专门设计一些特定的生产步骤，将这些生产步骤逐步分化形成专门的岗位。由于这些学习岗位处于大量的生产岗位"海洋"的包围之中，因此，称为"学习岛"。根据每个学习岛的内容及性质不同会形成符合自身特色的学习方案。学习者在教师的指导下，采用独立或小组方式，独立制定计划、完成任务并进行质量控制。多个学习岛可交织成为一个学习网络。

按照学习岛方案，学习并非发生在生产工作岗位上，而是处于生产区域内部的独立的"岛"上。学习岛的设备和学习内容与岛周围的生产岗位高度协调，没有通常学校教育中的多种特殊条件。学习岛的最大的特点是在学习和生产工作行动分离的情况下，将学习场所和工作环境整合起来。在理想环境下，学习岛的劳动组织方式和功能划分应与实际生产过程中的相同。

七、"课题式"教学法

"课题式"教学法就是将全部实习教学内容按职业(专业)岗位技能要求、类型和等级分成若干个课题,以每个课题为核心,结合相关的工艺知识、专业技术理论知识、专业技能和职业操作规范进行一体化教学。每个课题模块都由"双师型"教师承担,负责专业技术理论内容和操作技能的讲授、指导,每个教师可担任几个课题模块的教学。课题教学结束,实行教考分离,经考核合格后可获得相应的学分和职业资格证书。课题式教学方法的实施解决了中、高级职业资格技能鉴定、社会短训班、劳动预备制等不同层次学生的学习需要,有利于层次教学的需要,有利于推进工学结合教学模式,有利于推行弹性学制和学分制。"课题式"教学方法还可根据不同层次学生(五年制、三年制、社会企业培训)需求组合成不同课题的模块教学。

以应用电子技术专业为例:

根据专业可设置电工基本操作技能、常用电子仪器仪表使用与检测、电子装接与调试技术、电子综合设计等专业训练模块,以循序渐进式、分段训练式、工学交替式推进实践教学计划的实施。其专业教学设计可分解为以下步骤:

第一步,设置基础课题模块。

为了学生能学到多种技能,拓宽知识面,以便今后就业、择业、转岗打下较好的基础,第一阶段学生学习"基础课题模块"中的实习课题,如电子专业学生在学完"电工基本技能操作"、"计算机基本操作"、"电子工艺基本操作"等课题且考核合格,即可达到"初级无线电调试工"、"初级计算机操作工"技能要求。

第二步,设置中级工课题模块。

学生经基础课题训练阶段学习后,根据教学部门制定的专业设置及每个专业所要学习的"专业技能课题",并把中级工职业技能鉴定标准纳入教学计划,学校根据学生的学习成绩、特长、爱好和兴趣等诸因素,对学生进行第一次专业分类教学。"专业技能"中每个模块也采用课题化教学,同样由"双师型"教师讲授有关该课题所涉及的工艺知识、专业理论、操作技能。如:电子专业学生可学习电子专业"专业技能"模块中的"模拟电子技术"、"数字电子技术"、"传感器技术"、"单片机应用技术"、"电视原理及应用技术"。复合专业的复合工种均可采用组合课题模块教学方法施行。

第三步,设置综合设计与高级工课题模块。

学生在"中级工专业技能"课题模块考核合格后,可获得相应学分,并转入"综合设计与高级工技能"课题模块学习。承担该课题模块的教师针对等级工考核要求,对学生进行强化训练,使学生顺利通过等级工考核并拿到相应工种的等级证书。而后转入综合设计与高级工课题模块学习,重点是培训"专业综合技能"。该课题模块教学的技能将随市场需求而经常变化,担任该课题模块的教师知识面必须宽厚,技能必须复合,应变能力必须强,且贴近市场,能经常学习新工艺、新技术,达到市场需要什么岗位就能培训什么技能。

"课题式"教学方法的实施,具有以下几方面的优势:

首先,便于形成工学结合、培训与就业紧密结合的优势。"课题式"教学方法在工学结合人才培养模式中是可以逐步尝试的新方法,它打破了传统的以学科为系统的教学(培训)模式,建立起了以职业岗位需求为体系的新模式,创新了适应职教的新的现代教学方法。这就使工学结合教学模式更加贴近生产、贴近实际,缩短了培训与就业的距离。

其次,提高了教学和学生学习效率。"课题式"教学方法的实施有利于提高教学效率与效果。教师确定了负责的课题后,可以有针对性的深入研究、细化、精化,形成成熟技术型教师。学生也可以在不同课题的学习中,学习到更多的操作方法和操作技巧,有利于学习效率的提高。另外,"课题式"教学方法对于教师和学生都具有较高的成就感,因为每个模块涉及知识面广,综合性强,比较短小,当完成每个模块的既定课程目标、计划安排、训练时间和考核要求时,有助于学生看到成功的希望,并在较短的时间内为获得成功而满怀热情奋斗。有利于激发学生的学习动力,学习动机越强烈,越有利于保持学习热情;学习兴趣越浓,学习的效果就越好。

再次,"课题式"教学方法实施有利于发挥每个教师的特长。"课题式"教学方法是取每位老师之所长进行深入研究,因此该教学方法不仅发挥了每个教师的特长,同时也使教师之间交流更密切,教师在不断的实践探索中将知识融会贯通,能用最恰当的方式因材施教,让学生尽快接受,这样不但可大大提高教学质量,同时也为尽快编制不断完善的课题化教材打好基础。

同时,"课题式"教学方法具有开放性和适应性。"课题式"教学方法是一种积木组合式的教学(培训)模式,这种组合方式融汇了不同的教学(培训)内容。因此,它可以通过增删模块或单元来摒弃陈旧的内容和增添新的内容,从而保证了教学培训内容总体上的时代性和先进性。

最后,"课题式"教学法的实施有利于弹性学制和学分制的推行。优秀的学生可根据自己的能力提前学完必修的课题,较差的学生可及时补习未合格的课题,修满学分,有利于提高学生学习的积极性。对于某个课题学习有困难的学生,可另选一些课题模块,发挥其爱好和特长,同样可修满学分毕业。

第九章 五年制高职工学结合实训教学环境的营造

职业教育遵从以就业为导向,以能力为本位,以技能为核心的办学指导思想,确立以培养具备现代科学技术知识、既能动脑又能动手、具有较高知识层次与较强创新能力、熟练掌握操作技能、适应岗位群要求为目标的高级职业技术人才标准。这从根本上规定了五年制高职教育必须突出专业实训教学环节的特点,也要求五年制高职学校必须抓紧、抓好以实训基地为核心内容的教学环境建设。

第一节 五年制实训教学环境的原则和功能

一、实训教学环境建设的原则

(一) 教室与车间合一,体现以实践教学为中心

现代职业教育强调学习环境及教学环境的开放性,打破以往的固定教室学习模式或者教室与实习车间的决然分开,而应该坚持"做中学,学中做"的理念,充分调动学生学习的积极性,将动手实践作为学习的核心。教室与车间合为一体,不仅在空间上形成了既能讲授理论知识又能动手操作将其深化的环境,更是为学生提供了与岗位需求紧密联系的企业环境,学生可以充分利用这种环境带来的优势,以更快更高效率的适应并符合企业要求。

(二) 理论与实践合一,达到动脑与动手的有机糅合

五年制高职因其学制时间长以及学习者自身特点等,决定了应该具备充足完善的教学环境为其服务,实训教学环境与学生就业息息相关,在实训环境中锻炼其知识的内化,提高其动手实践能力,以达到动脑与动手的有机糅合。

(三) 软件与硬件合一,充分、合理使用资源

完善的实训教学环境的形成是教学软件与硬件相融合的产物,学校的实训管理制度、教师队伍建设、校企合作的内容等等都是作为软件为实训活

动做支持;同时,实训条件诸如设备、工具等这些硬件又成为实训环境建设的关键因素。软件与硬件的共同支持才能创造出具有价值的实训环境,教师与学生对其充分合理的利用,才是实训环境价值的体现。

(四)教师与技师合一,实现讲练结合

五年制高职教师队伍建设是关乎人才培养质量的重要因素,换句话说,教师自身的教学水平、实践操作水平以及与时俱进学习的水平直接影响着教学效果及人才培养的质量。五年制高职学校不仅需要具有丰富教学经验的骨干教师,更需要具备丰富实践经验以及能掌握甚至带领技术发展的技术工作者,因此,对于教师队伍的建设而言,教师应该注重在企业前线的经验积累,逐渐发展成为技师,从而在教学实践活动中游刃有余,既能讲述理论知识,又能娴熟的将知识转化为实践。

(五)学生与学徒合一,锻炼吃苦耐劳的意志品质

职业学校学生是集专业知识、专业技能及职业素养于一身的新一代技术工作者,因此,完善的实训环境中所培养的学生应该逐渐转变学生角色,应该以企业技术人员的标准要求自己,在实训过程中谦虚谨慎甘做学徒,积极面对遇到的困难与挫折,养成吃苦耐劳的坚强品质。

(六)作品与产品合一,培养质量意识

工学结合人才培养模式下培养出来的学生应该尽可能的符合企业岗位需求,尽可能的缩小与岗位要求的差距,因此在实训过程中应时刻以员工身份要求自己,而不仅仅是实习生,对待每一次实训都看做企业一线的生产,将作品与产品合一,具有企业员工应具备的责任感,只有如此,才能快速成长起来独当一面。

(七)育人与创收合一,解决投入不足

实训环境的形成需要投入大量的人力、物力、财力作为支撑去开发其软件与硬件,育人的工作也正是在这种开发过程中逐步成熟起来的。作为学校,应将育人与创收有效合一,形成良性循环,使培养出来的人才能成为学校的"代言人",在工学结合人才培养模式中寻求更多更大的合作伙伴,再加上政府等各部门的支持,由此来解决投入不足的难题。

(八)学习与科研合一,提高学校的社会影响

五年制高等职业学校应该充分发挥其学习基地与科研基地的优势,变

自身资源为宝,提高利用价值,既能成为学生及教师或企业学习的场所,更应该成为新技术的研发基地,将学习与科研融为一体,在提升教学质量的同时,也起到了学校自身的宣传作用。

二、实训教学环境的基本功能

(一)实习训练功能

实训教学环境最基本的功能既是提供实习训练的场所,因此应该建立完善的相对独立的实践教学体系,训练专业核心技能,并注重学生创新精神和创业意识的培养。另外,在生产与教学结合的过程中,为学生提供相应工种真实的职业训练环境。

(二)职业技能鉴定功能

五年制高职教育不仅要满足培养学生基本的专业知识与技能,还应该与职业资格紧密挂钩,按照相应专业工种国家职业标准,进行高质量培养目标定位,开展职业技能鉴定,为实施"双证书"教育奠定物质基础。

(三)科学研究成果转化功能

充分利用产学研结合的资源优势,结合行业、企业发展中的难点和问题,聘请专家指导,确定科研课题,转化科研性成果,解决生产中的问题。

(四)提升"双师型"教师队伍整体素质的功能

实训环境的建设不仅为学生学习服务,同时也为双师型教师队伍整体素质的提升提供了广阔的舞台,教师应严格要求自己具备努力进取的精神,并根据双师型教师的基本要求提升自己。

(五)社会服务功能

学校的实训环境应该是开放的,以更充分的发挥其自身价值,不仅为学校创收,更重要的是能吸收外界的新鲜血液,为学校的长足发展奠定基础。因此学校可以通过接纳同类院校的实习、实训任务和社会企业的职业技能培训、鉴定任务来为社会服务。通过深化实践教学改革,优化实践教学体系,创新管理运行机制,建设满足现代实践教学需要的高素质实践教学师资队伍,建成仪器设备先进、资源共享、开放式管理、绿色环保的现代化实训基地,全面提高实践教学水平和实验实训室效益,满足新时期实施素质教育和培养创新人才的需要。

第二节 实训教学环境的内容

一、实践教学体系

实践教学体系的建构是保障实训教学环境养成的重要支撑,应按照经济建设和社会发展对高素质创新型人才培养的需求,不断优化实践教学体系,努力培养学生的科学作风、实践技能以及综合分析、发现和解决问题的能力。建立适应学科特点,以能力培养为主线,分层次、多模块、完整的实践课程体系。提倡实践教学独立设课。加强实践课程和实践网络课程建设。充分发挥精品实践课程的示范辐射作用。

二、实践教学内容

实践教学内容是保证实践教学顺利进行的源泉,因此总体思路要清晰、规划要合理、方案要具体、应用性要强,这样效果才能良好。实践内容注重基础与前沿、经典与现代的结合,注重与科研、工程和社会实践应用紧密联系,并及时融入科技创新和实践教学改革成果。实验实训项目的设置科学合理,包含基本实践、提高型实践(综合性、设计性、应用性等)、研究创新型实践。其中提高、研究创新型实践应在全部实践项目中占有一定比例。每学年更新实践项目数一般应达到实践项目总数的5%。

三、实践教学方法和手段

工学结合人才培养模式下,不同的专业特色以及培养目标的不同,选择实践教学方法也应该具体问题具体分析。实践教学应符合学生的认知规律和实际水平,根据不同学校、不同学科的特点,形成以学生为中心,注重学生技能掌握与应用的教学模式。在实践安排上由浅入深、由简单到综合,能充分培养学生对实践的兴趣,调动学生学习的主动性与积极性。注重培养学生实事求是的科学态度,百折不挠的工作作风,勤俭节约的习惯,相互协作的团队精神,勇于开拓的创新意识。

四、实践教学考试与考核

实践教学的过程性决定了其考试与考核方法的综合性,在设置考核项目以及考核方法时,应客观公正的考虑到学生实践水平,强调学生的过程性评价,全方位考核学生的水平,也从客观上考核实践教学的整体功能的发挥,准确检测实践教学质量与效果。

五、实践教学研究

实践教学的研究不仅在教学活动中开展,还应该根据学科发展和人才培养需求,及时把科研成果应用到实践教学中,转化为实践项目。加强精品实践项目、精品实践课程、精品实践教材建设的研究。鼓励从事实践教学的教师和实践技术人员发表高水平研究论文。

六、实践教材建设

实践教材的建设要建立在深化教学大纲的基础上,体现教学需要的多样性和立体化,教材内容既能涵盖该专业学习所具备的必备知识,还要科学合理的设施、多样化的实践项目,以保证实践教学的有效性。能借鉴国际先进职业教育理念,对接职业资格标准,吸收技能大赛成果,加快实践教材开发,同时实践教材内容应及时更新,既体现基础性,又反映实践教学改革与研究的最新成果;既体现学科内涵,又反映现代实践技术与方法。

七、实训基地开放

逐步实现实训基地在实践时间、实践内容和实践设备上的全方位开放,提高资源使用效益。积极按照学科特点实行阶段性开放或预约开放,利用寒暑假、双休日或业余时间面向学生开放。提供实践项目供学生选择,学生可自带课题,中心提供技术指导与服务,为大学生创造更多的动手实践机会。建设实训基地网站,及时更新、丰富网络实践教学资源。

八、实践教学队伍

科学合理的教师队伍是保障教学质量的坚强后盾,所以教师队伍无论在队伍层次、结构和数量上,还是学历、职称等方面都应该合理分布,逐步优化。学校需制定相应政策,采取有效措施,鼓励高水平教师从事实践教学和改革,形成一支实践与理论教学互通,教学、科研、技术兼容,核心骨干相对稳定的实践教学队伍。建立健全实践教学和实验实训室管理人员培训制度,保证实训基地工作水平不断提高。实践技术人员除完成实践准备、仪器设备维护等日常管理工作外,积极参与实践设备研制、实践技术开发和实践教学改革等工作。

九、仪器设备配置

实训基地根据所开设实践教学内容的需求配置相应的仪器设备。应围绕学生职业道德、职业技能培养,依据课程改革及实施需要,对接企业生产技术和技能大赛要求,配足、配齐、配优实训设备,满足学生基础性实训和生产性实训要求。仪器设备配置具有一定的前瞻性,品质优良、组合优化。仪器设备配备档次符合实践项目要求,数量合理,保证实践教学质量。实训基地有体现学科特色的自制教学仪器设备。实训基地有能保证仪器设备正常维修与维护的专项经费,仪器设备完好率在95%以上。一般情况下,仪器设备平均年更新改造率,机电类为6%—8%,电子类为9%—11%,计算机类为15%—20%。贵重仪器设备年使用效益评价得分应达到合格标准。

十、环境与设施

实训基地的建设应符合专业发展需求,基地建筑规格以及实验实训室配置标准都应该符合要求。例如,实验实训室通风、照明良好;水、电、气管道、网络走线布局安全、合理,符合国家规范;有符合国家规定的防火、防盗、防爆、防破坏基本设备和措施;高压容器,易燃、易爆、有毒等物品要按国家有关规定合理存放,专人管理;使用放射性同位素和有害射线的要有许可证;有三废处理措施,符合环保要求;具备数字化、网络化、智能化条件,运行维护保障措施得力。

十一、管理体制与运行机制

依据学校和专业群特点,整合实践教学资源,理顺管理体制,建设面向多学科、多专业的实训基地。实训基地实行主任负责制,统筹安排、调配、使用实践教学及相关教育资源,实现优质资源共享。实训基地建设规划科学合理,具有前瞻性。实践教学和实训基地管理制度健全,执行良好,有利于实践教学改革,有利于学生创新精神和实践能力的培养。建立网络化实践教学与实训基地管理信息平台,实现网上辅助教学和网络化、智能化管理。建立有利于激励学生学习和提高学生能力的管理机制,营造有利于学生自主实践、个性化学习的实践环境。构建实践教学的科学评价机制和开放运行保障机制,保证实践教学质量。

第三节 校内实训场所——一体化教学场所

实施工学结合一体化的课程需要特定的教学场所,传统的班级教室已经无法满足教学的需要。五年制高职学校应当根据典型任务和学习情境要求,为学生创设一个尽量真实的工作环境。在这个工作环境中,学生使用工具,通过与工作人员合作与沟通,完成一个具体的工作任务,取得特定的工作成果,并学习到相应的专业知识和技能,获得必要的工作经验。

实施工学结合一体化课程的物质基础是理论实践一体化的教学场所,它是实现课程目标和师生进行(模拟)职业社会活动的第一个重要场所,同时也是学生由学校到岗位的过渡或者直接上岗的重要基地。教学场所设施布置合理与否,对于学习过程、学习效果以及最终实现课程目标有十分重要的影响。根据实际情况,可将一体化教学场所设计成实训车间。

一、实训车间的分类

按照功能的多少,可把综合实训车间设计成单一功能和多功能实训车间。

(一)单一功能实训车间

由于多数职业活动都能分解成若干典型工作任务(即职业功能),因此可为每个典型工作任务设计一个专门的教学培训场所,形成单一功能实践教学场所。如大型职业学校的车工实训车间,这是教育实践中一种常见的形式。它的优点是:

1. 同一个教学场所可以满足多个专业实践教学的需求,由于使用频率高,降低了整体投资费用;

2. 实习、实验设备既可以针对某一项目或任务进行专门配备,同时又可以按照专业大类的实际需求进行完整提供;

3. 高投资的机器、设备和建筑物虽然成本较高,但是往往可以长时间或者多专业的高效率利用;

4. 教学内容较单一,教师通过在某一车间的长时间教学与学习,对其深入研究可以比较容易地成为某一方面的专家(双师型教师)。

单一功能实训车间还可以成为企业基本技能以及新技术培训的基地,同时由于实训基地的单一性,往往很难将综合性的专业技能连贯起来。此外,只有在同一专业各个年级的学生数量相当时,单一功能实践教学场所才可能达到较高的利用率。

(二) 多功能实训车间

多功能实训车间是为了某个职业(专业)设计的,融该职业全部或多项职业功能为一体的教学场所。它的突出优点是能将学习场所与工作环境整合起来,学习环境与实际工作情景的一致性较高。在此,教师可以设计一些内容复杂的课程情境,从而保证职业教育的系统性和全面性。

在多功能实训车间,可以让相同专业或者多个专业的学生共同生产一个产品、维护一套设备或完成一项综合性的学习任务,以此拓宽学生的知识面和职业"功能",将应用型人才的直接功能(产生)与间接功能(计划、控制、生产、检验和经济核算)联系在一起,能提高学生的综合职业能力。经济管理类专业的"模拟企业"多功能实训车间,学生在这里可以通过系统化地组织生产一个产品(玩具),体验企业整个运作过程。

实践证明,在多功能实训车间,如果组织恰当,可以让不同年级的学生组成学习小组,学生就有机会在高度独立和自我管理的条件下学习。此时的学习目标已不再局限于提高某一项工作技能,而是在(几乎)真实的工作环境中系统地解决专业问题,从而跨越满足具体工作要求的阶段,获得更高层次的职业发展能力。

多功能实训车间需要满足一些特定的条件,如应当保证在工作岗位上又可以独立学习的媒体,以及有与有关专家(如教师)和相同专业(岗位)学生沟通的手段(如电话等)。在理想状态下,多功能实训车间的工作(学习)岗位、学习媒体与劳动生产用具是一致的,包括教科书以及其他工具书、企业信息材料、机器设备使用说明、样品和模拟工件等。在实训车间里,可以专门设置小组学习区,也可以开设专门的集中式培训式课程。小组学习区可以设置在车间的一个角落,也可以将这个角落专门隔离出来,从而获得一个更为安静的学习环境。小组学习的座位一般采用研讨会方式安置,人数以 30 人以内为宜。因为学生人数太多,有时很难保证师生及学生与学生之间的交流。座位编排有多种方式,如有长方形、圆形和 U 形及其多种变式,它们分别适用于不同的学习目标与要求。

多功能实训车间的设计不仅仅是一个专业问题或空间塑造问题,它还涉及专业技术、职业教学论、心理学和社会学等多方面的知识,在设计多功

能实训车间时应当注意:

1. 首先考虑多种教学功能在空间上的相互转换,使有限的空间能够重复利用。要想达到此目的,一般采用活动式的、多功能的、小尺度的教学设备和设施等限定手段来实现。

2. 合理利用空间的三个向度(长、宽、高),依据特定的教学功能要求,按照学生年龄、已有基础以及师生的生理和心理特点,塑造所希望的活动空间。

3. 按照工作流程(包括物质流和信息流)、人的劳动和作息规律,结合不同专业特征,设计工作和活动进行互换的多功能空间。

二、教学车间的建设模式

第一,引入车间到学校。如包装印刷教学车间的组建方式是由学校提供场地、服务和管理,企业提供设备、技术和师资支持。如南京工程高等职业学校建筑工程系将"江苏祥瑞检测工程有限公司"引入学校,进驻实训大楼,学校为企业提供长期、稳定的生产经营场所,企业为学生提供仿真过程训练、顶岗实习机会。同时进驻企业还参与到相关专业的人才培养方案的制订与修改工作,为日常的专业课教学提供有经验的工程技术人员,深受学生和企业的好评。

第二,与企业共建教学车间。如江苏派特、江苏尚德、南京上发等多家公司先后在南京工程高等职业学校与电气自动化专业建立联合实验室,校企双方共享先进的实验设备资源,企业提供经费,企业技术人员和学校骨干教师组成联合项目组,共同开展电动车控制器、逆变电源、稳压电源、数字电视机顶盒等产品的更新与开发。2008 年 12 月南京工程高等职业学校引进南京爱苏电子有限公司的两条 SMT 生产线,设备总值为 340 万,建成校内 SMT 生产实习基地。2009 年 4 月引进江苏派特科技有限公司的一条波峰焊插件生产线,设备总值 45 万,建成校内电子产品装调生产基地,这 3 条线的生产设备与生产工艺都是同年电子产品制造业中最先进的,可提供 50—70 个工作岗位,每月提供的加工任务在 3 万—5 万片之间,工作岗位的技术要求与生产规模,都与学校应用电子技术专业人才培养目标与班级人数相符合。

第三,学校负责全面建设教学车间,企业采用租赁形式与学校合作。通过双方协商,进行新产品研发、实践教学、小型生产等合作项目,产品原料和技术一般由企业提供。如南京工程高等职业学校建筑工程系与"南京超维模型制作公司"开展合作,公司依托学校模型工作室的有利场所,开展沙盘制作业务。在专业教师的指导下,学生"学做合一",学生的建筑CAD学习得到深化,学生的参与积极性很高,拓展了装饰专业的专业技能。同时,学生们制作的多个沙盘已经投入使用,受到了业主的好评。企业在取得一定的经济效益的同时也培养了学生的技能,真正达到了双赢的目的。

三种模式的共同点是与企业密切合作,以产品的生产作为教学载体,融"教、学、做"为一体。

三、教学车间的测评方式

（一）形成适应教学车间真实环境的测评体系

有效的测评体系不仅可以检测学生掌握技能的程度和水平,而且也是对整个教学过程的引导、诊断与反馈。以往的考评方式只侧重学生对书本知识的识记与理解程度,不能有效地检测学生实际技能操作水平,不适应学校教学改革与发展。在教学车间中,测评方式改变了传统的终结性评价方式向三个方面实现转移:第一,测评方式过程化。即将项目及模拟仿真分成不同的阶段,并设计专门的测量量表,检测学生在每一阶段中是否具备了完成项目应具备的技术知识和技能操作水平。第二,测评主体多元化。教师评价、学生自评和学生互评相结合,形成高效的评价,并形成及时反馈系统,让学生及时通过测评结果完善自身不足,实现不断成长。第三,测评内容和形式丰富化。测评内容包括职业角色认知、职业道德认知、技术基础知识、技能操作和故障排解能力等,测评形式采用专家现场提问、操作过程实录、书面考核、专场答辩等。

（二）推行"双证书"制度,提高学生的就业能力

为了响应教育部关于高等职业院校建立职业技能鉴定机构,推行"双证书"制度的号召,一方面,将教学车间中的技能操作内容和任务流程与相关职业技能标准相结合;另一方面,将学生的技能过程测评与技能等级证书或职业资格证书的获取相结合。学生可以在真实的教学环境中经过反复磨砺,由学校技能鉴定部门根据行业标准严把质量关,在规定时间内获取相关的技能等级证书或职业资格证书。同时,通过替代学分制获取相应科目的技能测评学分,避免了重复考核,强化了教学车间的实训功能,切实提高了

学生的职业能力。

四、校内实训教学环境建设中应注意的问题

一般说来,校内实训教学环境建设应处理好以下四个问题:

(一)设备购置

目前,在五年制高等职业学校实训基地建设中,实训设备数量与质量的不足还是主要矛盾。学校在积极争取中央和地方政府以及社会投入的同时,应该内部挖潜,积极筹措资金解决设备问题。有的学校与企业合作,学校为企业提供场地,企业提供设备和原材料,由学生在实训指导教师的带领下,进行顶岗生产。既解决了学生实训问题,又为企业带来了效益,这是一种"双赢"的方法。

在购置设备时要注意以下几点:

1. 设备的档次以中等偏上为宜。

设备的购置应秉承务实的原则,以满足正常实践教学为根本,不要追求华而不实的装备,根据学校专业发展及地区经济发展的实际情况慎重购买,因为这种设备的购置、运行、维护费用都很高,一般学校难以承受。学生在使用时难免会发生误操作而产生碰撞、损坏,其维修费用也很高,不适合学校使用。

2. 设备的品种、规格、型号要合适。

在设备购置前应该做好充分的市场调研,选择具有代表性的品种、型号要尽量与社会上广泛使用的设备一致或基本一致,这样在教学中较为方便,也能与社会接轨,学生毕业到工作岗位适应很快;同时也有利于对企业员工进行培训。

3. 设备的数量要搭配合理。

要保证每一种设备都有一定的数量,既方便教学,又能满足学生动手的需要;各种设备的数量搭配要考虑到学生轮班的方便;要根据学生数量的多少和学习时间的长短以及经费的情况综合考虑,分期分批地购置。

对已有设备和新购置设备进行二次开发设计,满足教学需求,形成独特的专业实训特色。

(二)制度建设

制度建设是保证实训基地正常、高效运转的必要条件,除遵守学校的管

理规定外还应制定并严格执行以下制度。

1. 教师方面。

制度建设是学校正常运转的保障机制，教师管理一方面靠教师队伍自身的自觉性，另一方面也需要教师严格遵守学校制定的各种规章制度，如实训教学管理制度、实训教学工作规范、安全教育规范、设备使用制度、教研活动例会制度、教学检查制度等要严格执行。

2. 学生方面。

学生良好素养的形成应该从遵守学校规章制度开始，学生应严格遵守实训纪律、实训规范、交接班制度、各工种工量刃辅具摆放规范、各工种安全文明操作规程、安全责任事故处理规范、卫生清扫及检查制度等。

3. 物资方面。

库房管理规定，物资借用领用制度、损坏赔偿制度、低值易耗品使用定额标准等要按章执行。

4. 其他方面。

校内实训基地实行年度报告制度，年度报告主要包括实践教学改革与创新、建设与发展、优质教学资源共享、队伍培训和示范辐射、校际交流与合作等内容。实训基地实行动态管理，积极开展多种形式的国内外合作与交流，开放实践教学网站，定期组织现场经验交流会，充分发挥示范、辐射、共享作用。

（三）实训文化建设

良好的实训环境需要浓厚的实训文化做宣传，从实验实训流程设计、实验文化建设开始，通过分析研讨各个实验实训项目的流程，确定科学合理的训练流程，并在各实验实训室场所进行直观展示。展示内容主要包括实验实训内容、操作过程指导、仪器设备介绍、实验实训考核方法、教学过程以及学生成果等一系列与实训相关的图牌，营造职业氛围，让学生进入实验实训场就能受到职业环境的熏陶。

（四）社会服务

逐步开放校内实验实训基地，将其建设成为开放式、共享型的职业技能培训基地，为人才培养提供教学服务，为企业提供应用技术研发服务，为地方提供职业技能鉴定服务，为社会提供职业技能培训服务，进一步拓展服务领域，扩大对外服务的范围和能力。首先要搞好内部建设，使其有能力和精力承担社会任务。同时尽快与其他院校、企业、社会团体取得广泛的联系，大力开展培训、职业技能鉴定工作；适当开展产品加工业务，积极研制开发新产品；加强管理，保证生产的顺利进行，创造较高的利润，实现从"输血"到"造血"的转变，使实训基地进入良性发展的轨道。

案例——以江苏联合职业技术学院南京工程分院工程测量技术专业数字化测绘实训基地建设为例

<h3 style="text-align:center">五年制高职数字化测绘实训基地建设方案</h3>

2008年8月—2010年8月，江苏联合职业技术学院南京工程分院经过两年的研究，以数字化测绘实训基地建设为平台，探索五年制高职高素质高技能人才内涵及其培养途径，强化实践教学，加强师资团队建设，拓展实训基地产学研研究，推行专业教研室与数字化测绘实训中心一体化的管理机制改革，建立实训基地管理与运作新模式。

一、五年制高职数字化测绘实训基地建设的指导思想及原则

1. 指导思想

以测绘技术职业能力培养为主线，以体现数字化测绘为特征，建立起培养学生知识、能力、素质三位一体的实训基地，基地建设内容需融合职业岗位能力、职业资格、实际生产过程、行业标准的要求。为了使基地建设达到规模化、系统化和实现可持续发展的目标，符合拓展其功能的要求，在设计和建设中，把教学功能、培训功能和服务于测绘科技开发与项目生产的功能统筹考虑，把为测绘项目教学服务和为测绘行业服务统筹考虑，使其真正成为融"教、学、做和社会服务"于一体的综合性实践教学场所。总的建设方案包括硬件（实训室、测绘仪器与设备）、软件（测绘软件、技术标准、技术设计书、记录表格和技术总结等）以及团队（管理、维护和教学队伍）等的建设方案。

2. 基本原则

数字化测绘实训基地应能完成数字化测绘实训教学与综合职业素质养成、岗位职业技能训练的任务，是培养高素质技能型才的实践教学、职业技能培训、技能鉴定和测绘新技术推广应用的重要基地。建设过程中遵循以下原则：

(1)数字化测绘实训基地建设必须紧扣数字化测绘高级技能型人才培养目标,必须有助于学生任务能力观、整体能力观、综合职业能力的培养。

(2)数字化测绘实训基地建设要符合现代测绘行业对数字化测绘高技能人才的素质要求,要有利于教育教学改革的深化,促进以"项目导向、任务驱动"的教育教学的改革。

(3)数字化测绘实训基地建设要紧跟行业技术发展,体现测绘行业新技术、新工艺,瞄准行业的高技术含量和新技术的职业岗位,使学生在实践教学过程中能掌握到本专业的新技术、新工艺,达到与行业需求零距离对接的教学目标。

(4)数字化测绘实训基地建设在总体设计上要具备服务于社会的功能,不仅可以为校内外学生提供基本技能实训场所,形成实践教学资源的共享,还能承担职业技能培训、鉴定、测绘科技开发与推广等职能,为社会提供多方位服务,成为校企合作的一个重要基地。

二、实训教学的条件

工程测量技术专业是工科应用型专业,实习实训基地建设是职业技术教育的物质基础,利用实习实训基地对学生进行实训是提高工程测量技术专业学生技能的最有效途径。数字化测绘实训基地建设应按照实际生产的要求进行生产型设备的配备,所配设备既能反映目前国内行业现状,又能代表世界先进技术的发展方向。

第一,地形图当前最主要快速更新手段是利用大比例尺航测遥感图像,采用航测成图的方法。如地形测绘实训室的建设除包括传统的地形地物要素测绘以及地形图应用实训外,还应增加利用数字摄影测量方法,提供精确的数字化数据,能够实现自动化成图部分的实训。

第二,由正射影像加DEM所产生的自然环境的三维景观,由城市的正射影像、DEM、建筑物的量测数据、房顶与墙面的影像纹理数据所产生的城市环境的三维景观,已经为计算机可视化、计算机模拟、计算机动画、仿真、虚拟现实、土地与城市规划提供了数据。因此,数字化成图室应增加利用VirtuoZo软件为虚拟现实的软件产生数据而制作动画、仿真及可视化图部分的实训。

第三,充分利用校办企业南京大地测绘院丙级测绘资质、江苏省国土资源国家职业技能鉴定所以及该专业优势教育教学资源,完成测绘项目,为测绘行业解决技术难题和技术服务,同时开展测绘技术人员培训。

三、实训教学师资队伍

当前该实训基地师资已经做到:1. 专业教师具有高等学校教师任职资格。2. 专职师资团队已经是年龄及工程实践能力与知识结构合理、"双师"素质好、相对稳定、水平较高的师资团队,有掌握专业技术领域现状及其发展方向、有较丰富的工程实践、又有较高学术造诣的专业带头人。3. 专业专职教师具有中高级以上专业职称者大于60%。4. 专业课程的60%以上课时都由中级以上专业职称和有较丰富实践经验的专职教师担任;实践课程则根据教学需要,聘任具有丰富实践经验、5年以上本专业实践工作经历、中级以上专业职称的技术专家担任兼职教师。5. 每年不少于30%的专职教师进行相应的专业实践活动。

四、实训基地运行模式

为了保证在实训教学过程中提高学生职业技能和职业素养,为顶岗实习积累经验打下基础,应把测绘生产中典型的工作任务或工程作为实训教学内容;实训教学现场的设计、安全和环境等均满足我国测绘从业的要求,使得实训教学现场具有企业生产现场的真实氛围。

五、实训基地与教学管理机制

实训基地的建设与管理可广泛吸收测绘企业技术与管理人员参与;各类教学文件齐备、教学制度健全,教学质量监控有效;实训教学内容安排科学、合理,能充分发挥实训设备的使用效益;测绘企业的各类管理类、技术类和标准类文件齐全,并严格执行。

六、实训基地共享机制

面向社会开放,实现区域共享。1. 与南京多所学校签署联合办学协议,为其开展教学服务(包括人才培养方案的开发、课程建设、教学方法手段改革、教学管理、师资队伍建设、实习基地建设等)。2. 接纳东南大学毕业生到实训基地实习,目前为止,已经接收5届该校学生到我校进行毕业实习,并提供实习指导。3. 与江苏国土资源职业技能鉴定所联合为江苏省测绘单位测量技术员培训提供教学场地和设施。4. 实训基地先后接待南京高等职业技术学校、苏州建设交通高等职业技术学校、南京工业大学和江苏省无锡交通高等职业技术学校等单位到我校实习基地参观,并提供测量技术培训。

七、经费来源

基地运行包括专项资金和对外技术服务创收费用,可满足正常实训教学消耗与日常运行管理费用。本专业以校属企业南京大地测绘院为平台,单独或与其他企业合作完成的项目有"金坛市 1∶500 地籍测量"、"南京珍珠泉 1∶500 大比例尺地形图测绘"、"上海市乡镇土地利用现状图 1∶1000 缩编与建库"和"常州市数字城管部件普查"等 20 多个教科研项目,项目总经费超过 200 万,为课程改革、产学结合的推进提供了良好的经济保障。

八、五年制高职数字化测绘实训项目与设备配置方案

目前已经建成的数字化测绘实训基地包括具有仿真环境的水准仪实训室、经纬仪实训室、全站仪实训室、数字化成图室及专业教室等室内实习实训室,建有地形测量、控制测量、工程测量、地籍测量、房产测量、GPS 测量、精密工程测量等 7 个室外实训场(现已连续两年成为选拔代表江苏省参加全国测量技能大赛选手的比赛场地)。数字化测绘实训基地现有设备总值为 423.66 万元,生均近万元以及 9 个固定的校外实训基地。

九、五年制高职数字化测绘实训基地建设的主要成果

1. 探索总结出五年制高职实训基地的建设理念、模式和内涵等,基本破解了实训基地"建什么、如何建、如何管和如何用"等难题:(1)倡导和吸收"四结合、六合一"(即校内与校外结合、仿真与实操结合、理论与实践结合、小试与放大结合,车间与教室合一、教师与师傅合一、学生与学徒合一、作业与产品合一、教学与科研合一与服务与创收合一)的建设理念。(2)建立了校企合作伙伴机制,实现了"校企合作、工学结合、资源共享、校企共赢"建设模式。广泛吸引企业参与,利用企业资源校企合作共建了数字成图室、控制测量实训室等,并筹建江苏测绘文化教育中心。(3)深化了实训基地内涵建设,创新了技术与人文相结合的实训环境建设。加强职场化的环境渲染、人性化的警示标识与设施和实施整理(SEIRI)、整顿(SEITON)、清扫(SEISO)、清洁(SEIKETSU)、素养(SHITSUKE)(即"5S")实训管理。

2. 深化了五年制高职高素质高技能人才内涵,构建模块开放式实践教学体系,拓宽了人才培养新途径。(1)明确五年制高素质技能型人才内涵:具有较高的专业理论水平和操作技能;大专知识层次,具有较高的思想素质、健全的心理素质、健康的体魄以及较强的综合应用能力。在人才培养方案的构建上,突破了传统的学科体系的束缚,强调先会后懂。(2)高素质技

能型人才培养路径包括：构建以职业能力为本位的人才培养方案，突出动作（操作）技能的培养，以项目课程为主，培养学生的综合能力，产学结合，培养模式与毕业岗位对接。(3)构建相对独立的模块式、开放式实践教学体系。新实践教学体系含基本技能培养、岗位能力建立、岗位能力提升和岗位能力强化四个阶段，并在整个教学活动中穿插与企业测绘生产项目紧密结合的三个生产实训期。(4)创新项目化实训教学模式。形成了以"实训环境职场化、教师学生角色化、实训内容工作过程化、专业技能培养递进化、实现教学做一体化"为特色的教学模式。

3. 解决了一些实训基地的教学、管理与维护以及服务等实际问题。(1)解决了实践教学研究型、验证型和测试型等类型，不能培养学生实际操作技能的问题。(2)解决了只能培养学生实验操作技能而不能培养学生测绘施工岗位操作技能的问题。(3)解决了理论与实践各成体系，无法实施"教学做"一体化的问题。(4)解决了教师"双师"素质培养、实践操作技能提升缺乏载体或培养途径单一的问题。(5)建立了以教师为主导、学生为主体的设备维护队伍，解决了基地维护和管理问题。

4. 实训基地建成后，产教研取得了一些成果。(1)分段分层实训，提升了实训档次。经过实训基地测绘算等多项工程实践或培训的学生，熟练掌握现代工程测量技术的专业理论、知识和技能，有较强的企业适应能力，能够独立自主地从事测量内外作业，学生的能力广泛得到企业的认可。(2)开展技术开发与服务，实训基地已具有造血功能。实训基地开展土地调查及建库、地形测量、变形观测和建筑工程测量等项目，合同总额超过200万元，将消耗性实训变生产性实训，实现科学管理，基地建设效益明显提高。(3)创新基地管理，建立实训基地管理与运作新模式。结合五年制高职特点和学校办学实际，推行专业教研室与数字化测绘实训中心一体化的管理机制，强化"5S"管理，推行理论与实践一体化的工学结合运行模式。

第四节 五年制高职校外实训基地的建设

一、校外实训基地的意义

建立稳定的校外实训基地是"产教结合、校企合作"的重要方式，也是五年制高职教育具有强劲生命力的发展方向。

目前,由于各种主客观条件的限制,五年制高职学校完全依靠国家投入大量资金来改善校内实训条件,基本上是不可能的。因此,只有通过开展各种形式的"校企合作"来完善实训教学;另外,由于企业是锻炼、提高学生职业技能和职业道德等综合素质的良好阵地,建立校外实训基地,把学生放到生产、服务一线中去,可以创设一种能够有效地促进教与学双向互动的社会交往情景和职业情景,在浓厚的职业氛围中锻炼和培养学生从事和胜任某一职业岗位的能力,理论知识在实践中升华、能力在实践中增长。加强校企合作,建立校外实训基地,发挥其多种功能,是提高高职学生实践能力的主要方式,也是高职教育的重要特色之一。五年制高职学校只有紧紧依托行业,加强与企业的合作,坚持走"以服务为宗旨,以就业为导向"的道路,把党的"教育与生产劳动和社会实践相结合"的教育方针,具体化为"依托行业、校企合作、工学结合、服务社会"的办学指导思想,才能形成自己的特色。

校外实训基地是处于正常运转的企业,学生所处的工作环境都是真实环境,执行的规范也都是职业标准,实训的项目均是相关专业学生今后所从事的职业及工作岗位,在这一真实环境下进行岗位实践,不仅能培养学生解决生产实践和工程项目中实际问题的技术及管理能力,而且还能陶冶学生爱岗敬业的精神,学生真刀真枪地进行职业规范化训练,从而从思想上热爱本职工作,树立为事业和企业献身的精神。同时,实训基地建立了一系列考勤、考核、安全、劳防、保密等规章制度及员工日常行为规范,学生在实训期间便养成遵纪守法的习惯,为今后走上工作岗位进行了职业道德和企业素质的培养。另一方面,实训基地提供了现代工程技术人员应具备的质量意识、安全意识、管理意识、协作意识、市场意识、竞争意识和创新意识等工程素质形成的实践氛围。通过训练,学生能够真正地领悟到现代化生产和科技发展必须倡导团结协作的群体精神。

二、校外实训基地的主要任务

(一)为学生提供实践环境

校外实训基地是学生进行基本技能和综合能力锻炼的重要基地,学生在真实环境下进行岗位实践,在实践锻炼过程中不断发现问题、解决问题,不仅积累了工作经验,而且对于团队的合作精神以及自我管理能力都有很大提高。

（二）提升学生职业素养

通过校外实训基地一系列考勤、考核、安全、劳防、保密等规章制度及员工日常行为规范，学生在实训期间便养成遵纪守法的习惯，从思想上热爱本职工作，爱岗敬业，进行职业道德培训。

（三）实现学生到员工的过渡

校外实训基地与学校环境截然不同，学生所处的工作环境都是真实环境，都必须按照企业员工规范来严格要求自己，实训的项目均是相关专业学生今后所从事的职业及工作岗位，学生能真刀真枪地进行职业规范化训练。

（四）开展校外实训科研活动

在校外实训过程中，教师与企业专家可以根据培养目标的要求制定专业技术技能培训教学大纲，组织编写校外实训的教材；根据岗位需求和技能要求制订实训计划和方案；根据岗位需求的变化及新生工作岗位的定向开发新的职业技术技能培训项目与培训内容。

（五）进行双师型教师队伍建设

校外实训基地还可以承担"双师型"队伍的培训工作。教师在真实的实训环境中通过接触先进的管理理念，及时了解本专业的社会现状和发展趋势，丰富了实践经验，增强了专业技能。教师将其反馈到教学中及时补充新理念、新流程，提高了课堂教学效果；在实践教学中重新设计部分实训项目、充实实训内容，学生能够感受到学习的内容新颖、掌握的技能实用并与市场接轨。

三、校外实训基地的建立和运行制度

实训基地的建立与运行需要坚持把人才培养作为实训基地首要任务，着力提升实训基地生产、科研功能。五年制高职实训基地的有效运行离不开科学完善的实训教学制度的建立，要充分保证实训教学要求，着力提高实训教学质量。推进学生实训与企业生产相结合、"实习产品"与市场需求相对接，实现经济效益与社会效益共同提升。校外实训基地的建立和运行制度以江苏联合职业技术学院南京工程分院五年制高职工程测量技术专业数字化测绘校外实训基地为例。

五年制高职工程测量技术专业
数字化测绘校外实训基地的建立和运行制度

为实施工程测量技术专业及专业群工学结合人才培养进程中安排的顶岗实习（或生产实习）教学要求，充分利用企业资源和企业优势，让学生在真实的工作环境中得到锻炼，各专业必须建立足够的、运行良好的实践教学基地，为规范校外实训基地的建立和运行，要求如下。

一、校外实训基地应满足的条件要求

1. 校外实训基地一般应为具有国家甲、乙级测绘资质的优秀企业；

2. 校外实训基地近3年内接受学生顶岗实习（或生产实习）、接收应届毕业生均不少于1次；

3. 校外实训基地有宣传本企业的网站；

4. 校外实训基地悬挂由学校统一制作的"南京工程高等职业学校实践教学基地"牌匾。

二、校外实训基地的建立和资料收集

1. 校外实训基地应根据专业教学要求、企业生产需要，本着"互惠互利、校企共赢"的原则建立，并签订校企共建校外实训基地协议书；

2. 应收集的校外实训基地资料包括：校外实训基地单位名称、单位地址和邮编、联系人、联系人固定电话、手机号码、传真、信箱、国家测绘资质级别、校外实训基地概述（含单位性质、人员结构、主要业务范围等）、校外实训基地实景电子照片（本部外景、室内作业场景、野外作业场景均可）、2001年后分配到该单位工作的有代表性的学生1—2人的基本信息（含原专业、班级、现从事工作、职务、职称、主要业绩1—3项、获得荣誉等）、实训指导教师的基本信息（含姓名、性别、年龄、学历、学位、毕业院校和专业、职务、职称）；

3. 适合多个系部专业实训的院级综合性校外实训基地资料由系办与校教务处联系收集；

4. 各专业应及时将本专业校外实训基地资料、校外实训基地协议书编制成电子相册上交系办，由系办公室定期制作纸质相册。

三、校外实训基地的运行

1. 对建立校外实训基地关系的单位优先安排招收毕业生和学生顶岗，必要时可调整教学计划，优先提供技术、人力和设备支持；

2. 校企均应有相对稳定的技术指导人员,学生在企业的学习必须在学校教师和企业技术人员指导下进行,以利于顶岗实习(或生产实习)教学的开展与实施,保证实训教学质量;

3. 学校应向校外实训基地赠送学生手册、相关教学文件的纸质或电子稿,以利于企业对学生进行管理;

4. 企业应向学校赠送企业管理规定、相关作业技术设计书的纸质或电子稿,以利于学校对学生进行管理;

5. 企业应根据工作需要向学校发出顶岗实习邀请函,内容包括工程项目、工作内容、对实习学生的专业、性别、人数、实习时间、携带物品等要求;

6. 学生应填写顶岗实习申请书,经批准后办理顶岗实习各项手续;

7. 校企技术人员或管理人员每3年互访应不少于1次,探讨理论教学、实践教学、工学结合(含实习待遇、保险、事故处理、技术指导、实习成果评定等);

8. 为规范顶岗实习(或生产实习),学生、企业、学校三方必须签订顶岗实习协议书,以明确三方利益和责任。

第十章 五年制高职工学结合"双师型"师资队伍的培养

师资是实现工学结合模式的关键,高素质的师资队伍是职业教育质量的重要保证。目前,从总体上看,我国高等职业教育的师资状况难以满足"工学结合"职业教育模式的需要。就师资队伍而言,许多五年制高职学校的教师忙于应付繁忙的理论教学任务,难以顾及学生实践能力的培养,加之许多教师自身学历偏低、动手能力不强,难以达到工学结合模式下的教学要求,还有相当比例的教师没有获得职业资格证书或未到企业生产一线进行专业实践,因此很难培养出适应就业市场需求、符合岗位要求的高技能人才。在工学结合的教育模式下,"双师型"教师队伍建设的目的是提高专业教师的专业理论水平和实践动手能力,建立教师终身学习观念,提升实践技能,满足工学结合模式下的教学需求。

第一节 "双师型"教师的培养目标

"双师型"教师作为专职的、直接面向社会培养技术应用型人才的一线教育工作者,担负着培养现代高级职业技术人才的崇高使命,帮助每个学生走向成功。"双师型"教师除应具有一般教师的基本素质和道德素养外,还要具备胜任职业教育的特殊素质,其职业特殊性表现在:不仅要"学高"、"德高",更要"技高"。

高等职业教育培养的是"实用型"而非"学术型"人才,是符合人才市场需求的、有一技之长的高素质劳动者或技术应用型专门人才。即高等职业技术教育培养的人才应具有这样几个特点:人才层次的高级性,知识结构、能力的职业性,人才类型的技术性,毕业生去向的基层性。因此"双师型"教师的培养目标就是与高等职业教育的培养目标及特点相适应,既具有扎实而宽泛的理论知识,又有娴熟的实际操作技能,会讲课,懂技术,特别是能理论联系实际,并能将知识和技能有效地传授给学生,有较强创新能力的新型的复合型教师。

在职业技术教育的过程中,在整个教育教学过程中,教师具有举足轻重的作用，无论教学、实习、生产还是科技应用，都离不开教师的指导和管理，教师水平的高低，直接制约着学生的质量。因此，在"双师型"教师的培养过程中，首先，教师队伍的建设应满足专业发展的需求，依据专业与教学的需要，切实准确地调配教师数量，使师资队伍在知识技能、学科、年龄、职称等方面形成合理的结构。其次，教师应与时俱进把握新的教育理念，能根据高等职业技术教育特点、培养目标及教学体制敢于突破传统的教育模式，敢于开拓开放教育，实现多元化、多功能的教育。第三，"双师型"教师要有过硬的本领，扎实而宽厚的理论知识，熟练的实际操作能力，指导学生实践的能力及高超的教育教学能力，在面对教学、实习、生产、科技应用等过程中的各种理论与实践问题时，能够应付自如、游刃有余。

第二节 "双师型"教师的培养原则

加强五年制高职学校教师队伍建设是发展高等职业教育，提高职业教育质量的根本大计。要有计划地、分期分批地通过各种途径对"双师型"教师进行培训，以提高其思想政治素质和业务能力。对"双师型"教师的培训要以提高教育教学能力为主，同时实现学历达标，提高政治思想素质、职业素质和业务能力。

师资的数量和质量与高等职业教育界发展的规模、速度和人才培养质量息息相关，加强师资队伍建设是办好高等职业教育的一项战略举措。为了逐步建成一支数量足够、质量合格、专业配套、结构合理、相对稳定、以专为主、专兼结合的高等职业教育师资队伍，一要提升培训基地标准，以求五年制高职学校高质量教师来源稳定可靠；二要不断提高在职师资水平，使他们能够适应高职教育发展的需要。要坚持以下四项原则：

一、学历达标原则

经调研，目前五年制高职教师学历偏低，这在一定程度上影响了五年制高职学校"双师型"教师队伍的建设和教育教学质量。教师的整体素质是每位教师的个体素质集合的结果，因此，必须从提升教师的个体素质入手制定相应的培训内容和措施，依托全国现有的职教师资培训基地，坚持在职培训为主，脱产培训为辅的原则，为五年制高职学校教师提供学习进修的机会，争取在短时间内高效达到教育部对五年制高职学校师资学历的要求。

二、技能强化原则

高职教师可利用校企合作的机会,提高自身的动手实践能力。一方面,要鼓励教师多深入工厂企业进行调查研究,可采用到企业锻炼、挂职顶岗、跟班研讨等方式,定期派专职教师到生产一线了解生产设备、工艺技术、行业发展动态等科技信息。另一方面,要通过厂系结合的方式积极进行技术方面的开发与服务,积累教学所需要的职业技能、专业技术和实践经验,使五年制高职学校的教师由单一教学型向教学、科研、生产实践一体化,"一专多能"、"复合型"的"双师型"教师转变。

三、结构合理原则

培养、练就一支职称结构合理、专业设置合理的教师队伍是提高五年制高职学校教育水平和教学质量的保证。随着知识的发展,学科的分化与融合越来越快,新兴科技与职业也越来越多。高等职业教育是以社会需求,以及经济、科技、文化的发展为导向,这就要求五年制高职学校要不断调整旧有专业和增加新的专业,与之相适应的"双师型"教师岗位也必须随之调整,使师资结构与专业设置之间保持基本的动态平衡。

四、专兼职相结合的原则

《中共中央国务院关于深化教育改革全面推进素质教育的决定》提出:要注重吸收企业优秀技术和管理人员到职业学校任教,加快建设兼有教师资格和其他专业技术职务的"双师型"教师队伍。五年制高职学校要认真落实这一(决定)的精神,不能把聘请校外兼职教师作为发展高职教育的权宜之计,而应该作为一项策略来抓。

兼职教师是五年制高职学校教师队伍不可缺少的重要组成部分,不仅可以弥补学校专业教师的不足,有利于缓解专业转换过程中新专业教师短缺的矛盾,而且能带来科研和生产第一线的新技术、新信息,使职业技术学校能及时掌握经济发展的动态,加强与社会的联系。兼职教师一般是单位的生产、科研技术骨干,不仅掌握本专业的基础理论知识,而且熟悉生产实践,具有多方面的动手能力,有利于加强学校的实践性教学环节。

第三节 "双师型"师资队伍的培养途径

一、培养专业带头人

如果说"双师型"师资队伍建设是从整体上解决教师实践能力问题的话,那么专业带头人的培养则是五年制高职学校师资队伍建设中的核心问题。不难发现,高职高专教育对专业带头人的素质要求更高,培养难度更大。它是建筑在"双师型"教师培养平台之上的,其建设的战略意义和现实意义更大。专业带头人承担着专业的课程开发和"产学合作"的重任,在高职教育同类专业中还应具备一定的学术地位。因此,如何提高专业带头人的教学科研水平和处理人际关系的能力,成为目前人才培养十分关键的要求。营造良好的人才成长环境、人才培养制度的建设则显示出其重要性。

如何形成良好的人才成长环境呢?首先要转变观念,学校既是教师工作的地方,也是他们生活、发展的地方。学校不仅是培养学生,为地方企业输送人才的地方,同时也是教师成长发展的领域。学校要成为人力资源的有效协调者、拓展者,以公开、公平的方式创造和谐的工作环境,营造专业带头人成长的良好环境。

专业带头人的培养途径选择首先在于它的层次性。从入世视角来看待问题,应多为教师提供学习的机会,积极为他们创造条件进行先进的国内外学术交流活动,以扩大视野、提高学术水平;从提高专业带头人的业务水平来分析问题,应积极动员鼓励教师参与省部级课题的研究工作,主动参与为中小企业开展的技术服务工作;从提高他们的教学管理水平并锻炼处理人际关系的能力的角度来分析问题,应从本专业的招生、就业、企业实习、师资队伍建设、课程建设、课题项目争取、产学合作乃至参与学校劳动人事制度改革等方面对他们提出具体工作要求,让他们在比较复杂的环境中成长起来,逐步树立学术威信并形成个人影响力,能担当专业带头人的重任。

在市场经济环境下,制度建设在专业带头人培养方面起到了"游戏规则"的作用。因此,与专业带头人密切相关的学习进修制度、职称评审制度、教研和科研成果评审制度、课题经费使用制度等,都需要不断完善,以体现与时俱进和激励、导向等作用。

二、培养兼职教师队伍

工学结合人才培养模式的一个明显的优势就是可以吸收企业一些具备丰富企业实践经验和操作技能的优秀技术人员到学校担任兼职教师,这些技术人员不仅专业基础知识扎实,而且熟悉本地区、本行业情况,采用这种请进来的办法可以优化"双师型"教师队伍的整体结构。但是这种方式也有其局限性,那就是这些兼职教师由于缺乏系统的教育教学理论知识和基本的教师教学技能,难免出现教学经验、教学技巧缺乏的情况,因此也要花时间和精力去帮助这些兼职教师来弥补教育理论和技能方面的欠缺。工程师和教师毕竟是两个不同的职业,从工程师到教师的转化,除了要学习必要的教育理论外,还要过好备课关、教态关、语言关、讲解关。因此,必须强化专兼教师的集体备课环节,使专兼教师在集体备课中互相起到"传、帮、带"的作用,专职教师帮兼职教师备教材、备学生,提高他们的授课能力;兼职教师帮助专职教师备操作、备实践,提高他们的动手能力。专职教师与兼职教师各有所长,有各自的教学风格,通过集体备课可以互通经验互相学习,取长补短共同进步。

三、培养"双师型"结构教学团队

如何做好一支专业化的"双师型"师资队伍建设,关系到职业教育的质量与战略。要从战略的高度抓好师资队伍建设,形成一支数量、结构、层次、素质诸方面都能适应学校事业发展需要和专业建设需要的、素质优良、结构合理、充满活力的专业师资队伍。学校可以采取引进和培训相结合、加快青年教师的培养和继续发挥老教师积极性相结合以及政策向"缺口"专业教师倾斜等措施,切实加强师资队伍建设,力争在师资队伍数量上、质量上能基本满足学校教学工作及事业发展的需要,力求在学历、职称、年龄等结构上达到教育部统一要求;重视并做好专业带头人及双师教师队伍建设;聘请一批具有高、中级职称的兼职教师和专家,构建兼职教师网络,尤其要注重逐步建立校外企业技术人员的兼职网络;同时,根据师德建设与业务建设相结合的原则,在教师任用、职称评聘、考核奖惩、培养进修、晋级待遇、科研等方面的管理上制定和完善一系列配套制度,努力形成一支素质优良,结构合理,既有较深理论造诣,又有较强实践能力,既懂教育教学管理,又有较高科研水平的、具有"双师"素质的师资队伍。

（一）以师带徒

为了提高教师自身发展的速度和质量，学校可以为教师提供相对应的"师傅"，这种情况往往是在本校教师队伍中选择，根据专业的性质以及教师特长选择培训教师，在选择好之后，双方制定学习计划在规定期限内努力达到学校的教师要求，并定期考评。

（二）"请进来"

常言道："他山之石，可以攻玉。"为了加速培养"双师型"教师，并且将企业的先进技术引入到实践教学中，职业院校可有计划地请进一些生产战线上的行家里手、能工巧匠来校上课，请他们指导专业教师实际操作技能，提高专业教师的质量。

（三）"走出去"

为了提高专业教师理论联系实际的能力，学校积极鼓励专业教师到企业锻炼，定期顶岗操作，到第一线了解生产设备、工艺流程，生产与管理的信息，以便教师对自己所从事职业及所教专业有清晰的定位，并有进一步的发展目标；通过在企业积累教学所需要的职业技能、专业技术和实践经验，在课堂中遇到相关问题可以应对自如。教师深入现场的过程就是教学的备课过程，也是"双师型"教师备课必需的过程，教师自然而然地学会到生产现场获取教学素材的方法，有了收集高质量教学实例的场所，丰富了课堂教学，使专业课教学体现其真正的价值。

加强学校和企业的挂钩，结合实际搞真题真做的实践教学，提高教师专业技能。鼓励专业教师多为企业解决实际问题，在实践中能力得到不断提高。通过项目开发，设备的维修、改造、升级、换代等活动，教师得到更全面的实践锻炼，由"单一教学型"教师转化为融教学、生产实践、科研、技术革新于一身的"复合型"教师，成为真正的"双师型"教师，不仅在专业理论上提高层次，而且在专业技能上也能做到才高技更高。

积极选派具有副高级以上职称的教师，去国内重点高校强化进修，作为访问学者，追踪本专业领域的发展前沿，强化在学科领域的专业功底，为选拔专业带头人创造条件。另外，通过加强对外合作交流，利用官方渠道和民间渠道，在走出去和引进来等诸方面开拓教师们的国际视野。

（四）技能竞赛

技能大赛的目的是为了形成浓厚的学习气氛，提高教师学习的积极性与主动性。学校每学期除了要组织一次学生技能大比武，还要每年组织一次专业教师技能大比武。每年更换比赛项目，这样各专业的子专业就能在几年时间里轮换比赛一次。技能比赛产生的冠军被称为技能擂主，享有荣誉证书和奖金。由此形成全校师生训练职业技能的热情。

（五）加强科研导向

五年制高职学校不仅要定位于培养一线工作者，还要充分发挥高校的科研能力。五年制高职学校开展科研工作是提升内涵，加快发展的需要。五年制高职学校教师应该积极与企业合作，发挥五年制高职学校的科研基地作用，在校企合作中通过合作项目的完成不断研发新项目，高校教师与企业技术人员共同参与技术研发，将学校作为新技术开发的试验基地。

培养双师型教师，要引导青年教师参加工程实践，鼓励专业教师通过技术岗位等级证书的考核，加大专业教师参与院内实训基地建设的力度，在产学合作上做出更多成效。

（六）以制度规范

培养"双师型"教师是一项系统工程，不是一朝一夕就能做好的，也不是零敲碎打就能完成的，它需要较长时间、全方位的扎实工作，更需要制度来规范和落实。首先是组织上规范落实，加强对"双师型"教师培养的领导；其次是计划上规范落实；其三是通过考核来规范落实，并把考核的结论记入学期或学年考评表，作为聘任教师的重要条件，同时给成绩优异者予以一定的物质奖励和低职高聘。严格实施制度规范，大面积地提高教师们的操作技能，为迅速成长为"双师型"教师打下坚实的基础。

第十一章 五年制高职工学结合人才评价体系的构建

专业建设、人才培养评价在保证人才培养、提高教学水平方面的作用是其他任何活动都无可替代的。实施专业建设、人才培养评价的目的,在于及时地发现问题,并有效地解决问题,最终的目的是切实提高学校人才培养,正确处理好职业学校发展过程中的当前与长远、局部与整体、数量与质量、效率与效益的关系,促进规模扩大与质量提升得到有效统一,实现职业教育自身的可持续发展。

关于职业教育教学质量评价的发展变化,国内外的经验可以归纳为两大要点:一是职业教育评价的职业导向性,评价标准的内涵包括职业能力以及相关的知识、普适性能力和相关的知识、学术能力以及相关的知识,其中职业能力及其相关知识是职业教育教学评价的核心。二是教学评价的动态性,由于不同地区、不同专业的教学内容和教学结构具有很大的差异,受制于社会生产力和科学技术的发展水平,因此对职业教育的教学评价的标准应当是动态的,是随着社会经济和文化等的发展而不断变化的。

第一节 五年制高职工学结合模式下评价体系的原则和基本特征

一、构建人才培养评价体系的原则

(一) 理论性与操作性相结合,更加注重可操作性

构建人才培养评价体系,既要遵循和符合职业学校的教学规律,更要具有在日常自然运行的教学活动中的可操作性。质量评价指标体系的设计,要适合评价的目的与功能,要能为理论所检验和证明,但更重要的是在微观层面的具体操作上,要有明确的职责分工,有工具性的模型、程序和具体文件,有便于操作的工作指标和评价标准,使整个监控与评价过程能够为各部门接受和认可,并积极参与其中。

(二)全面性与实效性结合,更加注重评价的实效性

评价工作包括评价管理工作、确定评价人员、确定要解决的问题、设计评价方案、收集与分析信息、撰写评价报告等。因此,构建一个完整的人才培养评价体系,必须全面考虑这些要素,注重全面监控和重点评价、一般评价和特色评价、过程监控和结果评价的互补结合,但更应注重实际效果,避免为应付评估大量投入却忽视日常人才培养评价的现象。

(三)静态性与动态性相结合,更加注重动态发展

作为一个完整的指标体系,其内容应该相对稳定。但教学的过程是一个动态过程,所以对人才培养进行的评价也应当是动态的,必须根据内外部条件和因素的变化而不断地调整与完善。一方面,一些指标的评价标准会随着职业学校的内外部条件的变化而变化;另一方面,不同专业和不同层次学生的评价标准也未必相同。

二、构建人才培养评价体系的基本特征

按照上述工学结合教学改革的要求以及人才评价的发展趋势,可以将工学结合模式下的评价体系的基本特征总结如下:

(一)评价内容扩展化

工学结合模式下人才质量是从多角度进行的多方位全面的评价,不仅评价专业技能,而且把学生自我管理能力、学习能力、团队合作能力等现代职业人基本素质要求列入评价目标;不仅关注学生学习成果,还应关注学生学习的动机和过程,关注学生的心灵,关注在情感、动机、信念、价值观、生活态度等非智力方面发展的评价。教学质量的评价应当成为促进学生全面发展,提高学生社会适应力的动力。

(二)评价方式过程化

工学结合模式下的职业教育教学评价应该更注重教学过程中的评价,而不能局限于固化成果的终结性评价,应使评价活动成为职业教育教学整个过程的重要组成部分。因此工学结合模式下的教学质量评价应该是实践教学与教学评价相结合的过程性评价,这种评价方式注重学生专业技能的掌握以及职业素养的养成,注重学生在实践过程中发现问题、解决问题的能力,评价活动过程化要求将学生完成企业工作任务的过程作为评价教学质量的重要

对象,不仅评价学生掌握和应用知识的能力,评价学生实际操作技能的正确程度和熟练程度,而且评价学生在实践过程中采用了何种方法:如何发挥团队合作精神,怎样锻炼吃苦耐劳、忍受挫折的意志等综合职业能力的发展。

　　工学结合模式下的学生有不同的学习阶段,因此评价方式也应该区别对待,即在不同的教学阶段,可以采取不同的考试方式。专业理论课程的考核以对知识的理解为主,采取开放式考题,在整个学习成绩中所占的比例较小。校内实训的考评成绩由学生之间评价和教师评价结合进行,这样的评价是开放的,既有利于学生找出不足,也有利于学生间相互学习,所占比例应当较高。对于专业教学中与国家职业资格证书相一致的课程则可以采取外部评价替代的方式,即用是否取得职业资格证书,以及取得证书的等级高低来确定其考试成绩。另外,由于学生完成的任务多种多样,实现目标所采用的方法也是多种多样,因此在评价学生时不能仅仅依照固定的标准来评价,而是要根据具体的情况,结合学生的表现,来判断学生在完成任务的过程中是否能够科学地、有逻辑地分析问题和解决问题。

(三) 评价主体多元化

　　传统的教学评价中,学校教师是最重要的评价者。工学结合模式下企业成为职业教育的重要力量,实验、实训、设计、实习等占教学总学时数比例很大的实践教学,都是在企业完成的。来自企业和社会的评价,不仅对学生实践能力的评价更为真实、科学、恰如其分,而且可以帮助学校和教师,利用评价结果及时诊断教学中出现的问题,影响教学导向,使职业教育教学更贴近企业和社会的需求。因此,教学评价主体必须多元化,才能保障评价活动切实提供出多角度、多层面的评价信息,评价主体不仅包括学校内部教师、学生自身,而且要包括学校外部的企业、社会。

第二节　五年制高职工学结合模式下的课程学习评价

　　对学生的学习结果进行评价是课程教学工作中的重要一环。只要有教学就一定有考试。各学校每学期要组织大量的考试。考试评价的目的是什么?靠什么内容?用什么方式评价?这些有关考试的基本问题值得我们尽心反思。我们需要分析研究目前的课程学习评价现状,探讨还有什么可能的解决方案。尤其重要的是构建一套适合高职教育的课程学习评价新模式。

一、学习评价的过程

课程学习评价与课程教学都有一致的目的,都是帮助学生达到一系列既定的学习目标,即帮助学生在认知、技能、情感和态度诸方面的积极变化。从这样的视角看待课程教学时,学习评价就成为教学过程中不可或缺的一个组成部分。根据职业或社会需要制定的学习目标(或称教学目标)决定预期的学习成果,学习活动会促成学习上的进步,这种进展需要用学习评价来判断和肯定。当然,学与教的相互依赖性却较少被人们认识到。因此,正视学习评价在教育过程中的位置,认识学习评价和教学过程的一致性是很重要的。图2-6-1揭示了这三个教育教学的相依关系。

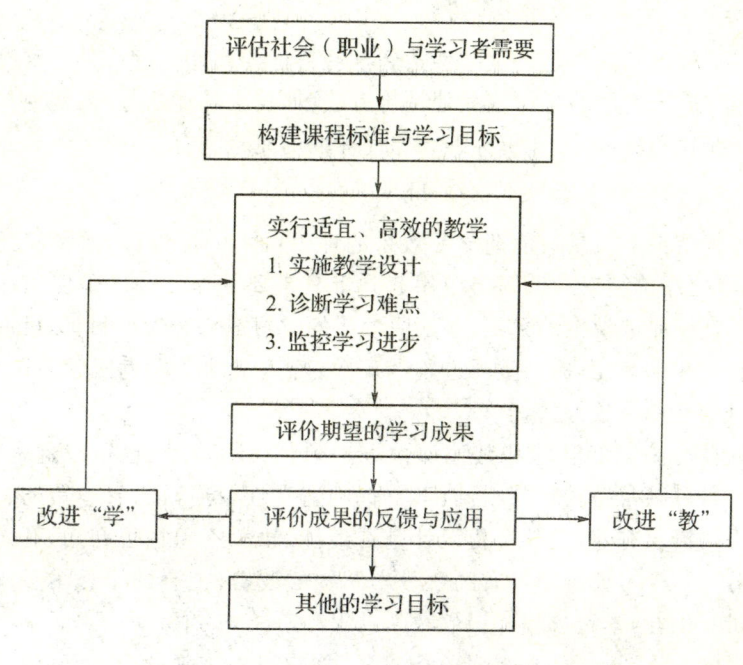

图2-6-1 教学模型简图

(一)制定学习目标

不论是教学还是评价,首先是在企业岗位需求和学生认知规律分析基础上构建课程与学习目标,即经过一段时间的教学后,有针对性的对学生的知识、操作技能以及情感等方面进行阶段性评价,从而对学生的变化有所了解,并有针对性的进行下一步的教学调整,以力求最大限度的实现教学目标。

（二）实行适宜的、高效的教学

适宜的、高效的教学是指把课程内容,教学策略(教学模式、手段方法、教学媒体等)整合到有计划的教学活动中去,帮助学生取得预期的学习结果。在工学结合人才培养过程中,高效的教学直接影响着学生的学习效果,尤其是专业技能的掌握,往往是从模仿到逐步创新的过程,因此对于学生学习效果的评价可以映射到教学过程中。

教师可以将许多有用的评价信息及时地、紧密地整合到教学活动中,以便能监控和调整教学策略和教学过程。

（三）评价期望的学习成果

教学过程的最终是确定学生达到学习目标的程度。这一目的可以通过测量教学成果的测验考试或其他评价方法(如真实性评估等)来实现。最理想的状况是学习成果、评价标准和课程标准的完全吻合。

（四）评价结果的反馈与应用

评价结果不仅是对前期学习效果的评价,而且对之后的教学起到指导作用,因此评价结果的反馈与应用起到极其重要的作用。正确使用评价方法可以直接促进学生的学习,如阐明期望的学习成果和近期目标,可调动学习的动机和主动性,提供学习进程的反馈信息,帮助学生克服学习困难,调整学习策略和方式方法。

从精心编制的测验和其他评价方法中获得的信息,也可以促进教学。这些信息可以帮助教师判断:教学目标的适宜性,可行性;教学策略、方法、模式是否恰当有效;教学过程设计是否最优;教学资源是否有用,利用得是否充分等。学习评价不仅有助于教学结构的改善,也有助于教学过程自身的改进。因此,学习过程和课程教学过程宜融合为一体。

系统地、综合地运用各种学习评价方法,可以客观地、全面地评价学生的学习成果,调动其学习主动性、积极性,促进学生的学习,同时也可改进教师的教学以及教学研究与管理。

二、考试评价方式的改革

（一）现阶段高职考试模式存在的问题

当前高职教育的考试模式存在诸多弊端,主要体现在以下几方面:

1. 考试内容重知识轻能力。

我国传统文化中知识本位、轻视能力的思想,加之客观知识便于命题、考核与评定,所以现在的考试内容多以知识考核为主,同时又偏重于多样态知识中的结构化、原理化的记忆性知识。诚然,这与五年制高职教育的培养目标不相符,这种考试方式不能全面考核学生的知识技能等。片面注重知识的考核将会使学生习惯于这种考试模式下的惰性思维,遮蔽对发展自身能力的关注,同时也背离了高职教育的培养目标。另外,考试应通过一定内容的考核实现社会文化的传递和发展功能,而考试脱离学生生活实际,就会处于一个封闭的自循环状态,不仅弱化了其文化功能,在一定程度上也局限着学生的知识和思维结构。

2. 考试过程中重结果轻过程。

在目前的考试方式下,考试往往以考卷形式判定学生的最终去留,而考试的意义却与培养人才的意义大相径庭。因此,在五年制高职教育中,应逐渐扭转重结果轻过程的考试过程,注重学生水平的过程性评价,采用以考查基本知识技能的纸质考试与考查学生动手操作水平的操作考试相结合,注重学生在顶岗实习或者实训过程中的观察并给予相应客观评价。

3. 考试方式比较单一。

目前高职考试方式沿袭了传统的考试方式——多以闭卷笔试为主,这种方式有很多弊端。首先,闭卷考试是学生在不借助任何书籍和材料的情况下,在限定时间内独立完成的。由于命题内容的抽样性,考生考试所处环境、心理状态等因素的影响带给考试成绩的偶然性,是这种考试方式无法克服的。其次,在这种考试中,记忆力的考核处于主角地位,而操作能力、分析能力、批判思维能力处于边缘角色,所以这种考试对于学生的考查是不全面的,考试无法测出学生真实素质的发展状况,且与高职教育培养的技术应用型人才的目标不相吻合。再次,闭卷考试一般客观题较多,标准性答案使得课程教学走向趋同,这在多元化思维的世界文化氛围中,阻抑了学生创造性、个性的成长,也限制了学生主动求知探索的主体性的发挥,不利于创新素质的培养。

4. 考试功能异化。

选拔考试的功利性,往往在现实生活中严重异化,其选拔功能过分突出,掩遮了人们对其他功能的注重。其表现主要体现在对分数的价值判断上,过分夸大分数的价值功能,强调分数的能级表现,甚至将学业分数同奖学金、评优评先紧密结合。尤其在教师教学过程中也很大程度上受到考试的影响,只重视分数的多少,平日教学或实践过程中过多以考试内容为主导,而不去深究分数体现的价值,这样只能使教师为考试而教,学生为考试而学,诱发歪曲现象。

(二)工学结合模式下考试体制改革的对策

1. 树立职业教育的考试观。

随着职业教育的推进,必须构建以能力为中心的考试评价体系,通过考试的引导作用,提高学生的知识运用能力、自学能力、分析和解决问题的能力和自我评价能力等。高职教育应重视学生的创新能力、实践能力和创业精神的培养,并将这种要求内化到考试模式中,充分体现职业教育考试观。

2. 充分发挥考试的作用。

考试不能仅仅作为期末学年的终结性学业成就的检测手段,而应作为及时反馈、调整教学进度、内容,改进方法,研究素质形成规律和提高质量的手段。

考试要能够检测、诊断不同个性学生的全面发展水平,而不仅仅是学业成就水平。要尊重其个性发展优势的差异,命题者应提供难度相当、题目相异的多种试卷,给学生更多的选择空间;针对同一阶段考试应为学生提供多次考试机会,由学生选择自己比较满意的分数,这不仅可保护学生的自尊心,还有利于培养他们的进取精神;允许学生以合作者的身份介入命题和评估过程,这不仅有利于学生巩固所学知识,而且有利于其考试积极性的发挥。

3. 多种考试方法并存。

考试时要根据学科教育目标的不同采取不同的考试方法。考试应该尝试着走出教室,进入实验室、工厂、大自然之中考查学生的素质状况;考试不应仅局限于理论考核,更要注重能力和技能的考核;考试内容不应仅仅局限在教科书上,而应灵活多样命题,测出学生分析问题解决问题的实际能力;考试方式也不能仅局限于闭卷方式,更应侧重于开卷、论文与答辩、过程式考核、动手制作等形式。

第三节 构建五年制高职工学结合人才培养模式的职业评价体系

构建五年制高职工学结合人才培养模式的职业评价体系包括职业道德评价体系、职业技能评价体系、综合素质评价体系等。

一、建立职业道德评价体系

（一）职业道德的内涵

所谓职业道德，就是从事一定职业的人们在其特定的工作中或劳动中的行为规范总和。由于职业的区分，人们从事的专门业务不同，承担的社会职责也不同。各行各业根据本行业的社会职责，在社会实践中逐步形成一些公认的衡量职业活动好坏的标准，或者有意识地制定出本行业的工作纪律和行为守则保证职业活动正常进行。通过完善行业的工作纪律和行为守则，逐渐形成了各种道德规范和准则，职业道德就应运而生。

职业道德是职业教育的重要内容，加强高职学生的职业道德培养，提高高职学生的道德素质是实现把受教育者培养成社会主义事业的建设者和劳动者的目标的有力保证，高职学生要在学习和实践中正确认识职业道德的意义，努力培养自己健康的职业道德，成为一个对社会有用的人才。

职业道德是人类职业生活实践的产物。从事某种特定职业的人们，有着共同的劳动方式，接受共同的职业训练，因而往往形成与职业活动和职业特点密切相关的观念、兴趣、爱好、生活习惯和心理传统，结成某些特殊关系，形成独自的职业责任和职业纪律，从而也就产生特殊的行为规范和道德要求。由此可见，职业道德不是人们主观愿望的产物，而是客观社会需要的产物。

在当前社会主义市场经济条件下，根据职业道德的性质和作用，良好的职业道德应当包括：坚定的职业信念、崇高的职业理想、广博的职业知识、熟练的职业技能、严格的职业纪律、较强的职业追求能力。

（二）职业道德教育的意义

1. 加强职业道德教育与修养是社会主义精神文明建设的关键。

在现代社会，职业道德是一种高度社会化的角色道德，它不仅是社会道德系统中的一个有特色的、新型的分支，而且是起中坚作用的道德层面。它具有道德的时代特征,是现实社会的主体道德,它具有社会公共性和示范性,是一种实践化的道德。因此,抓好职业道德教育对于开创我国经济转型社会主义精神文明建设的新局面,具有关键性的意义。

2. 加强职业道德教育和修养是社会主义经济体制改革和社会发展的内在要求。

随着经济体制的转换和市场经济体制的发展,各行业及各职业人之间的利益关系愈加复杂,其思想观念和道德意识也受到影响并发生新的变化。在一定程度上,受经济利益的影响,职业道德素质在发生着微妙的变化。高职学生正处在个人世界观、人生观、价值观的形成阶段,应正确积极引导学生,通过加强高职学生职业道德教育和修养,提高未来社会从业人员的整体素质,是我国经济体制改革和社会发展的内在要求,也是当前促进道德建设的一项艰巨任务。

3. 加强职业道德教育和修养是社会主义经济建设的根本保证。

在具体的职业活动中,用职业化的道德规范体系来体现一般道德规范体系和基本原则,对于职业内部形成自觉贯彻执行党和国家的政策、法令的自我约束能力,坚持党的基本路线的自我导向能力,正确处理各种利益关系的自我协调能力,奋勇开拓创新的自我发展能力,以及职业内部的凝聚力,都有明显的作用。通过自我约束、导向、协调、发展等能力的发挥,可以有效地指导各行各业外向行为的规范化,树立良好的职业形象,使各行各业成为社会主义精神文明和物质文明建设的载体。这有利于社会主义市场经济的培育和发展,也有利于社会公德水准的整体提高,实现社会风气的根本好转。

(三)职业道德的培养途径

第一是学习和掌握职业道德理论。职业道德理论是引导学生形成良好职业素养的基石,通过学习,准确把握社会进步和职业对个人的要求,确立职业道德追求的正确方向,特别是要正确选择作为自己修养的楷模的理想人格。尤其应该以那些在工作岗位上作出突出贡献的人物为楷模和榜样。

第二是进行积极地思想斗争。在学习过程中,习得的知识往往与头脑中已经形成的思想产生矛盾。应做到一是与一些形形色色的陈腐的职业道德观念作斗争,这是纳新摒污的过程;二是经常与自我进行斗争。每个人在自己的思想中总是有积极因素和消极因素,提高道德修养,就是要充分发展自己思想中的积极因素,克服消极因素,对自己的职业思想、行为进行深刻的道德反思,勇于无情地解剖自己,正视自己的弱点,克服自身存在的缺陷,实现自身人格的统一。

第三是不断进行实践。无论是学习掌握道德理论,还是开展积极的思想斗争,都要在道德实践中才能进行。提高职业道德修养,关键在于付诸行动。"一步行动胜过十打纲领",高尚的理想只有行动才能变成现实,优良品质只有实践才能锻造出来。在职业工作中不断地充实自己、完善自己,努力提升自己的职业道德水平。职业道德的水平,是一个社会文明程度的客观尺度之一,也是一个社会化的标志。事实有力地证明,忽视职业道德建设,精神文明建设就是不完善的,并且直接、间接地妨碍改革、稳定、发展的政策的贯彻执行,从而有损于,甚至有害于社会主义物质文明建设。

(四)五年制高职工学结合模式下的职业道德评价

当前要对五年制高职学校学生在工学结合模式下的职业道德教育及其成效进行全面、客观的评价,就需要建立和完善相应的评价机制,科学构建高职学生职业道德评价体系。

1. 职业道德评价的涵义和作用。

职业道德评价是人们根据一定社会的职业道德原则和规范,对他人或自己的职业道德行为作出的善恶判断和评论。职业道德评价是职业道德实践活动的一个重要环节,职业道德的教育和调节作用,主要是通过职业道德评价这一途径来实现的。它对提高人们的职业道德认识、自觉遵守职业道德、净化社会风尚,有着重要的意义。因此,在职业道德教育中,应当重视对职业道德评价的指导,积极开展形式多样的群众性职业道德评价活动。

职业道德评价是职业道德活动的一种重要方式,是鼓励或抑制人们职业行为的一种无形的精神力量,它对调整人们之间的职业关系,维持正常的社会秩序具有重要的作用。职业道德评价在职业道德教育和职业道德实践中,具有这样几个方面的作用:

第一,职业道德评价对职业道德行为的善恶起裁判作用,能有力地维护职业道德原则和规范的权威性。

第二,职业道德评价具有深刻的教育作用,能有力地推动职业道德教育和修养活动的深层化。

第三,职业道德评价具有调节作用,能积极有效地调节职业道德行为与职业道德关系。

2. 职业道德评价的标准和依据。

职业道德评价是一种强有力的精神力量,它通过人的内心信念、传统习惯、社会舆论影响人们的职业行为。任何职业行为的发生都有其职业动机的指引,因此职业道德的好与坏也直接受职业道德动机的影响。职业道德动机是职业人员的主观愿望和意图,任何职业道德行为的产生总是有一定的动机,并总能产生一定的效果。在一般情况下,好的动机产生好的效果,坏的动机产生坏的效果。但是,由于动机转化为效果的过程要受到复杂多变的社会环境和物质条件的影响,所以,有时也会发生动机与效果的不一致,甚至是截然相反的事情。但只要坚持用辩证统一和实践统一的观点看待、处理动机与效果的关系问题,认真地对职业工作者的职业道德行为过程及效果进行全面、仔细的考察,并进行深入的分析研究,就一定能够对动机的善良与否做出正确的判断。

3. 职业道德评价的手段。

(1)社会舆论。

社会舆论是指在一定社会、阶级、阶层、社会团体、企事业单位、人民群众等中产生的道德舆论,即以特定的道德原则和规范作为善恶标准,对职业集体和个人的道德行为、品质的议论和评价。它是调整人们职业道德行为,进行职业道德评价的外在力量。

(2)内心信念。

内心信念是职业人员对职业活动的心理倾向,即职业人员发自内心的对某种职业道德原则、规范体系的真诚信奉和自觉履行职业道德义务的责任心,是职业人员在学习和工作实践中的道德认识、道德情感、道德意志的统一。从一定意义上讲,内心信念是调整人们的职业道德行为、坚持职业道德行为方向、进行职业道德评价的内在思想基础。任何强大的社会职业道德舆论,都是在人们的职业道德信念驱使下产生的,并且只有在与被评价者的内心职业道德信念相吻合或认同时,才能显示其威力和作用。

(3)传统习俗。

这里是指人们在长期的社会职业生活中逐步形成的一种稳定的、习以为常的职业道德倾向和评价方式。职业道德习俗被职业团体和个人视为不言自明、自然而然的职业道德行为准则,常常把它作为最起码的善恶标准,即认为凡是符合传统习俗的行为就是道德的,反之就是不道德的。因而职业道德传统习俗对成文的职业道德规范起补充和制约的作用,它是职业道德行为善恶评价不可忽视的一种手段或力量。

在职业道德评价中,社会舆论、内心信念和传统习俗,既各有各的方式、特别的功能,又有其共同的社会条件和密切联系。要充分发挥职业道德评价的作用,就必须综合运用社会舆论、内心信念和传统习俗等方式,而不能把三者割裂开来或片面地强调使用某一种评价方式。

4. 职业道德评价的途径。

职业道德实践中,职业道德评价的作用,主要是通过社会的评价和自我的评价这两种途径来实现的。

所谓社会的职业道德评价,是指社会、集体或他人对行为当事人的职业道德行为进行善恶判断和表明倾向性态度。在这种评价过程中,行为主体是作为被评价的客体出现的,而评价主体是作为"旁观者"来确定行为的善恶价值,表示对这一行为的倾向性态度的。这种评价,一般是通过社会舆论和传统习俗从外部传送给行为主体的,是一种很重要的力量,有着某种"强制"作用。

所谓自我的职业道德评价,是指行为当事人对自己的职业行为进行善恶判断和形成倾向性态度。在这种评价过程中,行为当事人既是评价的主体,又是被评价的客体,是两体合于一身在这里,评价者的职业道德信念、职业道德责任感和善恶判断能力起着关键性的作用。

社会的评价和自我的评价,虽然是两种各具特色的职业道德评价途径,但是在实际职业道德生活里,两者往往是相互补充、相互促进、相辅相成的。我们应当把社会职业道德评价和自我评价有机地结合起来。只有这样,才能充分发挥职业道德评价的巨大作用。

二、建立职业技能评价体系

(一) 五年制高职职业技能评价的原则

建立健全工学结合模式下的学生职业技能评价体系,必须把握"五个坚持"的原则:

1. 在评价内容上,坚持职业能力与工作业绩相结合;
2. 在评价标准上,坚持学校文明学生标准与企业岗位要求相结合;

3. 在评价机制上，坚持系部专业评价与企业认可相结合；

4. 在管理体制上，坚持学校考核和企业评议相结合；

5. 在实施方法上，坚持定量与定性相结合、纪实与评议相结合、过程评价与结果评价相结合、基本表现评价与特别表现评价相结合、自评与互评相结合。

按照上述原则，工学结合模式下的学生职业技能评价体系呈现出评价内容多元化、评价标准系统化、评价机构组织化、评价形式多样化、评价考核全程化、评价过程动态化的特点，以达到给予学生职业技能客观、公正评价的目的。

（二）五年制高职工学结合职业技能评价的多元化内容

学生职业技能评价的基本内容应包含职业思想道德素质、学习成绩和职业拓展性素质等三个方面，但在工学结合的新模式下，学生职业技能评价要赋予新的内容，逐步建立健全以职业能力为导向，以工作业绩为重点，注重职业道德和职业知识水平的技能人才评价体系。对技术技能型人才的评价，在现有考核模式上，突出实际操作能力和解决关键生产难题的考核要求，并增加新技术和新知识的要求；对知识技能型人才的评价，应根据高新技术产业发展需要，突出新技术、新知识掌握和运用能力的要求；对复合技能型人才的评价，应根据产业结构调整和技术进步的需要，强化综合性考核和多项技能的考核。

职业技能评价的内容应包括以下方面：

1. 工作成绩。

工作成绩指员工按时完成工作的程度、完成工作的难易程度、完成工作效率的高低、取得技术成果和经济效益等。绩效考核的出发点是学生实习的工作岗位要求，是对学生担当工作的结果或履行职务的工作结果的评价。所以对学生评价、考核工作成绩的项目或指标时可从工作数量、工作质量、工作的速度、工作准确性等方面衡量。

2. 工作能力。

工作能力在本质上是指，一个人运用所必备的知识、经验与技能。主要包括：是否刻苦钻研业务，熟悉本职工作；组织能力、分析能力和独立工作能力如何；是否胜任现职工作。能力考评，是指对学生在其岗位工作过程中显示和发挥出来的能力所作出的考评，具体包括三个方面：基础能力、业务能力和素质能力。

3. 工作态度。

工作态度指员工的事业心和勤勉精神。主要包括：工作的积极性、主动性和敬业精神；是否尽职尽责、任劳任怨、积极进取、不断创新；出勤情况、团结协作精神等。工作态度是指实习学生在完成工作时所表现出来的心理倾向性，包括工作的认真度、责任度、努力程度等。工作态度由于难以量化，往往只能通过主观性评价来考评，也可以通过计算员工业绩平均值，并与员工个人业绩值比较作为工作态度考评的重要参数。

（三）五年制高职工学结合职业技能评价方法的构成

1. 职业技能产出评价。

通过对学生的专业能力和就业状况进行考察，来评估教育培训机构的培养成果和工作业绩。这组指标是就业导向评价的核心指标，主要包括：

（1）培训合格率。培训合格率是对教学效果的初步评价。

培训合格率（%）＝取得毕业证书人数/毕业生总数×100%。

（2）鉴定合格率。学生在校期间，参加职业技能鉴定，取得与教学目标相一致的相应等级的职业资格证书，这是检验培训效果的一个重要指标。

鉴定合格率（%）＝取得与教学目标相一致的职业资格证书的人数/毕业生总人数×100%。

（3）初次就业率。学生就业率的高低是衡量一所学校办学水平的高低，培养的学生是否受用人单位欢迎的主要标志。

初次就业率（%）＝毕业六个月内的就业人数/毕业生总数×100%。

（4）专业对口就业率。可以反映教育培训机构的专业设置是否能适应劳动力市场的需求。

专业对口就业率（%）＝初次就业人员中专业对口人员/毕业生总数×100%。

为了进一步考察教育培训机构的培养效果，在建立和完善教育培训机构毕（结）业生跟踪制度的基础上，还可以考察其毕（结）业生的就业稳定率、工资增长率和突出贡献率（如省级以上技能竞赛优胜者、省级以上技能人才表彰受奖者、重大技术改造和技术攻关项目参与者）等。

2. 教学评价。

主要考察教育培训机构的教学过程和培养能力是否得到企业和劳动者的认可。主要指标包括：

(1)定向招生率。以就业为导向的教育和培训,要求专业设置符合地区经济发展需求,依据用人单位的要求设置专业和开发课程。定向招生是实现这种要求的主要形式,包括订单培训、定向培训和合作培训等。

定向招生率(%)=定向招生数/学校招生总数×100%。

(2)培训课程参与率。职业教育培训机构满足市场需求的方式,还在于将系统的学制内教育与职业培训有机结合,向不同类型的就业人员提供短期职业培训课程。包括就业培训课程、职业资格培训课程和岗位适应性培训课程等。

培训课程参与率(%)=参加各类培训课程的人数/学校招生总数×100%。

(3)实习教学率。实习教学是训练学生实践能力和解决问题能力的有效途径。保证实习教学的有效课时,对技能人才的培养有着极其重要的意义。实习教学主要包括校内训练和企业实习等形式。

实习教学率(%)=实习教学课时数/总教学时数×100%。

这一组指标主要倡导职业教育培训应当坚持按照用人单位的实际需要设置专业和课程,学制教育和职业培训并举,强化技能训练和实践能力的培养。

3. 企业、社会评价。

引入外部评价机制,通过服务对象和合作伙伴的评价,考察教育培训机构在社会上的声誉和影响力。主要指标包括:

(1)用人单位满意率。用人单位的评价包括对教育培训机构的总体满意度、教育培训机构是否为用人单位培养了具有必要技能的员工、经过培训的员工工作效率是否有所提高、用人单位是否能够更多地参与专业和课程设置等。

(2)毕(结)业生满意率。包括毕(结)业生对学校培训课程、资格证书的有效性的评价和对工作满意度的评价等。

(3)合作单位满意率。包括合作企业、外部培训机构、投资伙伴等机构对教育培训机构的满意情况。满意率的评估一般通过问卷调查获得数据。

总之,就业导向的评价就是通过对培养效果和工作业绩的分析与评估,衡量各类技能人才培养机构的办学水平;发挥企业用人需求和劳动者就业需要对职业教育培训的主导作用,引导其按照劳动力市场的需求,确定自身发展方向,加强自身能力建设。同时,通过就业导向评价,在全社会树立职业教育主动服务于社会经济发展的良好形象。宣传一批就业率高的学校,建一批技能人才培养的示范性机构,树立典型,增加社会对职业教育的了解,提高社会认可度。

三、建立综合素质评价体系

当前,随着职业教育体制改革的不断深化,对五年制高职学生综合素质的评价也提出了新的要求。学生是五年制高职教育的主体,学生素质的评价对其行为的塑造和自身素质的培养起着非常重要的作用。有什么样的评价目标、评价标准,就会产生什么样的思想行为。可以说,个人的素质评价体系是引导学生朝着什么方向努力的航标,也是检测教学水平、教学质量和教风的探测器,同时对促进学习的风气、规范学生的行为、指导学生成才等起到很好的作用。

(一) 学生综合素质的构成

学生综合素质是学校办学理念、办学质量的具体体现,五年制高职学校学生综合素质的评价是五年制高职人才培养工作的重要内容。构建符合时代发展需要和五年制高职人才成长规律的评价体系是做好五年制高职学生综合素质评价的关键。一般来讲,学生综合素质评价体系是指在学生综合素质评价的内容、方法及实施程序上,有一套相对系统的界定。在内容范围上,此评价体系是属于微观评价,即是对学生多方面、多角度发展的评价;在评价方法上,强调定量评价(收集资料运用数学模型、方法进行评价)与定性评价(进行定性描述)相结合;在实施程序上,从建立知识能力结构合理的评价组织,确定评价目标和评价指标,选择和设计、收集评价信息的方法和工具,到整理和分析信息资料,形成评价报告等一系列过程。

(二) 综合素质评价体系的理念

在学生综合素质评价体系的建构上,评价理念具有很强的导向性。有什么样的评价理念,就会产生什么样的评价标准,由此就会产生什么样的思想行为。工学结合模式要求对构建学生综合素质评价体系要本着"以人为本"和面向市场经济对职业教育的要求的理念。

1. 树立以人为本的学生综合素质评价理念。

传统的学生评价往往定位在考试成绩上,过分强调选拔与淘汰的作用,往往在统一的目标要求下，以传授知识、培养一技之长为根本任务，忽视了对学生的职业态度、职业素质、职业道德的培养要求，对学生的综合能力和就业、创业能力的培养重视不够，忽视了学生的差异性和个性能力的培养和引导，达不到评价应有的效果，甚至使评价工作误入歧途。《教育部关于加强高职高专教育人才培养工作的意见》指出"要将素质教育贯穿于高职高专教育人才培养工作的始终。"在《关于制订高职高专教学计划的原则意见》中也指出："要注重全面提高学生的综合素质，应使学生具备一定的可持续发展能力。"美国教育家布卢姆说："评价的作用是提供适合的证据，以帮助学生按照目标要求的方式变化。"他强调了评价工作对学生的指导作用，为挖掘学生评价这一潜在的功能，实现评价的有效性，必须首先改变思想观念，树立以人为本的评价理念，明确学生评价要为全面提高学生素质服务。五年制高职学校培养的是社会和用人单位需求的"人"，因此开展人才培养必须遵循劳动力市场发展的规律、行业专业发展的规律、教育发展的规律以及高职学生的成长规律。

　　五年制高职学校学生综合素质评价必须树立"以人为本"的理念，为全面提高学生素质服务，体现对学生的全面关怀。从时间上看，关注的不仅是学生现在或是将来某个时期的需要，更是学生终身素质的养成；从功能上看，关注的不仅是学生今后的谋生素质，更是学生全面素质的养成；从对象上来看，关注的不仅是少数学生的成功，更是全体学生的成才；从内容上看，关注的不仅是学生具备一定的岗位技能，更要具备良好的思想道德品质，具有较强的就业竞争力，把学做人和学技能结合起来，培养学生不仅要提高智商，更需要培养学生提高情商。总之，五年制高职学校学生综合素质评价工作应关注学生身心的健康成长，着力培养高素质、高技能、全面发展的人。

　　2. 树立以市场经济为主导的学生综合素质评价理念。

　　职业教育是直接为企业生产和社会发展培养和培训一线生产、管理、技术、服务人才的，或者说是为人们就业和发展准备的教育。因此，社会主义市场经济的发展对职业教育学生综合素质的评价内容也提出了一些具体要求。

　　（1）从市场经济自主性的特点看，职业教育必须要面向市场办学。职业教育只有以就业为导向，面向市场需求，确定职业教育的人才培养目标，才能适应市场经济条件下，企业自主发展对人才的需求。因此对学生的综合素质的培养目标都要根据市场需要、岗位需求来确定。另外，学生综合素质的养成也可以由企业等作为评价反馈,重视学生的培养更加注重能力的培养,否则,职业教育就会失去市场,失去办学活力,也无从谈及发展的问题。

(2)从市场经济的竞争性的特点看,企业间的竞争,实际上是人才的竞争。因此,企业用人就要选择,对学生必然有更高的要求。现在学生就业的竞争从某种程度上是学生综合素质的竞争,职业教育只有面向市场,为企业、为社会培养符合要求的、高质量的毕业生,才能赢得企业、家长、学生的信赖,才能在竞争中求得生存和发展。市场经济的竞争性也要求职业教育培养的学生要有危机意识、争先创优意识和不断拼搏的进取精神,努力提高自身素质,勇于做时代的强者。

(3)从市场经济的选择性的特点看,职业教育要培养学生具有良好的思想政治素质,有扎实过硬的专业知识和技能,又具有较强的社会适应能力。如果学生是德、智、体全面发展,又有专业特长,综合职业素质高,必然受到用人单位的欢迎,在市场竞争中具有竞争优势;市场经济的选择性,还要求职业学校培养的学生具有良好的心理素质和抗挫折能力。要培养学生勇于迎接挑战,遇到挫折时,不怨天尤人。面对市场经济多变的环境,要不断学习,不要因一次失败而失去信心。要教育学生即使是获得成功,也要不断告诫自己,继续努力,树立危机意识和进取精神,保持乐观向上的态度,不断为企业、为社会作出新贡献。只有这样,才能在竞争中不被社会所淘汰。

总之,在市场经济体制下,五年制高职学校学生综合素质评价工作要以就业为导向,面向市场,面向社会,完善学生综合素质评价体系要素,培养全面、符合时代要求的综合素质人才。当然,五年制高职学校作为高等教育的一部分,对学生综合素质评价体系的构建也要以高等教育的目标和方向为基础。

(三)五年制高职工学结合构建学生综合素质评价体系的原则

1. 全面性原则。

对于五年制高职学生综合素质的评价不应该只单纯看成绩或某一项目的完成,因为学生素养的养成不是一朝一夕的事情,也不是某一个人说了就能定性的,我们应尽可能全面反映学生在校期间的整个成长过程和其形成的整体性特性,尽可能避免主观因素的影响。在评价形式上,既要重视"他评",即同班同学、系设立的由班主任(辅导员)、学生干部、宿管管理工作人员等组成的评审委员会的评判,又要注重"自评";既要关注学生的课程成绩,又要关注其实践能力的水平;既要注重学生共性品质的表现,又要鼓励学生健全和完善个性品质。

2. 多元化原则。

对学生的评价实施主体多元化、评价方式多元化,要将"定量评价"与"定性评价"相结合。评价的目的一是对学生以及外界有客观反馈,二是能全面了解分析学生,便于学校、用人单位对学生进行横向比较;能促进比、学、赶、帮、超良好氛围的形成,实现全体学生的共同发展。同时,根据学生的日常表现,不断更新评价数据和档案材料。由于学生活动的复杂性和学生行为表现的动态性,并非所有的项目都能量化测评,因此应当将两种评价方法有机结合,在定量分析中合理运用定性方法,使量化指标的含义更清晰。

3. 激励性原则。

激励是对行为动机的激发,评价体系最根本的目的不是为了将学生分出好坏,而是通过评价,使评价对象在得到肯定或否定中明确其成才的方向,努力提高自身的素质。通过肯定优秀,学生的成才目标进一步明确,成才热情得到进一步的激发;同时鞭策后进,被评价者产生精神上的压力,通过总结、反思、横向纵向的比较,将压力转变为动力,在学生中形成一种积极向上,努力成才,赶超先进的良好氛围,这些对良好校风、学风的形成起着极大的促进作用。评价的过程实际上就是对学生的一个成才教育过程,是促使学生进行不断的自我认识、自我调整、自我激励、自我完善、自我改进的重要手段。

4. 可行性原则。

评价体系的设计一定要从实际出发,切实可行。可行性主要体现在"可比、可测、可施"三个方面。可比性是指评价对象之间或评价对象与标准之间能够比较;可测性是指设置的指标体系能在教育实践中获取足够的信息,各项指标之间必须相互独立,不能引起同一指标的内容重复计算,评价对象在这些项目上的状态进行科学的量化描述;可实施性是指评价体系力求简化,对评价程序的执行公开,对评价信息的统计方法简易,具有可操作性。

(四)五年制高职工学结合学生综合素质评价体系指标的确立和计算

以用人单位对五年制高职学生综合素质的要求,以及已毕业大学生本身存在的素质方面的问题,建立以学生就业为龙头,以社会对五年制高职学校人才的要求为成才标准,以提高毕业生的综合素质,特别是以就业竞争能力为目的的全面素质教育模式,构建知识、能力、素质结构合理的培养应型、复合型人才的总目标,制定五年制高职学校学生综合素质评价体系。该体系中所设置的评价指标,要本着有主导性、科学性、完整性、实用性的设置原则,应能充分体现学生个体差异的若干定性和定量条件,各指标可划分为多个层次进行分析。层次分析(AHP)是由美国学者 T. L. Saty 首先引入教育评价领域,用来确定评价指标优先次序,确定指标的权重系数。层次分析法是一种系统分析方法,它将问题层次化,根据问题性质和目标将其分解为不同类别和层次的指标,对同一层次中的各个指标两两比较,判断其相对重要程度。

依据上述原则,对每项分解指标的确定既要考虑到该指标是否能客观公正反映学生在每个素质模块中的实际表现,又要考虑到与其他素质模块之间相互融合、相互渗透,并有具体的可操作的评价标准,形成综合素质评价的指标系统,以反映学生的全面素质状况。

因此,根据 AHP 方法,学生综合素质评价指标可划分为两个层次,设一级指标、二级指标。一级指标从学生的综合素质模块也就是思想道德素质、知识素质、能力素质、身心素质、劳动技术素质五个方面来考核学生。一级指标中又分为若干个子系统,构成二级指标。采用德尔菲法(Delphi)确定评价指标的权重值。

表 2-6-1 为所确定的评价指标及其权重值。

在上述评价指标中,有些是硬指标,可以用明确的数量关系加以表示。如知识素质中的学习课程成绩,这类指标多为定量指标。另一些为软指标,又称定性指标,侧重从质的方面反映其对综合素质评价的影响程度,如思想道德素质中的政治思想需要根据学生个体情况赋予不同的分值,进行定性指标的定量转化。

根据上述所设置的综合素质评价体系指标,可以采用多因素分值加权迭加法构建五年制高职学校工学结合模式下学生综合素质评价体系和综合评价数学模型,再根据建立的数学模型编制计算机应用软件,实现综合素质评价的计算机信息管理。

表 2-6-1 学生综合素质评价指标权重值表

总目标	一级指标/权重	二级指标/权重
工学结合模式下学生综合素质评价体系	思想道德素质（0.25）	政治思想(0.15)
		遵纪守法(0.15)
		社会公德(0.15)
		职业道德(0.15)
		集体观念(0.15)
		劳动卫生(0.1)
		行为规范(0.1)
	知识素质（0.3）	学习课程成绩(0.5)
		学习态度(0.1)
		计算机水平(0.15)
		外语水平(0.5)
		兴趣爱好(0.1)
	能力素质（0.3）	实践能力(0.2)
		就业能力(0.2)
		自主学习能力(0.15)
		方法能力(0.1)
		反应能力(0.1)
	身心素质（0.1）	社会能力(0.15)
		创新能力(0.1)
		体育课成绩(0.4)
		体育锻炼活动(0.2)
	劳动技术素质（0.05）	心理素质(0.4)
		安全意识(0.5)
		劳动态度(0.5)

多因素分值加权迭加法相对比较简单，可操作性强。为使评价过程标

准化、规范化和简单化,依据上表所列的评价指标及其权重组成,从二级指标到一级指标均依次采用下列公式计算得到每个学生的素质总分值,藉此来判断某个学生综合素质的高低。

$$P = \sum_{i=1}^{N}(W_i F_i)$$

P——综合素质部分,
N——评价指标总数,
W——评价指标权重,
F——评价指标分值。

对硬指标,即定量指标评价分值的确定采用下列模型得到其相对分值:

$$F_i = 100\frac{X_i - X_{\min}}{X_{\max} - X_{\min}}$$

如某班级某门课程,A 同学为 90 分(最高分),B 同学为 86 分,C 同学为 56 分(最低分),则相对分值为 $F_A=100, F_B=68, F_C=0$。

对软指标,即定性指标而言,首先应采用打分法进行量化,然后采用公式计算其相对分值。具体做法如下:针对某同学某一项定性指标,如政治思想、遵纪守法、集体观念、反应能力等,由学生本人、系设立的由班主任(辅导员)、学生干部、宿管管理工作人员等组成的评审委员会、同班同学(权重分别为 0.2、0.4、0.4)分别打分,打分标准可事先确定,比如政治思想可分为较差、一般、较好三个等级,其打分范围分别为 40—60、60—80、80—100,打分后将三方的分值加权平均,即可求得某同学该项指标的分值。假定学生 B 政治思想由本人、评审委员会、同班同学的打分分别为 80、78、85,则学生 B 政治思想最后得分为 $(80.2+78.4+85.4)/3=81$ 分,如果在同班中用同样方法评定的最高分 A 同学为 92 分,最低分 C 同学为 50 分,那么 A、B、C 三同学最终相对得分值按公式得分分别为 $F_A=100, F_B=74, F_C=0$。

根据对工学结合模式下五年制高职学校学生综合素质评价体系的理念、原则、指标、程序等的设计和把握,对于我们构建学生综合素质评价体系有了一个系统的把握。学生综合素质评价的目的是运用评价的过程和结果,建立有效的激励机制,激发学生的进取意识,促进学生全面发展,提高职业学校的培养能力和办学水平。学生综合素质评价工作内涵丰富,随着高等职业教育改革的不断深化和高职毕业生就业的市场化，学生综合素质评价体系需要实践、探索、提高，再实践、再探索、再提高，不断地进行调整和完善。只有这样，才能保证学生综合素质评价体系科学、有效地发挥作用，才能适应五年制高职教育的要求，才能源源不断地为国家建设输送具有社会主义核心价值体系理念的德、智、体全面发展的人才。

第十二章　五年制高职工学结合人才培养管理机制的创新

第一节　创新政产校企的合作机制

　　创新政产校企合作办学体制机制是教育部在《国家高等职业教育发展规划(2010—2015)》中明确提出的高等职业教育发展在"十二五"期间的主要任务之一。规划要求"以校企合作体制机制创新为重点,增强高等职业院校的办学活力和综合竞争力,努力适应社会主义市场经济要求。深入推进学校办学体制和运行机制改革,积极探索地方政府与行业企业共建五年制高职学校新模式。扩大社会合作,探索建立五年制高职学校董事会或理事会,健全校企合作、社会支持和监督学校发展的长效机制;在国家政策引导下,扩大五年制高职学校在招生、人事、分配等方面的自主权,形成地方政府依法管理、五年制高职学校自主办学的协调机制;充分发挥地方政府在高职教育发展中的主导作用,通过财政投入、税收等政策,调动企业参与五年制高职学校办学的积极性,建立起人才共育、过程共管、成果共享、责任共担的合作机制,实现互利共赢。"

　　高等职业教育要坚持"服务为宗旨,就业为导向,走产学研结合发展的道路"这一办学方针,应积极寻求政府、行业、企业持续有效的技术、设备和资金支持,促进办学模式创新,增强办学活力。当然,五年制高职学校与企业能否长期合作,取决于双方利益平衡点和持续合作激励点的寻找与把握,教育行为同企业行为的动机和目标不完全相同,在市场体制环境中,要建立长期的、可持续发展的校企合作关系,关键是使校企双方都能获取对方的有效资源,调动合作的积极性。要取得根本性的突破口,必须以五年制高职教育人才培养机制建设为重要抓手。真正实现"人才共育、过程共管、成果共享、责任共担"的合作机制,实现互利共赢。

一、创新政产校企的工学结合人才培养机制

(一) 人才共育

五年制高职教育与企业合作是一种办学模式和人才培养模式的变革。目前,校企合作是企业培养大量合格的高技能应用型人才的有效途径。然而,由于存在层次定位不准、目标不强、模式单一且不稳定等种种原因,人才共育难以实现。学校运作机制和企业运作机制、校园文化与企业文化存在较大差异,因此,企业文化的迁移,使校企之间的深度合作以及学生从"学生、准职业人到社会人"的角色转化受到一定程度的制约。具体表现在以下两个方面:一是企业与学校之间的合作,仅停留在学生实习及毕业生的分配层面上,而没有真正实现校企共同培养的愿望。企业和学校供需不协调,人才匮乏存在结构性差异。二是校企合作双方没有找到利益平衡点,合作的积极性不高。学校和企业之间没有建立一座共通的桥梁。一些地方政府举办的五年制高职学校,没有根据企业的实际需要确定学校的发展方向和方针,没有实现多层次办学。

五年制高职学校要整合校内外实践教学资源,借助政府的参与和规划,按照教育规律和市场规则,紧密联系行业企业,本着建设主体多元化的原则,创新建设机制,多渠道、多形式筹措资金,努力实现由学校提供场地和管理,企业提供资金、设备、技术和师资支持,成立股份制企业,以"双主体"模式开展实习实训模式。

学生在学习过程中实行工学灵活穿插,既顶岗实习,又读书学习,理论与实践紧密结合。对接产业链发展与学校专业群建设,才能充分发挥政产校企各自的优势,建立多方共赢的人才共育、长效合作机制,实现"人才共育"。同时,五年制高职学校要主动与驻区政府协调,根据校企合作规划、计划,争取政府制定有针对性的税费减免、投资融资等政策支持,使校企合作由低层次向高层次转变、由离散向系统化转变。同时,引导政府权力下放,使企业、五年制高职学校拥有校企合作所必需的相关权力。政府通过建立相应的政策法规来调节、规范及推动、促成校企合作,并在学校的硬件建设中提供必要的资金投入保障,建立并完善学生顶岗实习工伤保险等制度。

(二) 过程共管

在人才培养的全过程,以政府宏观调控和政策扶持为主导,形成三方合

作的动力机制和高效多赢的运行机制,全面推进对接专业群的专业建设、人才培养方案制定、创新型课程开发、"双师结构"师资队伍建设、社会服务能力建设,实现"过程共管"。学校和企业,作为人才的输出和接收双方,校企互相依存、互相促进。

建立校企共建实训基地的董事会(理事会)股份制管理制度,从制度层面规范校企双方责权关系。董事会(理事会)从办学思路、实训基地教学目标、教学质量保障、课题研究、实训基础设施建设,到办学经费投入,进行实质性地指导、监督,并从办学经费和教学科研设施等方面给予学校办学大力的支持与孵化。

(三) 成果共享

五年制高职应该是学校、企业、政府等多方力量共建的社会大教育,作为执行者的五年制高职学校应努力把校方领导、企业高管、政府领导和相关行业组织聚集起来,找到合作各方的利益平衡点,共同支持和促进"工学结合",解决五年制高职教育面临的紧迫难题,包括如何使学生与企业零距离对接、掌握前沿职业技能的人才需求结构性矛盾问题。校企合作的利益主要体现在:一是选择优秀的高职人才,利用院校资源对企业进行高技能培训,员工的继续教育;二是通过企业参与人才培养,起到宣传效应,树立企业形象。通过学习与工作相结合,学校的工作适应社会和企业的需求,高效培养行业企业急需的高技能人才。

为促进学校与企业合作社会服务能力的提高,学校为企业提供多元化服务,协助企业解决生产过程中的技术和管理难题,促进企业的转型升级,增强企业的技术创新与市场竞争能力。以政产校企深度合作机制化为依托,学校在办学层次、专业建设、人才培养、共建师资等方面,实行全面规划,最大化实现资源共享。

(四) 责任共担

实现"人才共育、过程共管、成果共享、责任共担"的合作机制,还可大力拓展产校企合作培养人才的领域机制。主要从以下三方面入手:

1. 推进学生就业与企业用工一体化。

以校企合作、工学结合为核心,培养学生"过硬的岗位核心能力、适宜的岗位适应能力、较强的职业迁移能力和可持续发展能力",设计"系统递进、螺旋上升"的基于工作过程(工作流程)的人才培养方案,实践专业认知实习、课程教学实习、工学交替顶岗实习和就业直通毕业实习有机贯通的实习实训模式,使学生带着工作体验和工作经验走上社会,推进校企共同助推学生就业长效运作机制的形成。

2. 推进课堂教学与生产实践相结合。

一是建立厂中校顶岗实习的运行模式。以企业、学院为主体,将合作企业的生产与服务场所建成学生集中实习实训基地。学校与企业施行资源共享,将人、财、力得到充分利用,学生在真实的职业环境中学会做人与做事,学会学习与创新。

二是引入企业标准进行课程开发。五年制高职学校主要是为地方经济服务,因此应以区域地方经济发展对高技能技术人才需求为依据,分析相关岗位群的典型工作任务,明确胜任这些职业岗位需要具备哪些基本能力,并对能力进行分解和重新整合,形成新的学习单元。

三是建立"双主体"高职校企合作教学模式。设置主体既包括学校,又包括企业;使学校与企业双方发挥各自优势,在人力、环境、信息资源等方面进行有效的整合。

3. 推进产学研平台建设。

通过承担企业的科研课题等任务,不仅能提高教师掌握行业前沿技术能力,还能丰富和充实教学内容,"双师型"教师的培养得到加强。同时,在专业教师企业挂职锻炼的制度实施中,创造教师到企业进行工作实践的良好条件,提高教师的专业能力和实践环节教学能力。

二、创新工学结合的组织机构

五年制高职学校在实施政产校企合作模式与机制创新中,要进一步加强对工学结合人才培养工作的领导,树立科学的人才观和质量观,使学校的人才培养工作成为名副其实的"一把手工程"和"全员工程",从制度上进一步强化政产校企合作育人的中心地位、教学改革的核心地位、教学质量的首要地位和教学投入的优先地位;进一步加强五年制高职教育的宣传工作,深入宣传党和国家关于五年制高职教育发展的政策,宣传五年制高职教育在经济社会发展中的重要地位和贡献,赢得社会的认同和尊重,形成全社会重视和支持高职教育发展的良好氛围。

(一) 构建工学结合教育管理机构

目前五年制高职学校的管理组织结构可分为三大块:教学管理系列、学生管理系列和后勤管理系列。这种组织结构现状是普通高校管理模式的简单移植,从功能运作上看,教学是中心环节,各个教学系的中心任务是完成教学计划,教师和实验人员分管理论和实践教学,生产与科研独立于教学之外,生产和科研机构与教学并无直接联系,教师参与科研工作大多是为晋升技术职务的需要。而对于人才培养目标而言,只有教学、生产、科研等各个部门有机结合、综合作用,才能发挥高职教育的最大效能。

以工学结合理论重新构建五年制高职学校组织结构的难度极大,因为这是一件从教学理念到管理理念的根本性的改革,从理论建构到具体实施的难度非常大。五年制高职学校工学结合教育体系必须要有两个支持系统,即教学系统与工学关联系统,其职能是负责正常的教育实施与对外联络等,对应的职能部门可以称之为工学结合教学部和工学结合外联部,这两个部门具有同样重要的作用。目前,各五年制高职学校的教务处的功能与工学结合教学部基本对等,只是目前教务处工作重心基本上仍然局限在单纯理论教学管理的范围内,工学结合教学部的设置从理念上完全不同于教务处,它强调对理论教学与实践教学的全程管理,功能更加强大。学生处与工学结合外联部的功能基本对等,学生处主要负责对学生校内生活过程的管理,独立于教学系统之外,工学结合外联部与教学有机融合,不仅要负责学生的在校生活,学生的社会服务、企业实习、校外锻炼都要纳入管理范畴,而且还要为学生创造工学结合的各种条件。

工学结合教学部与外联部是学校的宏观设置,各教学系、部与此对应要设置工学结合教学办公室和外联办分室,其功能与学校宏观机构相同,负责工学结合教学各项事务的具体运作。

(二) 成立董事会(理事会)

面对当前的市场竞争与社会改革的进程,我们参考西方教育发达国家的高校管理体制,可探索组建由政府主管部门、行业协会、知名企业、知名校友和教职工代表构成的董事会(理事会)。所有董事(理事)均在董事会(理事会)章程的框架下参与学校的管理和建设,对学校发展规划、经费筹措、基础建设、政策措施、专业调整、专业设置等重大问题进行咨询和研究。

董事会(理事会)的成立将推进学校办学体制的创新,以合作育人为目标,以合作双赢为动力,以合作就业为导向,以合作共管为手段,建立政产校企共建、共管、共赢、共同致力于高职教育发展的体制机制。

(三)建立系务委员会或专家指导委员会

教学系建立系务管理委员会,由企业专家、政府主管部门人员、系教师代表和学生代表参加的系务管理委员会,下设专业建设委员会、课程开发与指导委员会和就业创业指导委员会等。系务管理委员会定期研究教学系专业建设、教学管理、学生实习及就业、课程开发与建设等工作,监督教学经费使用情况,对系务工作提出指导性意见。同时,借助合作企业的资源优势在提升人才培养质量、学生实习就业、产学研合作等方面进行深度合作。

成立由教育行政主管部门领导、行业主管部门领导、校外职教专家、行业企业高管构成的专家指导委员会,为学校专业建设等提供咨询和指导,明确责任。成立机制建设质监小组,全程监测政产校企合作建设的进展情况。此外,定期研究教学系专业建设、教学管理、学生实习及就业、课程开发与建设等工作,监督教学经费使用情况,提出指导性意见。对合作过程进行全程有效管理;在学校实行职业资格证书制度;确立高等职业教育的投入政策,并对财政投入效果进行评估。

(四)探索建立股份制二级学院

积极吸引行业或企业参与投资办学,借鉴股份制企业的运行机制,成立股份制管理机构或管委会领导下的二级学院,由其相对独立的行使对二级学院的重大事项的决策权,包括二级学院的发展规划、人才培养方案制定、专业调整等。

股份制二级学院的成立从一定意义上可以探索出一条解决当前我国五年制高职教育"资金短缺"、"双师型教师奇缺"、"学生就业困难"、"科研成果转化难"等一系列问题的有效途径;同时又使学校与企业的合作由原来松散式的"校企联合办学"提升为"校企一体化办学",解决了"校企联合办学"模式下企业只重视"我要什么人"而不关心"怎样才能培养出我要的人"的问题,进一步提高了校企合作的积极性和力度,弥补了我国五年制高职教育发展中的不足。企业由于既是毕业生的用人单位,又是学院的办学股东,对培养什么样的高职毕业生才适销对路十分关心,积极主动地参与各方面办学工作,根据企业的需要提出最符合实际的建议和意见,降低了五年制高职学校用于研究就业市场、开拓就业市场的诸多费用,提高了五年制高职学校毕业生的就业率和就业质量。

(五)专业实体化公司

专业实体化公司是指学校在校企合作办学过程中,依托专业教育资源,运用市场机制,整合社会资源,共同建立的具有教学和生产双重功能的公司。各专业实体化公司教学运作方式可以各具特点,其核心是依据专业人才培养规律和企业生产规律进行专业建设和人才培养,通过专业实体化公司的运作,学校和企业形成了一个利益共同体。

专业实体化公司的管理体制概括来讲就是股份制和市场化。专业实体化公司按公司法进行组建、运作,资金按股份制方式进行筹集,规避了学校直接经营企业的风险。

从服务人才培养的角度看,专业实体化公司的核心是根据专业人才培养规律和企业生产规律进行专业建设和人才培养模式的探索,可开创"专业带企业、企业带产品、产品带就业"的专业建设模式;以专业群的人力资源为依托,为企业提供智力支持,促进企业发展;学校与企业进行资源整合,联合开发适销对路的产品,促进企业成长;以企业为主干,将校内生产性实训基地建成生产性教学平台,实施生产过程和学习过程一致的教学模式。

由此可知,创新政产校企合作模式,是五年制高职学校人才培养模式改革的当务之急。作为学校内涵建设的基础,加强领导,科学规划,加大投入,建立激励机制,为教师开展企业服务创造良好的环境,将大幅提高教师在校企共同进行课程开发建设工作中的整体水平。

(六)职业教育集团化

职业教育集团化的基本内涵是:通过各种形式、多元主体的联盟,借助规模效应和品牌效应,实现人才培养的高质量和集约化、集团实力的提升,同时联盟各方利益共赢,共同发展。在城市产业结构优化转型过程中,很多新兴产业发展起来,这就需要职业院校培养相应的技能人才。有的职业院校新开设的专业存在经验、师资、设备等不足的问题,加上一些比较弱的职业院校单单依靠自己的力量,很难找到愿意与之合作的学校。要带动一批小规模、新专业院校的发展,需要依靠政府的支持和推动力量。各职教集团可采取"名校＋名企＋新校＋弱校"的模式,将集团化办学的伙伴瞄准相关用人企业,由政府牵头,校企之间进行"订单式"、"互动式"、"产学研一体式"等多种形式合作,同时整合中职、五年制高职学校等优质共享教育资源,充分利用集团优势,实现资源辐射,适应城市产业结构优化升级的实际需求。

第二节 建立和完善五年制高职工学结合的制度保障

一、建立工学结合工作激励和考核制度

政产校企合作,首先要进行学校内部人事制度改革,创新校企合作教学质量监控体系与考核评价标准。政产校企共同参与,引进企业岗位标准,制定课程体系和教学质量监控制度,实施双导师制度等。

（一）建立地方政府长效激励机制

争取地方政府重视发展职业教育的优惠政策,建立吸引企业的长效合作机制。强化财政扶持,强化金融支持,强化用地保障,实行地方税收优惠等政策。同时在专业教师技术职务评聘与培训、招生考试制度改革、实习实训安全责任分担、基础能力建设、顶岗实习工伤保险补贴、兼职教师课时费补贴、实训耗损补贴等方面制定一系列制度文件,采取有力举措,大力支持高等职业教育改革与发展。

（二）建立"双师型"教师激励制度

由于五年制高职教育的工学结合人才培养模式必然对管理者和教师能力提出更高要求,因此要制定一系列激励制度,鼓励教师投身到校企合作,引导教师为社会主动服务。包括:制定优惠政策,鼓励教师积极参与校企合作教改与科研,设立配套经费或经费减免等实施办法,鼓励教师与行业企业开展应用研究与技术开发。提供经费支持,培养和建设双师结构教学团队。鼓励教师参与高技能、学历学位进修学习培训,制定访问工程师规划等。以专业实体化为突破点,鼓励系部与企业开展广泛的校企合作,并将校企合作纳入教学单位年度考核中。

激励机制的确立还要考虑不同层面的教师,不能搞一刀切。教师的个性尤其是教师的成熟度,无疑也是制约其目标选择和实现的。学校教学工作目标及对"双师型"教师的要求既要有总的、统一的要求,又要对不同成熟度的教师有分别的要求。否则,目标和要求容易落空,也难以调动教师的积

极性。教师的成熟度包括社会成熟、心理成熟与职业成熟三个方面,学校领导者应依据教师不同的成熟水平,对他们分别提出不同的要求和目标,形成目标阶梯,只要达到各自相应的目标就会得到相应的奖励。一个新教师,要逐步适应新的社会环境、新的人际关系系统和教师职业活动的特点,应着重要求他们过好教材关、教法关,重视培养他们的教师素质,帮助他们克服畏难情绪;对基本适应教学的教师,应帮助他们找出教学中的缺点、弱点,努力改进教学,消除"差不多"的心理;对水平较高的教师,应给他们加压力、加担子,鼓励他们探索创造,总结经验,消除故步自封、停滞不前的心理。这样,每一成熟阶段的教师都能在各自原有的基础上提高,进而提升"双师型"教师队伍的整体水平。

(三) 创新校企合作课程建设的考核与评价机制

重视校企合作构建新的学习领域,考核与评价在人才培养模式建设中的作用,将新型课程建设与开发的考核与评价贯穿课程开发和实施的全过程,是政产校企共同参与人才培养的课程改革与建设不可缺少的一环,是不断优化课程设计,推进课程改革与建设的重要手段。要不断完善评价手段,针对不同类型的课程建立不同类型课程的评价体系,采用定量与定性相结合的多元评价方法实施课程评价,充分发挥课程评价的检查功能、反馈功能、激励功能和在教学活动中的导向功能。课程评价要兼顾内在评价和效果评价。内在评价要对课程的教学内容、编排方式、相应的教学方法、教学活动、教学文件、教学材料以及师资、实训条件等进行全面考察。效果评价要对照课程标准和目标,测量课程实施前后学生在专业知识、职业能力上发生的变化,对课程的有效性、适用性作出判断。课程评价要把形成性评价和总结性评价,自我评价、学生评价、同行评价和社会评价结合起来。制定相应的督导和检查制度,有计划、多形式地加强对课程实施情况的检查和监督,保证课程教学质量。

(四) 建立符合政产校企合作需要的系列管理制度

在学生成建制的顶岗实习实训、校企共建生产性实训基地、企业参与专业建设和人才培养、合作项目管理等方面建立健全双方认可的制度体系。包括:《学生校内生产性实训基地顶岗实习管理办法》《校企共建生产性实训基地建设与管理办法》《生产性实训规程》《企业教学各环节基本要求》、

《校企共同开展应用研究与技术开发管理办法》等制度。

二、探讨政产校企共同育人的经费保障机制

经费保障机制主要是要求学校设立校企合作专项资金,支持校企合作活动的开展和校企合作人才培养基地的建设。在政产校企合作的多种模式下,经费保障机制的建立,将会在上述基本含义的层面下,拓展出更多新的内涵。

(一) 学校与政府部门开展合作项目

政产校企合作,可以最大化的实施学校与政府之间的沟通和协调。建立校企合作的政府投入机制,一方面,保证管理体系的正常运作,将校企合作管理经费列入财政预算。另一方面,校企合作的实施需要资金保障,设立校企合作的政府奖励资金和补助资金,充分发挥政府的管理职能,促进校企合作快速发展。学校可以推动政府制定"鼓励企业兼职教师的津贴补助和奖励制度",鼓励企业与学校多层次合作,在政府补贴制度的保障下,实现校企合作的深度与广度,最大化适应我国五年制高职飞速发展的迫切要求。

"高等职业教育走向企业、走向社区"已在一些地方开始实施。高等职业学校可与地方政府的国有资产控股有限责任公司在共同成立的股份制共建高新技术产业园平台上,设立"高等职业教育创新基金"。这一计划对相关学校政产校企合作项目的教师和学生提供支持,并包括课题研究经费与实践基地基础设施经费。

(二) 学校与行业、企业、政府合作的横向课题研究开发

五年制高等职业学校还可通过与工商企业以及政府部门签订合同获取横向课题的研究经费。为相关研究项目注资时,各高校可尽量将直接、间接成本都包括到课题开发中去。在参与项目开发的主题中,政府可与金融、税务部门协调,优先进行投资、融资支持,税费减免政策支持,特事特议等支持。

(三) 政产校企合作吸纳社会资金

鼓励并吸收社会力量,积极探索教育基金、教育银行等有效途径,促使政府和社会力量有机结合,形成对教育保障体系有力的资金支持。适当增加通用技能和职业技能教育,注重培养社会成员,对社会开放建立"学分银行",完善学位(学分)课程制度,在政产校企合作模式下推动终身教育体制

的形成。

三、依托企业、行业落实师资队伍制度建设

校企合作的目标是改革人才培养模式,人才培养模式的改革,关键是课程体系的改革与建设。实施的主体是教师,提高课程教学质量和水平的关键在教师。

(一)"一师一企"制度

随着我国高等职业教育的迅猛发展,高等职业教育作为高等教育的重要组成部分已经占有半壁江山,特别是五年制高职学校的师资队伍建设,除了注重提高学历层次、满足高职教育的要求之外,更为重要的是要提高专任教师的工学结合课程设计能力、学生为主导的课堂教学组织能力和工程实践能力,满足培养应用型、技能型人才的要求。实践证明,在五年制高职学校实施"访问工程师"制度,是提高教师的工程实践能力的重要途径之一。

搭建好"一师一企"平台,使专业教师赴合作企业锻炼制度化、常态化。五年制高职校可在相应企业建立本校教师工作站,与企业签署合作培养教师协议,一个专业教师联系一个企业,实行定期与不定期下企业相结合,通过与企业能工巧匠、行业专家的交流合作,推进双师型教师队伍建设,提高专业教师双师素质。

实施"访问工程师"制度,各五年制高职学校可每年选派一批从事专业课、实践课教学和科研工作的教师,作为访问工程师深入大中型企业或科研院所实践锻炼,跟踪了解企业一线最新技术,参与技术攻关和合作研发。接受访问工程师的单位,应选派高级工程师或技术造诣较深的人员担任访问工程师的导师。导师应具有指导访问工程师的能力和水平,品德高尚,研发能力强,承担了能让访问工程师参与的科研项目。

(二)校企"双导师"制度

五年制高职学校以围绕高素质高级技能型专门人才培养为根本任务,推行校内导师和校外导师共同参与、相互协作的育人制度建设,打造优势互补的双师结构教学团队,建立顺畅有效的运作机制,健全"双导师"考核激励制度已经迫在眉睫。

在政府支持下,五年制高职学校与企业合作制定《双导师工作管理办法》,明确"双导师"选聘资格与职责,校内导师从专业骨干教师中选聘,校外导师主要从合作企业的经营管理骨干和技术人员中选聘，主要侧重学生职业素质培养。加强"双导师"师资库建设，双导师队伍建设实行固定编制专任导师与流动编制兼职导师相结合的机制，优化双师结构，提升教师实践能力。

制定《"双导师"工作实施细则》，分层次分阶段，推行"双导师制"，根据年级的不同，分别实施"校内校外导师"班级集体辅导、"校内导师＋校外导师"分小组辅导等方式。同时，确立"双导师"实施流程，建立校内导师与校外导师互相衔接协作的工作机制。

建立"双导师"考核与评价制度，强化过程管理和有效激励，政产校企多方共同制定《"双导师"工作评价考核办法》，保障和鼓励校内导师和校外导师共同参与、相互衔接，促进学生职业技能的培养。针对五年制高职学校重实践、重技能、重应用的特点，单独制定相应分类考核与管理制度，制定相应的聘用程序、工作职责和考核办法，提高双导师教师队伍整体水平。

四、双员制、双证制、学分制、弹性学制

政产校企合作是崭新的高等职业技能型人才培养模式，可以建立多样化高素质人才培养的渠道，因此，通过多方深度合作，推行学生双员身份实习实训，深化双证制、学分制和弹性学制是政产校企合作的又一拓展合作。

（一）创新双员制

"双员"，指的是五年制高职的学生既是学生又是徒弟的双重身份。五年制高职中，大力提倡学生在校企合作实习实训中，采取"师傅带徒弟"的技术传授模式和职业思想授课方式。针对学生的职业意识起点低，职业主动性差的弱点，合作企业的工程技术人员以师傅身份，既强调学生实际操作技能的提高，又强调学生职业素质和道德品质的指导。企业工程技术人员从原来师傅的工作"带徒弟"，转为"教"的确定性和实训课程系统性，师傅就是老师，这样对于生产实习的"师傅"提出了更高的要求。制定学生实习实训"双员"相关考核和管理制度，以学分制强化"双员"制度的实施，使双员制的实施规范化、系统化。

（二）深化"双证"制

以"双证书"制度为框架，"嵌入式"设置课程，将职业资格标准课程化，硬化人才培养标准。职业教育具有职业定向性特征，决定了职教课程必须

为学生进入未来职业生涯提供某一工作岗位或岗位群所要求的知识、技能和情感态度等,给予受教育者就职的护照——职业资格证书,打通教育与就业的通道。为此,要积极引入国家劳动部门颁发的行业职业标准,根据职业岗位要求将认证教育课程"嵌入"到相关专业学历教育课程体系中,使其课程化。

首先,将课程标准与职业资格证书考核标准对接。将职业资格证书考试大纲与课程标准相融合,教学内容与岗位核心能力的要求相吻合,依据企业对相关岗位要求,本着"实用、够用、能用"的原则,调整相关专业核心课程的内容,使这些核心课程的内容同岗位核心能力的具体要求相对应,同职业技能的要求有机地融合起来,确保教学内容与资格证书考核内容全面接轨,构建职业资格证书"直通车"。

其次,将证书课程考核与职业资格证书考核接轨。证书课程的考核可以以职业资格证书的考核作为评价方式,学生通过社会考核取得职业资格证书,可免修职业资格证书课程,实现证书课程考核与职业资格证书考核接轨,激励学生参加社会评价,取得"双证"或"多证",增强就业竞争力。

第三,实现证书课程项目化。证书课程项目化的整体思路是按实际岗位能力需求,结合资格证书考核点,会同行业专家开发任务引领型的项目课程,制定课程标准,根据课程标准把教学内容分解成若干操作项目,每一项目由应知、应会要点构成,教学过程中以项目为单元组织实施,以任务为中心开展模拟仿真教学。改革考核标准,构建"形成性评价"与"总结性评价"相结合的考评体系,更注重过程考核。每一个项目单元都有评价标准,学生完成一个项目的操作,就会获得一个成绩,课程结束,再进行总结性评价。在总结性评价之前,学生就已经知道自己形成性评价的成绩,对形成性评价不满意,可申请重新评价,这项举措有利于学生增强学习信心,合理分配学习时间与内容。

总之,职业资格证书的取得,将提高学生的就业竞争力。把职业标准中要求的知识和技能融入相关课程教学大纲中,课程设置、教学内容与证书标准有机结合,学生在校学习期间同时接受学历教育和认证教育,毕业时取得"双证"——学历证书和反映其职业能力的职业资格证书或技术等级证书,与社会劳动准入制度接轨。还可将不同类别、等级的职业资格证书折算成相应学分,纳入总体教学设计中,用证书推动人才培养模式的创新,把产学研结合落到实处。

（三）建立健全学分制

学分制是以学分作为衡量学生学习分量、学习成效，为学生实现培养目标以及个性发展提供更多选择余地的教学制度。要采用适合学分制的考核制度，建立有利于培养学生全面素质和综合职业能力的教学质量评价体系。在实施学分制过程中，借鉴新的方法和技术，进行学分互认、学分折算与学分补偿、学分衔接等。

1. 学分互认。

职业院校的学分互认通常表现为以下几种情况：一是高一层次课程的学分互认问题，这主要是指学生通过业余时间或在职业进修时已通过的高一层次课程的考试，比如自学考试，如何科学地转换为当前学习的学分；二是同一层次课程的学分互认问题，这主要是指异地转学或异校选学已获得的学分，此外还有其他类型的学校已获得的学分，如何科学地转换为当前学习的学分；三是低一层次课程的学分互认问题，尽管是低一层次，但是经过努力和付出已获得了一定学分的，如何科学地转换为当前学习的学分。

2. 学分折算。

职业院校的学分折算通常表现为以下几种情况：一是学生取得相关的国家职业资格证书、技能等级证书；二是学生参加国际、全国或省部级各种知识、技能和文艺、体育等竞赛受到的表彰和获得的奖励；三是学生在工学交替过程中取得的丰富实践经验和创造发明。这些都可以折算成毕业所需的相应的学分。学分折算是实现我国教育，特别是职业教育个性化的重要前提。

3. 学分补偿。

学分补偿是指因某种原因未能按规定修完计划规定的课程（未获得相应的规定学分），但通过其他的方式，修完指定的课程，用新获得的其他学分来弥补先期的不足。理论课程的学分不够，能否用实践课程的学分加以弥补；基础课程的学分不足，能否用专业课程的学分加以弥补；必修课程的学分不足，能否用选修课程的学分来弥补；外显课程的学分不足，能否用隐性课程的学分来弥补。学分补偿也是实现我国教育，特别是职业教育个性化的重要前提。

4. 学分衔接。

学分衔接是指各种不同类型的教育,如何通过彼此之间的学分联系加以沟通,使之能够较为顺利地从一种教育类型转换成另一种教育类型。在当前比较迫切需要解决的是职业教育与普通教育的衔接、中等职业教育与高等职业教育的衔接、职业教育的学历教育与职业教育的岗位证书之间的衔接等。学分衔接也是逐步完善我国教育"立交桥"的必备前提。

(四)建立健全弹性学制

弹性学制使学生学习内容有一定的选择性,学习年限有一定的伸缩性。它是在学分制实施的基础上进行的,是学分制的另类发展和表现。可将学习时间的伸缩性、学习过程的实践性(即可半工半读、工学交替、分阶段完成)以及学习内容和学习方式的选择性最大化。构建相互沟通、相互衔接的人才培养"立交桥",以满足高技能应用型人才的培养。

政产校企合作模式下,探索新型五年制高职学校实行学分制下的弹性学制。

第一,制定学分制下弹性学制的校企共同管理制度。校企合作框架下,学分制下弹性学制的教学计划和课程结构更加动态跟踪产业发展前沿的技术变化,教学内容及时跟进产业发展对人才能力需求的变化。校企共同制定相关管理制度,就可以在动态管理的平台上,适应高职教育必须跟踪产业发展趋势的要求。因此,实施学分制下弹性学制,就必须不断提高多方合作的深度和广度,促进校企共建实习实训基地的建设力度。

第二,构建学分制下的弹性制课程体系与考核标准。为实施弹性学制,按照能力培养的原则,校企共同开发新型课程体系和学习领域。根据各专业人才培养要求和知识、能力特点,确定不同专业课程学分所占比例,学生必须按照校企共同制定的教学计划规定的课程和标准选课。

同时,根据相关职业资格鉴定标准、行业企业岗位标准,政产校企合作制定考核标准,加强校企双主体的考核管理,制定各级各类考核内容、考核标准、考核制度,并严格实施,培养出德智体全面发展,适应地方经济发展需要的高技能合格人才。

五、完善工学结合的顶岗实习制度

顶岗实习是指职业院校学生在实习基地从事与企业员工一样的生产实

践活动。它不同于传统意义上的实习,参加顶岗实习的学生不是在模拟或虚设的工作场景,而是工作在一个真实的工作环境中,以"职业人"的身份从事生产性工作,承担工作岗位规定的责任和义务,学到相关工作经验,还要获得一定的劳动报酬。顶岗实习是职业院校学生对所有专业课程学习的综合检验和巩固,并在形成各专项能力的基础上形成综合性的岗位能力的过程。顶岗实习是职业院校充分利用企业的专业人才、技术、设备及经营环境等资源,通过校企合作,培养学生综合素质、动手能力,缩短学生走上工作岗位的适应期,提高就业竞争力的有效途径,是工学结合的重要教学环节。

(一)建立五年制高职学校的顶岗实习管理模式

正确有效的顶岗实习管理模式是实现专业人才培养目标的重要保证。顶岗实习学生分散在不同的地区、不同的企业、不同的岗位,在长达半年甚至一年的实习时间里,学校如果没有与之相适应的管理体制,顶岗实习很容易失去有效地监控,难以实现顶岗实习的教学目标。为此,五年制高职学校应构建以学生为中心,学校、企业等"多方联动"的管理模式,对学生的职业能力培养、职业素养养成、职业纪律约束和技术安全等多方面进行有效监控,解决学生在实习中遇到的各种问题,有效保证顶岗实习的教学质量,并缩短学生的就业准备期。

1. 明确顶岗实习环节中各方职责。

学校是顶岗实习工作的策划者与组织者。学校层面、专业系部层面根据需要设立专门的顶岗管理机构,具体负责落实、协调、实施、管理工作。管理机构应包括教学管理部门、系部、学生工作部门等,加强对学生顶岗实习工作的策划与组织,各部门分工协调组成一个有机整体,加强顶岗实习工作的管理,保证顶岗实习工作的有序进行。具体职责如下。

学校领导:整体协调、宏观统筹顶岗实习推进工作,规划校内外实习(训)基地建设,与实习单位协商签订顶岗实习协议。

教学管理部门:负责顶岗实习过程中教学环节的协调,制定《顶岗实习办法》,包括学分评定办法及评价要求。

学生工作部门:组织辅导员(班主任)对学生进行安全教育、政治思想教育、职业道德教育等。

实习实施部门(专业系部):是顶岗实习主体,对学生实习实施全过程的跟踪管理,组建"系部—教研室"二级顶岗实习管理机构。系部成立常设的顶岗实习领导小组,系主任任组长、副组长,成员由各专业教研室主任组成,统筹和指导全系顶岗实习工作,权职分明。系部负责制订全系顶岗实习计划,安排实习时间,柔性调整教学计划,签订校企实习协议,制定相关管理制度,负责与实习单位沟通,确认带队教师和聘请企业实习指导教师。专业教研室根据专业技能和就业导向的要求制定顶岗实习指导书,联系实习单位,负责配备带队教师和实习指导教师,制定各专业顶岗实习计划,完成实习成绩评定。辅导员负责了解学生实习的思想状况、动态信息,按照实习纪律管理学生。通过几方齐抓共管,使顶岗实习工作有序进行。

企业(实习单位):是顶岗实习工作的实施者。企业(实习单位)是顶岗实习工作的具体实施者和执行者,顶岗实习方案、实习岗位、实习内容都在企业(实习单位)进行具体落实。企业(实习单位)与学校共同制定学生实习计划,协调签订规范的符合法律的实习协议;认真组织安排学生实习,为学生实习提供必要的实习条件和安全健康的实习劳动环境;不得安排学生从事高空、井下、放射性、高毒、易燃易爆以及其他具有安全隐患的实习劳动,确保学生在实习期间的人身安全和身心健康;安排有经验的技术或管理人员担任实习指导教师,负责对学生成为合格"职业人"进行具体指导;为学生提供不同岗位培训,使学生具备从事本专业不同岗位的基本能力;按标准向实习学生支付合理的实习报酬。

2. 建立学生顶岗实习保障机制和约束机制。

在国家相关顶岗实习政策的框架下,定制符合学校和企业单位双方的操作细则。如《校企共建顶岗实习基地协议书》、《学生顶岗实习协议书》、《学生顶岗实习管理规定》、《学生顶岗实习考核办法》、《学生实习承诺书》等,落实学生顶岗实习管理的人员保障、经费保障等,强化对学生实习行为的规范,确保实习单位、学校有效推行顶岗实习工作。

3. 加强顶岗实习学生日常管理。

由专人负责跟踪管理学生顶岗实习全过程,建立健全日常管理制度和突发事件处理机制,做好服务与指导工作,督察实习计划的执行,做好学生实习考核工作。建立学校、实习单位和学生家长三方的学生实习信息定期通报制度、重大问题及时汇报制度、重大失误责任追究制度。会同实习单位和其他相关部门建立顶岗实习突发事件应急处理机制,切实保障学生的权益,减少突发事件的损失。

(二) 职业院校顶岗实习的具体组织与管理

顶岗实习的组织管理是一项系统工程,需要学校和企业共同参与,并进行周密的策划和准备,制定科学合理的方案并设计相关管理制度。我们将顶岗实习工作分为前期计划准备工作、中期过程管理与监控、后期考核评价三个阶段,每个阶段均由多个工作环节组成,每个环节有相应的质量标准和责任人。

1. 前期的准备工作。

(1)选择落实实习企业,签订实习协议。顶岗实习涉及面广,牵涉多方利益,为使工作能有序、顺利实施,需根据专业目标和就业需要,选择稳定、对口的实习基地。与实习单位签订协议,明确双方的权利、义务以及学生实习期间双方的管理责任,保障学校、实习企业、学生三方的权利、义务与责任。协议可由学校与实习单位签订,也可以根据各系及专业的不同情况,由系部与实习单位签订。实习协议是规范顶岗实习的主要手段,是实习活动开展的重要依据。

(2)指定专业实习方案。在顶岗实习开始前,由系部、企业单位、专业教研室等根据不同专业教学计划和培养目标要求共同编制实习方案,明确规定学生实习目的、实习内容、实习方式、实习纪律以及考核评定等,明确实习企业管理人员和学校实习指导教师的责任。实习方案和计划是教学计划的重要组成部分,是课程体系的重要内容。

(3)召开实习动员会,进行实习前培训教育。针对实习企业反映学生实习过程中存在的思想道德、纪律、团队合作等问题,由系部、专业教研室和辅导员切实加强学生的思想教育工作,让学生充分了解实习的目的、意思以及实习中将要面对的困难,尤其是学习顶岗实习工作的管理办法、实习工作流程、实习安全等,保证实习顺利进行,明确作为"准员工"的义务和权利。其次做好实习前的培训工作,进行技能交流与专业礼仪等针对性培训,强化学生的专业技能,加强学生的语言交流和沟通能力,提高学生上岗前的自信心和工作能力。

(4)建立学生实习领导小组,制定学生实习计划。充分发挥学生主体作用,在实习学生较集中的企业,建立学生实习领导小组,指定实习小组长,负责与实习指导教师沟通、联系,通报学生实习状况,把握学生思想动态,及时解决实习中的问题。学生到达顶岗实习单位后,要在企业指导教师的帮助下,根据本专业顶岗实习方案,制定切实可行的实习计划。在该计划中,要确定各阶段的实习岗位、实习内容,以及明确实习结束时应形成的职业能力、职业素质以及检验最终实习的效果。学校可根据计划检验实习岗位与专业培养目标的相符程度,检验学生实习结束后所应达到的职业能力水平。

2. 中期过程监控。

(1)严格实习纪律。顶岗实习期间,学生接受学校和企业"双重"管理。如果纪律涣散,轻则影响实习效果,重则造成企业经济损失和生产事故。因此要对学生进行校规校纪和厂规厂纪教育,要求学生严格遵守有关纪律,严守工作岗位。为明确保证和约束学生实习行为,学校与学生签订《顶岗实习承诺书》,规范和明确学生实习纪律,避免学生随意调换实习企业等行为,也保障学生实习中的权益。

(2)加强实习中的指导。择优选派学校实习指导教师并落实其职责。学校实习指导教师要深入实习现场,检查学生实习情况,进行业务指导,掌握学生思想状况,发现问题及时帮助。稳定学生情绪并负责学生实习期间的安全管理。督促学生记好实习日记,听取实习企业人员的意见,审阅学生的实习报告,参与实习成绩的评定。辅导员也必须积极主动协助指导教师进行实习的组织、操行评定、违纪处理、解决学生的思想问题和生活问题等。通过齐抓共管,保证实习工作顺利进行。

(3)开展顶岗实习巡回检查。学校实习管理部门和管理教师要积极配合实习单位工作,加强与实习单位指导教师的联系,了解学生在实习单位的表现情况、工作完成情况、岗位适应情况等。管理教师到学生实习区域较集中的地方,进行顶岗实习巡回检查,加强与实习单位的沟通,发现并及时解决实习中的问题,争取实习单位的支持和帮助。

3. 后期考核评价。

顶岗实习是各专业教学计划的重要组成部分,所有学生都必须按教学计划的安排参加顶岗实习,并取得相应学分方可毕业,顶岗实习的考核就显得尤为重要。

顶岗实习评定的目的在于通过约束和激励手段提高学生实习效果。考核要坚持校内评价与企业评价相结合,并以企业评价为主的原则。严格的考核评价办法有助于提高顶岗实习教学质量。

实习评定的内容包括实习期间的思想政治表现、职业精神、专业技能、社会适应能力等;实习评定的方式主要包括定量考核和定性评定、职业资格的认证、优秀实习生的评比奖励。

六、构建工学结合的法律保障机制

工学结合在具体实施过程中,可能会与企业产生一些矛盾,甚至涉及到法律层面,如果处理不当,不仅学生、学校的权益得不到正当维护,还会影响学校与企业长期合作,影响到整个工学结合环节的顺利实施。因此,出台相关法律为工学结合保驾护航就显得格外重要和必要。

(一)政府完善管理办法,提供政策支持

根据国外的经验,制定法律法规是政府宏观调控的有效手段,也是支持工学结合开展的最根本、最彻底的办法。英国政府规定,如果企业和学校实施"三明治"计划,安排学生到企业工作,联合培养学生,企业可以减免教育税。同样,加拿大政府也通过退税政策鼓励用人单位参加工学结合。德国的企业乐于参与职业学校的人才培养,除了企业自身意识到这能为企业的发展提供强有力的人才储备外,还少不了国家政策的优惠和鼓励。在德国,规范职业教育的基本法律有三个,即《联邦职业教育法》、《联邦职业教育促进法》和《手工业条例》。此外还有《青年劳动保护法》、《企业基本法》、《实训教师资格条例》以及各州的职业教育法和学校法等。德国实行双重法律保障制度,即职业学校按照所在联邦州的《州学校法》运行,而企业的学徒培训则拥有专门的《职业教育法》,有效约束着职业院校与企业的具体职业教育行为。

我国也出台了一系列有关的法律政策规范工学结合的开展。2005年11月7日,在全国职业教育工作会的讲话中,温家宝总理提出:有条件的地方和学校,学生可以一面在学校学习,一面在企业工作,工学结合、半工半读。2005年11月9日,《国务院关于大力发展职业教育的决定》强调:要大力推行工学结合、校企合作的培养模式,逐步建立和完善半工半读制度,建设具有中国特色的现代职业教育体系。2006年3月30日,教育部发出《关于职业院校试行工学结合、半工半读的意见》(教职成〔2006〕4号),就职业院校试行工学结合、半工半读有关工作提出以下意见,即:职业院校要紧紧依靠行业企业办学,进一步扩展和密切与行业企业的联系,加强教育与生产劳动和社会生产实践相结合,加快推进职业教育培养模式由传统的以学校和课程为中心向工学结合、校企合作转变。这一系列文件的出台及其相关措施的制定,表明了高等职业教育愈来愈受到重视。国家从国情的现实高度制定了明确的政策,引导高职的发展方向,体现了国家对职业教育认识的加深,为以后高等职业教育的进一步发展提供了政策保障。

另外,学生相对于学校和企业应该算是弱势群体,如何完善工学结合的法律保障体系,确保学生的合法权益是一个非常重要的问题。在工学结合期间发生的人身伤害事故,不仅涉及受伤学生、涉及学校,还涉及提供工学结合场所的企业和单位,如果处理不好后果将很严重。所以,修订《高等教育法》、《职业教育法》,积极制定与工学结合相配套的法律法规,以法律形式明确工学结合中政府、企业、学校、学生各主体的法律地位与权利义务。而在具体义务设定中,又必须强化企业在促进职业教育中的义务承担,鼓励企业主动参与工学结合,并制定相应的奖惩规章或办法,从而与现有教育法律及其他相关法律一起,形成相对完善而健全的工学结合教育法律保障体系,真正使工学结合的制度性保障能有法可依、有法能依。由教育行政部门出台统一而完善的工学结合合作协议的格式合同,作为工学结合合作协议的规范性文件,强制性使用,并建立工学结合合作协议审查或备案机制,就能从根本上消除企业与学校为各自利益考虑,在订立合作协议时而使学生权利保护落空的做法。政府应该发挥其监督职能,完善工学结合相关的法律政策支撑,以免除学校、企业、学生的后顾之忧。

(二)学校加强与企业联系,教育学生遵纪守法,并保护学生利益

学校把学生送到企业去顶岗实习,千万不能采取"放羊"策略,这样的话,分散在各个企业的学生将会使企业很难管理,企业和学校的合作无法长期保持下去。同时,在校企合作实践中经常遇到保障机制不尽完善等问题,使得实践效果大打折扣。比较科学的做法是要给学生配备带队教师,由专门教师负责管理学生在企业期间的一切活动。加强学生安全与自我保护教育,增强学生自我保护意识。加强对学生进行实习劳动安全教育,一切要以一个"企业人"的标准要求自己。增强学生的安全意识,提高其自我防护能力。同时学校要起到一种桥梁作用,平衡好学生和企业的关系,做到上传下达,互通消息,并保护学生的合法权益。

(三)企业依法办事,加强对学生劳动纪律,生产安全等方面教育

《中华人民共和国职业教育法》第三十七条明确规定,企业、事业组织应

当接纳职业学校和职业培训机构的学生和教师实习；对上岗实习的，应当给予适当的劳动报酬。但是在实际操作中困难较大。一般工学结合活动是通过学校与企业的协议来约定的。而合作协议的内容确定因无法定要求，其随意性较大。有些企业基于利益关系考虑，往往在协议中对学生权利保护及责任承担要么避而不谈，不作任何约定，使学生权利保护轮空；要么只做概括性规定，导致一旦出问题，校企双方相互扯皮；有的干脆约定由学生自身承担。这种做法显然是错误的，产生的后果也会比较严重。对于企业来说，应该加强对学生的劳动纪律、生产安全教育，约束学生的行为。同时，在发生纠纷时，一切要按照法律法规处理，这样依法办事才是可取的。对于在企业实习的学生，应按照相关规定给予一定的报酬。总之，工学结合应该是有法可循，依法办理，国家要及时出台相关法律，不断探索并进一步实践这些保障机制，提供更成熟和细致的方案，使校企双赢、令学生受益。如果相关法律缺失，那么必然会加大学校与企业间合作的难度。

参 考 文 献

一、著作

[1]马能和.五年制高职教育发展及实证研究[M].江苏教育出版社,2008.

[2]刘晓欢.高等职业教育工学结合课程开发——学习领域课程方案选篇[M].天津大学出版社,2011.

[3]石伟平,徐国庆.职业教育课程开发技术[M].上海教育出版社,2006.

[4]严中华.职业教育课程开发与实施[M].清华大学出版社,2009.

[5]姜大源.职业教育学研究新论[M].教育科学出版社,2007.

[6]刘福军.高等职业教育人才培养方式[M].科学出版社,2007.

[7]吴兆方,陈光曙.高等职业教育"两高一新"人才培养模式的研究[M].高等教育出版社,2009.

[8]教育部新闻办公室,中央教育科学研究所.对话教育热点2009[M].教育科学出版社,2010.

[9](美)D.A.库伯.体验学习让体验成为学习和发展的源泉[M].王灿明等译.华东师范大学出版社,2008.

[10]赵志群.职业教育工学结合一体化课程开发指南[M].清华大学出版社,2008.

[11]刘兰明.高等职业技术教育[M].华中科技大学出版社,2004.

[12]欧盟Asia-link项目"关于课程开发的课程设计"课题组.学习领域课程开发手册[M].高等教育出版社,2008.

[13]穆晓霞.高等职业教育探索与创新[M].南京师范大学出版社,2009.

[14]王孙禹.高等教育组织与管理[M].高等教育出版社,2008.

二、期刊文献

[1]解超群."工学结合"教学模式下案例教学情境设计系统应用研究[D].湖南大学,2011.4.19.

[2]韩宝军.高等职业教育工学结合人才培养模式实践研究[D].内蒙古大学,2011.4.18.

[3]张建敏.五年制高职学校工学结合人才培养模式的探究[D].河北师范大学,2009.7.

[4]薛灵辉.工学结合下高职生就业能力培养研究[D].兰州大学,2012.4.

[5]陈永刚.五年制高职学校开展校企合作工学结合教育模式研究——以河南省为例[D].华东师范大学,2010.10.

[6]刘娟.基于工学结合培养模式的五年制高职学校课程建设研究[D].西安建筑科技大学,2011.5.

[7]刘秀艳.基于工学结合的高职教学管理研究[D].河北师范大学,2010.10.

[8]曾金霞.工学结合视域下的高职教育实训教学模式[J].职教论坛,2012(11).

[9]范莉莎."工学结合"模式下的高职教学质量监控的困境及其破解[J].中国职业技术教育.2012(08).

[10]张波,匡平.高职教学结合国内外比较研究[J],教育与职业.2012(05).

[11]丁金昌等.高职校企合作运行机制的创新[J].教育发展研究.2008(17).

[12]王丽娟.浅析校企合作的运行保障机制[J].教育论坛.2009(12).

[13]韩志刚等.关于校企合作运行机制的探讨[J].广西轻工业.2008(06).

[14]方光罗.高职校企合作的长效机制[N].光明日报,2008-01-09.

[15]江苏省人民政府文件.江苏省职业教育创新发展实验区建设方案

[Z].苏政发〔2010〕133号.

[16]丛峰等.论政府推动高职校企合作的对策[J].辽宁行政学院学报,2010(03).

[17]李芹等.政府在高职产学合作教育中的角色作用[J].职业技术教育,2006(04).

[18]薛培军.政府在高职职业技术院校产学研合作教育中的主导行为研究[J].中山大学学报,2003(03).

[19]张开暗.工学结合办学模式实施中的问题和对策探讨[J].当代教育论坛(管理研究),2010(04):120.

[20]郭占苗.五年制高职学校实施工学结合人才培养模式面临的问题和对策[J].长沙航空职业技术学院学报,2010(09):2.

[21]郭丽.深化高职学院工学结合教学模式的新探索[J].科技信息,2009(35):289.

[22]武海斌.五年制高职学校工学结合教学模式存在的问题及对策[J].辽宁高职学报,2009(10):77.

[23]许曙青.五年制高职"工学结合"人才培养模式的思考[J].江苏高教,2008(06):122.

[24]南亲江.高技能人才内涵及其培养途径的探究[J].中国职业技术教育,2009(30):70.

[25]丁莉东.五年制高职测绘专业工学结合人才培养的研究[J].教育与职业,2010(17):96.

[26]徐涵."工学结合"概念内涵及其历史发展[J].职业技术教育,2008(07):70.

[27]葛永明.工学交替培养模式中思想政治教育导师制的探索与实践[J].中国职业技术教育,2007(02).

后 记

五年制高职作为高等职业教育的重要组成部分,主要以初中毕业生为主要生源,实行五年一贯制的高职教育,通过中等职业教育与高等教育相融合的教育形式,成为我国高职教育发展的一项重要举措。

《国务院关于大力推进职业教育改革与发展的决定》中明确指出,职业教育要为经济结构调整和技术进步服务,为促进就业再就业服务,在社会转型时期,五年制高职学校必须审时度势,深化人才培养模式改革。教育部在《关于全面提高高等职业教育教学质量的若干意见》中提出,要把工学结合作为高职教育人才培养模式改革的重要切入点,大力推行工学结合,突出实践能力培养,改革人才培养模式。因此,工学结合是适应经济社会发展的重要举措,是人才培养模式转型的必然要求,也是实现为社会输送高素质高技能人才培养目标的必由之路。

本书以五年制高职学校工学结合人才培养模式的研究为抓手,分析了工学结合人才培养模式的理论基础,借鉴了国外先进的工学结合人才培养模式的经验,在对江苏省及国内其他省份的五年制工学结合人才培养模式的实践研究的基础上,提出了五年制工学结合人才培养模式的实施设想。具体包括:完善工学结合人才培养方案,创新课程模式,注重教学方法改革,营造实训教学环境,培训"双师型"师资队伍,构建人才评价体系,创新人才培养管理机制等七大环节。

在梳理全书的过程中,作者力求围绕五年制高职教育的特性,理论与实践相结合;通过对国内外前沿理论的阐述,突出编写视野的广度和深度;通过对具体案例的讲解,突出操作性;通过调查数据的引入,突出客观性。构建以"结构新、重应用"为特点的职业教育学术研究的参考用书及教材。

尽管作者本着认真负责的态度,尽最大努力来编写这本书,但由于高职教育内容的丰富性和多样性，五年制高职教育体制的灵活性，以及人才培养模式的动态性等方面的原因，加之作者水平有限，本书的不足和错漏之处在所难免。因此，恳请广大读者和专家批评指正，以便我们不断完善。

作　者

2013 年 5 月